정보사회와 미디어 정치

정보사회와 미디어 정치

오관석 지음

인간사랑

서 문 Information Society & Media Politics

누가 권력이 총구에서 나온다고 했는가. 적어도 과거에는 물리적 힘에 의해서 권력이 생성되었을지는 모르지만 정보사회에서 권력은 미디어에 의해서 나온다. 미디어의 힘은 직접적이지는 않지만 은유적이고 더욱 기묘하게 작용하면서 사람의 마음을 움직이고 있다. 그래서 세계를 지배하는 것은 정치인이지만 정치인을 지배하는 것은 미디어라고 하지 않던가.

과거에는 정치권력에 의해서 미디어가 종속되었다면 지금은 미디어에 의해서 정치권력이 움직이고 있다. 지식사회에서 권력의 최고 정점은 정치권력이 아니라 미디어 권력이라고 해도 과언은 아니다. 어느 통치권자는 오죽했으면 '언론과 전쟁'을 선포하고 출정식까지 했겠는가. 우리 사회에서 그만큼 언론권력, 즉 미디어 권력이 미치는 영향은 적지 않다는 것을 반증하는 것이다.

미디어는 더 이상 정치권의 의사를 국민에게 전하는 중개자 역할에 그치지 않고 적극적으로 자신이 정치적 기능까지도 떠맡고 있다. 현대정치는 미디어가 정당의 기능을 담당하면서 정당의 역할이 축소되는 추세에 있다. 또한 선거과정에서도 미디어에 의한 이미지 정치가 판을 치고 있다. 미디어는 스스로가 자신의 구미에 맞는 이미지를 창출해 가면서 이미지 정치를 부추기고 있다. 어느 정치인은 자신의 이미지를 고양시키고 인지도를 높이기 위한 주요 수단으로써 미디어에 접근하고 이미지에 승부를 건다. 그런가 하면 특정 정당이나 정치인은 허울뿐인 국민적 지지도가 이미지에 의해서 만들어진 허상인 줄 모르고 고공비행하다 낙마하는 사례도 적지 않다. 이제는 미디어 정치의 실상을 제대로 파악해야 할 때이다.

이 책은 미디어의 실체를 제대로 파악하고 한국정치의 현실을 이해하기 위한 대학 강의 교재이다. 특히 사회에 경험이 부재한 대학생들이 현실정치의 이해와 미디어의 본질을 파악하기 위한 정치학 교재이다. 정보사회의 도래 이후 뉴미디어의 정치적 기능과 사회적 함의는 아직도 우리가 풀어 나아가야 할 하나의 과제이다. 본 저서는 제12장으로 구성되어 있다. 마지막 제12장만을 제외하고는 집필을 위해 새로 작성한 내용이다. 무엇보다도 정보통신기술 분야의 급속한 발전과 변화가 정치행태와 선거문화도 달라지고 하고 있음을 실감하게 한다. 세상은 빛의 속도보다 빠른 생각의 속도로 변하고 있다. 정치학 분야도 예외는 아니다. 저자는 정보사회에서 낙오자가 되지 않고 새로운 지식을 추구하는 무지의 마음을 위안받기 위해 이 한권의 책을 내놓는다.

어려운 환경 속에서도 저자가 집필활동을 할 수 있도록 관심과 배려를 아끼지 않는 저자의 아내에게 감사할 따름이다. 그리고 졸고가 완성되어 출판되기까지 번거롭고 힘든 작업들을 마다하지 않고 기꺼이 출판을 수락해 주신 인간사랑 출판사 여국동 대표와 편집위원께도 심심한 감사의 마음을 금할 길 없다.

아무쪼록 졸고이지만 본 교재가 정치와 미디어에 새로운 인식을 필요로 하는 정치학과 학생들과 사회과학도에게 도움이 되었으면 한다. 또한 미디어 정치와 현실정치에 관심 있는 정치인 또는 정치 지망생에게 참고도서가 되었으면 한다.

2007. 3. 2

전라자치연구소에서

오 관 석

[목 차]

제2편. 미디어와 정치과정

제1편 정보사회와 뉴미디어의 발달

제1장. 정보사회와 뉴미디어의 사회적 함의

제2장. 커뮤니케이션과 사회변화의 양태

제3장. 미디어의 효과이론과 정치적 기능

chap. 1

정보사회와 뉴미디어의 사회적 함의

Ⅰ. 들어가는 말

정보사회는 뉴미디어의 발전과 함께 도래하였고, 뉴미디어는 정보사회를 결정할 만큼 그 영향력이 크다. 따라서 정보사회는 뉴미디어를 통해서 발전하여 왔다고 해도 과언은 아니다. 이와 같이 미디어의 발달과 사회변화는 밀접한 상호관계를 갖고 있다. 정보사회는 미디어 기술을 만들어 개발하고 채택하는 반면, 미디어 기술은 사회의 변화를 가져오고 발전시켰다.

일반적으로 정보사회란 정보가 가치를 만들어내는 사회로서 사회의 구성에서 정보통신기술이 핵심적인 역할을 하고 정보를 다루는 직업을 가진 사람들이 사회의 신정 엘리트가 되는 사회를 말한다(김신동 2004, 61). 정보사회에서는 정보의 가치가 존중받고 지식을 소유한 계층이 사회를 주도할 것이다. 정보는 모든 사회활동의 근원이고 권력의 핵심으로 자리잡고 있다.

정보사회의 주축이 되는 정보는 현대인의 생활에 있어서 중요한 요인이 되었다. 우리는 일상생활에서 항상 신문, 텔레비전, 라디오, 잡지 등과 같은 미디어를 통해 정보를 접하며 살아간다. 인터넷을 비롯한 새로운 형태의 뉴미디어는 기존의 미디어와 함께 현대인의 생활 속에 깊게 연관되어 사회행태에 영향을 미치고 있다.

그러나 우리는 정보사회를 정보기술의 개발 정도와 혼동하여 이해하고 있다. 이러한 기술주의적 관념은 기술이 새로운 시대를 열 것이고, 이러한 변화를 재빨리 수용하지 않으면 시대의 낙오자가 될 것이라는 식의 분위기를 조성하고 있다. 그러나 정보사회가 도대체 어떤 사회인지, 또 이 사회가 과거와는 무엇이 어떻게 다른 것인지, 그리고 미래사회는 어떻게 대비해야 하는지 불분명할 뿐만 아니라 명확한 사회적 합의도 세우고 있지 못하는 실정이다. 그러면서도 우리는 정보사회의 도래를 거부할 수 없는 상황에 직면하기에 이르렀다.

뉴미디어로 대표되는 인터넷은 기존의 신문이나 방송매체의 정보전달의 양적 · 질적 또는 시 · 공간적 한계를 극복하는 데 충분조건을 갖추고 있다. 디지털 방식의 정보전송 또는 정보처리를 통해 그 가능성이 높아지고 있다. 즉 인터넷을 중심으로 한 정보통신기술의 발전은 사회 전반의 다양한 변화를 가져오고 기존의 전자매체에 대한 대체효과를 갖는다.

뉴미디어가 사회변화를 주도한 주요 동기는 기술도입 및 확산과 관련된 정보통신기술의 발달에서 찾을 수 있다. 정보사회는 뉴미디어가 민주주의의 제도적 미비점들을 보완하는 역할을 담당할 수 있다는 희망을 저버리지 않고 있다. 특히 정보사회에서 뉴미디어 정치는 그 가치의 기대와 함께 일반 국민들에게 미치는 파급효과가 크고 정치권에 미치는 영향력 또한 증가추세에 있다. 정보사회에서는 미디어를 떠나서 정치를 논할 수 없고, 각종 정치적 이벤트에 미디어가 많은 작용을 하고 있을 뿐만 아니라 선거가 있을 때마다 미디어 선거를 치르고 있다고 해도 과언은 아니다.

이렇게 정치에 영향을 미치는 뉴미디어가 반드시 긍정적 작용만을 하는 것은 아니다. 뉴미디어가 민주주의를 더욱 가속화하고 정치발전을 이룩하리라는 희망은 속단하기 이르다. 그것은 뉴미디어의 발전이 곧 정치발전은 아니기 때문이다. 인터넷과 휴대전화가 아무리 많이 사용되어도 정치의 수준, 사회적 인식, 이를 사용하는 사용자의 선의의 마음 등이 개선되지 않으면 안 된다. 나아가 뉴미디어가 정치권력을 강화하든지 또는 약화하든지 정치과정에 핵심적 영향을 미쳐서 정치발전을 이룩할 수 있는 기대 가능성이 있어야 한다.

Ⅱ. 정보사회의 도래와 사회변화

1. 정보사회의 도래와 의의

정보사회[1)]의 도래에 대한 예견은 일찍이 맥루한(Mcluhan 1964)

---

1) 정보사회는 과거와의 급격한 단절성을 의미하고 정보화 사회는 과거와의

의 저서 『미디어의 이해』에서 시사되었던 이래로 브레진스키(Brezinski 1968, 16–19)는 이를 예측하듯 "기술전자사회"라 말하였고, 벨(Bell 1973)은 현대사회가 "탈산업사회"로 도래하였다고 주장한다.

벨(Bell 1973)의 탈산업사회(Post–Industrial Society)에서는 제조업 중심의 산업구조가 서비스 중심의 산업구조로 이행하고 있음을 지적하면서 탈산업사회에서는 "지식"이 가장 중요한 생산요소가 될 것이라고 지적한다. 포랫(Porat 1978)은 미국의 경제적 사실을 예를 들면서 산업사회가 정보사회로 변화하고 있다고 주장하고, 정보사회에서는 커뮤니케이션과 정보가 정책적 의제에 중요하게 적용될 것으로 강조한다.

정보사회는 사회구조의 변화를 의미하며, 변화의 중심에는 지식을 매개하는 정보기술이 그 핵심으로 자리잡고 있고, 정보기술은 정치 · 사회 · 경제의 모든 생산구조의 변화를 초래하고 있다. 이러한 변화의 요구는 현대인의 삶의 의식과 생활유형을 변화시키고 있으며, 그 변화의 속도는 빛의 속도보다 더 빠른 생각의 속도로 현실화되어 가고 있다. 이러한 예측은 대체로 미래학자들에 의해 예견되어 왔고, 그들의 예견이 현실로 우리 앞에 와 있는 것이다.

연속성을 강조하는 입장에서 정보사회(information society)와 정보화 사회(informationalization society)를 구별하기도 한다. 그러나 정보사회와 정보화 사회가 넓은 의미에서 특별한 구별보다는 포괄적으로 미래사회를 개념 정의하는 측면에서 정보화 사회는 정보사회로 가는 이행기의 사회라고 정의하고, 정보사회는 정보의 가치가 작용하여 발전한 새로운 사회라는 측면에서 이해할 수 있다.

정보사회의 논의는 토플러(Toffler 1980)의 저서 『제3의 물결』에서 제시되었다. 토플러는 고도화된 현대사회는 급격히 진전되어 가고, 사회의 모습은 이전단계와 구별되는 특수한 상황으로 지칭되며, 이러한 사회를 정보화 사회 또는 탈공업화 사회라고 이해하고 있다. 토플러의 제3의 물결은 통신기술의 혁명인 뉴미디어의 출현을 의미한다. 뉴미디어의 발전은 사회의 커뮤니케이션의 유형을 변화시킬 뿐만 아니라 사회체제의 구조와 기능에 영향을 미치고 있다. 토플러(Toffler 1989)는 정보사회를 농업사회의 문명이 산업사회의 문명으로 전환되었던 것에 비교할 만한 문명사적 전환이라고 규정하고 있다.

정보사회는 탈근대(Post-modern) 혹은 후기산업사회로의 본격적인 진입을 의미하며, 전통적인 육체적 노동에서 지식을 기반으로 한 산업구조의 변화를 그 특징으로 한다. 정보사회는 자본주의 생산구조의 새로운 전환과 경제적 노동가치의 대치로 지식 생산가치가 생산양식의 도구로서 영속화되고 생산관계의 분절과 파편화가 가속될 것이다. 정보사회는 정보가 모든 활동의 중심이 되며 정보의 중요성이 모든 사회영역에서 지배력을 가지는 사회이다.

정보사회의 진전에 따라 정치와 사회환경도 달라지고 있다. 또한 정부의 모습도 바뀌어 가고 있으며, 관료적 정부의 모습은 열린 정부의 성격으로 변화되고 생활환경은 네트워크로 연결되는 초개인화의 모습으로 달라지고 있다. 정보사회에서 민주주의는 전자민주주의로 표현되며 참여민주주의의 확산과 정치형태의 변화까지도 예고하는 수준에 와 있으며, 전자정부는 행정개혁에 초점을 두고 행정의 효율성과 서비스 개선을 위해 적극 대응해 나가고 있다

(오관석 2004, 19-36). 정보사회의 발전에 따라 정보접근의 기회가 확대되고, 권력의 분권화가 이루어지며, 민주적 가치질서가 사회의 지배원리로 작용하게 된다. 사회구조는 네트워크화되고 가상공간에서의 참여는 확대되어 의사결정의 민주화와 가치의 평등이 사회 지배원리로 작용할 것이다.

2. 정보기술과 사회발전

미래학자들은 정보통신기술의 발달이 정치 · 사회 · 경제 모든 부분에서 질적인 변화를 이루어 보다 합리적이고 발달된 사회가 도래할 것을 예견하고 있다. 이러한 발달된 사회는 정보사회로 대변되고, 이전의 산업사회와 구분되는 특징을 나타낸다고 한다.

벨(Bell 1973)은 전반적으로 시대구분은 하지 않았지만 "탈산업사회(Post-Industrial Society)"라는 용어를 사용하여 이전의 산업사회와 구분하였다. 벨(Bell 1973 ; 1976)의 탈산업사회에서는 산업구조와 조직이 큰 변화를 맞이하고 정보와 지식이 가장 중요하게 될 것이라고 말한다. 정보사회의 도래는 이전의 산업사회와 구분되어 지식과 정보가 새로운 가치창출의 핵심이 되어 사회구조의 변화를 주도하게 되는 사회이다. 이와 같이 정보화 사회론자들은 정보가 사회의 혁명적 동인이 되는 이유를 정보통신기술의 발전과 정보의 사회적 · 경제적 중요성에서 찾는다.

토플러(Toffler 1980)는 『제3의 물결』에서 "부의 창출의 체계변화"라는 관점으로 인류 역사를 3단계로 구분하고 있다. 제1물결은 농업혁명의 시대, 제2물결은 산업혁명의 시대, 제3물결은 정보혁명의 시대라고 한다. 정보혁명의 시대에서는 정보, 곧 "지식"이 권력의 핵심이 될 것이라고 예측하고 있다. 드러커(Drucker 1993)는 "전환"이라는 용어로 정보사회의 변화를 예측하고 있다. 제1차 전환은 도시의 형성, 활자 인쇄술의 발명, 종교개혁 등으로 맞이하는 르네상스 시대이고, 다음 제2차 전환은 증기기관의 발명으로 대표되는 산업혁명이다. 그리고 현재는 지식사회로 이동하는 제3차 전환의 시대라고 말한다. 드러커(Drucker 1993)는 지식사회로의 이동은 탈자본주의 사회로의 이전을 뜻하며 지식체계가 자원인 사회를 말한다. 이들은 정보사회의 전환단계를 구분하는 시대적 전환점을 예시하면서 새로운 사회는 정보의 가치가 중심이 되는 사회를 구성하게 될 것이라는 예측을 하고 있다.

전통과 근대(modern), 그리고 탈근대(post-modern)의 연속선상에서 정보사회를 예시하고 시 · 공간의 한계를 넘어 정보사회의 증후를 논의하는 경우도 있다. 기든스(Giddens 1990)는 이른바 근대성의 기본 원리로 시 · 공간의 분리와 장소 귀속성의 탈피를 들고, 그와 같은 원리는 탈근대의 정보사회에서도 여전히 유효하다고 본다. 그는 탈근대의 정보화된 미래사회는 탈산업사회의 여러 위협들을 극복하는 방향으로 전개되어 나가야 할 것으로 진단한다.

정보사회는 이전의 전통사회에서 근대사회의 구성의 핵심이 기술의 발달에 있었고 새로운 기술은 근대사회를 구성하는 핵심으로 자리잡고 있었다. 기술의 발달은 사회변화의 전환점에서 핵심적 역할을 하고, 나아가 기술이 사회의 변화를 유도하여 새로운 사회를 구성하는 원동력으로 자리잡고 있다. 하비(Harvey 1989)도 근대 이후 과학과 기술의 발전에 따른 시간과 지리적 공간의 단축, 그리고 그에 따른 사회와 문화의 변화는 근대사회의 변천, 소위 근대성의 핵심적 구성요소로 작용하고 있다고 한다. 그러가 하면 베니거(Beniger 1986)는 정보사회의 기술적 · 경제적 기원을 산업혁명 이후 급격히 증가한 생산과 분배, 그리고 소비의 가속도적 순환에 대한 통제와 조정의 필요성에서 찾고 있다. 산업혁명으로 급격히 가속화한 생산과 분배, 그리고 이러한 순환과정은 속도의 조절(control of speed)을 중요한 문제의 하나로 등장하게 했다. 다시 말하면, 산업화로 인해 생산과 분배, 그리고 소비과정의 통제와 조절기술이 커다란 문제로 등장했다. 베니거(Beniger 1986)에 따르면 이러한 문제에 대한 기술적 · 산업적 대응의 하나가 곧 신기술의 발전이고, 정보통신기술은 다양한 형태와 내용의 정보를 신속하게 전달하기 위한 수단으로 보고 정보기술을 강조한다.

산업사회에서 정보사회로의 전환에 있어 그 원동력은 사회구조의 혁신과 정보기술의 발달에서 그 증후가 나타나고 있다. 정보기술의 활용은 사회 전반에 생산구조의 변화를 이루고 기술의 필요성이 가중되어 정보사회의 핵심으로 자리잡아 왔다. 정보기술에 대한 논의에서 론펠트(Ronfeldt 1991, 1-3)는 정보가 권력의 원천이고 정보가 정치체제의 통치원리와 조직원리의 근간이 되는 사이버크라시(Cybercracy)의 시대가 도래할 것이라 예견하였고, 그러한 예측은 현실화되어 가고 있다. 네그로폰테(Negroponte 1995, 163)는 인류가 이미 후기 정보화 시대(Post-information age)에 진입했다고 보고 있다.

결국 현대사회는 혁명적인 정보통신기술의 발전과 함께 새로운 사회로 대변되는 문명이 정보사회로 도래한 것이다. 정보사회는 사회 전반에 걸쳐 정보의 가치와 지식이 정치, 사회, 문화, 개인생활 등에 영향을 미치고 있다. 정보사회는 사회구조의 변화를 주도하고 인간 삶의 방식을 변화시켜 정보기술 가치가 존중받는 사회로 변화하는 것을 말한다. 즉 정보사회의 핵심 논의는 생산수단이 '노동'에서 '지식'으로 이전되고 있음을 말한다. 미래학자들은 지식이 사회가치의 중심이 되고 기초자원으로 활용되어 새로운 지적 기술이 기계적 기술보다 더욱 중요해지는 사회를 희망하고 있는 것이다.

3. 정보사회와 뉴미디어 기술

미래학자들은 현대사회를 정보사회로 일컬어지는 새로운 변화의 시대로 예견한 바 있고, 정보사회를 견인하는 주요 매체는 뉴미디어라고 한다.[2] 따라서 뉴미디어와 사회발전과는 긴밀한 상관성

---

2) 뉴미디어는 미디어의 발달에 따른 새로운 전자매체이다. 그러나 뉴미디어가 새로운 정보통신기술이거나 인터넷과 같은 최첨단 정보통신기술을 기반으로 한 전자매체로 보기에는 한계가 내재되어 있다. 대체로 뉴미디어란 전기통신 및 전자분야의 신기술 도입에 의하여 정보를 보내고, 전달하고, 받는 과정에 있어 국민의 정보 뉴스의 고도화, 다양화에 적합한 서비스의 제공을 가능케 하는 새로운 전기통신 시스템 및 패키지(package)계 미디어라고 규정하고 있다. 그러나 정보사회의 진전과 통신기술의 발달은 전자매체의 새로운 활용의 시대로 접어들었고, 인터넷의 확산은 새로운 사회변화의 요체가 되었으며, 정보사회의 새로운 미디어로 자리잡고 있기 때문에 뉴미디어는 새로운 개념정의가 필요하다. 따라서 뉴미디어는 재래식 미디어 기

을 유지하고 있다. 뉴미디어 사회는 정보통신기술의 발달에 견인되어 온 지식사회이고 지식사회를 결정짓는 핵심 요인은 뉴미디어이다. 즉 정보사회는 미디어의 기술을 잉태하고 개발하고 채택하는 반면 미디어 기술은 사회변화를 가져온다.

뉴미디어는 기존의 미디어에 컴퓨터와 통신기술이 결합됨으로써 새로운 형태의 정보수집, 처리와 가공, 전송, 분배와 이용을 가능케 하는 미디어라고 말할 수 있다(김영석 1995, 25). 뉴미디어는 새로운 통신기술, 새로운 정보기술 혹은 상호작용적 미디어로 칭하는 경우가 있으나 그 내용에 있어서는 같은 의미라고 본다.[3)]

뉴미디어의 등장은 기존의 미디어를 대체함과 동시에 부분적으로 변화시키고 있다. 뉴미디어는 새로운 것을 부각시켜 다(多)미디어, 다(多)채널 정보사회의 새로운 환경을 조성하고 있다. 새로운 환경은 뉴미디어와 문화, 사회구조와 관계 속에서 상호 의존관계를 형성한다. 기술이 기존의 커뮤니케이션 유형을 변화시킬 뿐만 아니라 결과적으로 사회체계의 구조와 기능에도 그 영향을 미치고 있

능을 보완하고 학대시킨 새로운 미디어 체계인 것이며, 기존 미디어와 상호 연관성을 갖는다.

3) 최근 들어 널리 통용되고 있는 말로는 프랑스의 노라와 밍크(Nora & Minc 1980)가 명명한 "텔레마띠끄(telematique)"와 외팅거(Oettinger 1977)가 말하는 "컴퓨니케이션(compunication)"이 있다. 텔레마띠끄(telematique)를 영어로는 텔레마틱스(telematics)라고 부르는데, 이것은 컴퓨터와 원거리 통신(telecommunication)이 결합된 현상을 서술할 때 사용된다. 컴퓨니케이션(compunication)은 컴퓨터와 커뮤니케이션이라는 용어를 결합시켜 만든 용어로서 새로운 종류의 디지털 부호(digital code)에 의하여 컴퓨터, 전화, 텔레비전이 결합됨으로써 발생하는 새로운 정보전달 현상을 말한다.

다. 뉴미디어의 영향은 개인, 사회 · 문화 그리고 국가와 국제사회에 영향을 비친다고 볼 수 있다. 뉴미디어는 사회체계의 가치를 다원성으로 촉진시키고 있으며, 개인적 차원과 사회적 차원에서도 충격이 크게 나타날 것이다.

정보사회와 미디어 기술에 관한 시각은 인간이 필요에 따라 기술이 개발된다는 수요견인(demand pull)의 관점과 기술발달이 사회의 수요를 촉진한다는 기술주도(technology push)의 관점이 있다(최양수 2004, 18). 수요견인 효과는 기술의 발달이 사회의 변화에 일방적으로 결정하는 것이 아니라 가능한 기술선택 및 대안의 스펙트럼에 대한 관련, 사회집단의 상호작용에 의해 이루어진다. 반면, 기술주도는 기술이 자체의 고유한 발전의 논리, 즉 효율성이 극대화된 공학적 논리를 가지고 발전한다는 시각이다. 사회구조는 기술의 논리 자체에 영향을 미치지 않고 단지 기술발전의 속도를 조절할 뿐이며, 기술은 사회와 무관하게 중립적으로 발전하며 특정한 집단에게 혜택을 주는 것이 아니라 모든 사회집단에게 공동의 선이 된다고 한다(최양수 2004, 19).

기술이 사회를 결정하든 아니면 기술의 내재적 속성에 의해 발전을 거듭하든 정보통신기술이나 인터넷의 활용은 상당부분 미디어 기술이 주도하여 새로운 수요정보를 창출해 나갈 것이다. 정보사회에서 새로운 미디어 기술은 인간에 필요한 대중매체의 수요를 창출하고 정보사회의 주체인 개인도 미디어 기술을 채택하고 활용하는 동시에 채택된 미디어 기술은 개인의 사고와 행위양식에 변화를 가져오게 할 것이다.

정보통신기술은 어떤 의미에서 새로운 정보기술 혹은 통신기술이라고 말할 때, 그 핵심은 구성요소인 "정보"와 "통신"을 의미하고 있다. 로저스(Rogers 1986, 10)는 정보란 "사람이 결정을 내릴 때 다양한 대안이 존재하고 있기 때문에 발생하게 되는 불확실성(uncertainty)을 감소시킬 수 있는 유형화된 물질 혹은 에너지(patterned matter-energy)이다"라고 정의한다.

정보의 의미[4]는 데이터(data), 정보(information), 지식(knowledge)과의 관계를 알아볼 필요가 있다. 정보란 포괄적으로 "이용 주체와 외부 객체 사이의 상황에 관해 알려주는 것"이다. 좁은 의미에서의 정보는 "아직 평가되지 않은 단순한 여러 가지 사실"인 자료(data : 사실기록)를 특정 목적을 달성하기 위해 처리·가공한 것이다.

다음 단계의 정보(information : 의미가치)란 "어떤 사물 또는 사람에 대한 지식이나 지침으로 일정한 의미를 지닌 것"이다. 마지막 단계의 지식(Knowledge : 규칙 패턴)은 "특정 목적 달성에 도움이 되도록 추상화되고 일반화된 정보"를 말한다(김성희 1998, 15-16). 지식은 중·장기적 향상의 의미를 지니는 데 비해, 정보는 지식보다 용

---

4) 데이터 혹은 자료는 외부 대상과 관련된 사실들을 나타내기 위하여 사용하고 있는 구체적인 숫자 혹은 상징적 표시물을 말한다. 정보는 외부 대상과 관련된 사실들 간의 관계를 말한다는 의미에서 데이터의 구조적 특성이라고 할 수 있을 것이다. 지식이란 정보를 평가하거나 이해하는 작업을 포함하는 것으로 볼 수 있다. 지식은 인간의 관심 및 목적과 관련하여 정보의 의미를 파악하는 작업이라고 말할 수 있다(김영석 1995, 27-28). 일반적으로 데이터와 지식을 모두 묶어 넓은 의미의 '정보' 개념 속에 포함시키고 있다. 정보 개념에는 단순한 데이터를 의미하는 것에서부터 '정보에 대한 정보(information about information)'를 의미하는 것에 이르기까지 그 추상성에 따라 정보의 위계(hierarchy)가 존재한다.

이하게 항상 새로운 정보에 의해 대체될 수 있는 가능성을 지닌다. 뉴미디어의 보급 확산은 '정보폭발' 현상을 가져왔고, 정보기술에 의하여 산출되는 단순 자료나 사실들이 그것을 유용한 정보로 통합시킬 수 있는 시간적 여유를 갖기도 전에 엄청난 속도와 양으로 우리를 압도하고 있는 것이 현실이다.

다음으로 통신은 전통적인 매체의 기능과 그 작용에서 찾아볼 수 있다. 통신의 기능을 담당하는 매체로는 신문과 잡지 그리고 방송이 있다. 통신의 발달로 인쇄물의 제작물 배포방식이 다양화되고 방송의 경우 공중파 · 위성파 · 케이블 등의 유무선망을 통해 보급되고 있다. 위성과 케이블 기술의 고도화와 디지털 압축기술의 발전은 매체의 분화와 통일된 정보처리 및 전송방식을 요구하고 있다. 디지털 매체의 융화와 디지털 네트워킹에 의한 매체 간의 상호연결은 가속화되고 과거의 전통적 매체와의 상호 융합이 새로운 통신망의 혁신을 가져오고 있다(강상현 1999, 185-187). 이와 같은 통신기술의 발달과 확산은 다양한 정보통신 서비스를 예고하고 그 활용도 크게 요구받고 있다.

이와 같이 정보와 통신의 이용은 사회적 필요에 의해서 수용되면서 발전하여 왔고, 이러한 발전의 중심에 뉴미디어가 자리잡고 있다. 대부분의 뉴미디어는 컴퓨터와 통신기술의 발전에 의해 기존의 대중매체로부터 분화되어 나온 것이다. 미디어의 분화현상과 함께 디지털 기술의 발전과 응용은 기존 매체들을 다시 통합하는 경향을 보이고 있다. 즉 모든 신호들을 디지털 부호로 바꾸어 처리해 전달하는 것이 가능하게 됨에 따라 서로 분리되어 있던 미디어 기능들을 하나의 매체를 통해서도 통합적으로 구현하는 것이 가능하게 된 것이다.

Ⅲ. 정보통신기술과 네트워크

1. 인터넷과 정보통신기술의 활용

컴퓨터 통신망인 인터넷(Internet)[5]은 상호작용 커뮤니케이션과 정보의 디지털화를 통하여 세계를 하나의 네트워크로 연결하고 있다. 인터넷 연결망은 대체로 초고속정보통신망, 초고속컴퓨터통신망, 또는 데이터와 음성, 그리고 영상신호를 동시에 전달하는 초고속정보전달 체계로 정의된다(Corcoran 1998, 1). 인터넷에는 기존의 컴퓨터 시스템뿐만 아니라 이동전화, 정보가전기기와 같은 일상생활에서 사용되는 모든 전자기기들이 네트워크에 연결된다. 인터넷으로 연결된 세계는 새로운 전자지구촌(global electronic village)을 이루며, 이러한 가상의 세계(cyber space)는 가상현실(virtual reality)의 공간을 제공해 준다.

인터넷은 특정인의 이익을 위한 것이 아니라 사용하는 모든 이의 편리와 연구를 위해 공익차원에서 발전된 것이다. 인터넷은 이러한 배경과 자유로운 의사교류 속에서 다양한 문화적 교류가 가능

5) 인터넷은 컴퓨터 통신망을 상호 연결하는 통신망으로써 미국 국방성의 컴퓨터 통신망인 아르파(Advanced Research Project Agency : ARPA)로 시작되었다. 미국의 컴퓨터 통신망인 아르파(ARPANET)는 근거리 통신망(LAN) 기술과 워크스테이션의 보급에 따라 새로운 컴퓨터 통신망들이 탄생하여 발전하기 시작하였다.

해졌으며, 인터넷 활용이 다변화되었고, 현실세계의 새로운 패러다임을 요구하고 있다.

인터넷 활용이 사회적 패러다임 변화에 미치는 영향은 인터넷이 상업화되기 시작한 1990년대 중반 이후에서부터 본격화되었다. 즉 인터넷의 상업화를 기점으로 산업체는 물론 이들의 고객과 관련 업체를 연결하는 통신 네트워크 국제적 정보망으로 변모하게 되었다. 이후 인터넷의 네트워크 용량과 속도가 훨씬 향상되었고, TV 시청과 인터넷 이용의 차이점이 점차 줄어들게 되었다(Markoff & Race 1997, 71). 이는 역설적으로 "인터넷의 TV화"를 초래한다고 해도 과언이 아니다.

특히 인터넷이 점차 오락적인 내용을 전달하는 매체로서 그 성격이 변화하고 있다. 대용량의 정보를 신속하게 전달하기 위해 정보통신 업체들이 분주히 노력하고 있다는 것은 인터넷의 등장 이전부터 이미 널리 알려진 것이다. 카플란(Kaplan 1998)은 오락산업체들은 인터넷을 라디오나 텔레비전에 버금가는 오락매체로 변화시키겠다는 뜻을 오래 전부터 공언해 왔다고 주장한다.

인터넷은 정보의 교환과 공유를 통한 공적 장소로서의 역할과 대중적 매체의 기능과 성격을 갖춘 매체이다. 인터넷은 원래 방송적인 매체가 아니라 상호 의사소통과 정보교환을 위한 쌍방향의 대칭적 매체로서 설계되었다. 그런 뜻에서 상호 교통하는 정보보다 더 중요한 것은 인터넷이 창조해내는 사람과 사람 사이의 공동체이다. 인터넷은 사람들 사이의 관계를 상징하는 것이지 정보의 교환을 위한 기계장치를 지칭하는 것이 아니다(Schrage 1993, 10). 그러나 근래에 들어 인터넷은 빠른 속도로 오락적 · 상업적 활용성이 중시되는 대중매체의 성격을 갖추어 나가고 있다.

인터넷의 발전과 보급 확산은 상업적 시장화와 관련된 패러다임의 변화를 요구하고 있다. 이러한 변화의 가장 큰 원인은 인터넷이 시장 그 자체이며, 또한 전자상거래와 같이 새로운 시장을 여는 수단으로 이용되고 있기 때문이다. 인터넷 활용에 대한 상업적 변모는 인터넷의 미래와 관련하여 중요한 의미를 가지고 있다. 인터넷의 상업적 이용은 전국적 단위의 전자상거래 시장이 되기 위한 시작에 불과하다(Markoff 1994). 이제 인터넷은 통신을 위한 매체로서 기능함은 물론 거기에서 더 나아가 거대한 전자상거래 시장으로 변하고 있다. 날로 증가하는 인터넷상의 전자상거래 규모를 볼 때, 이미 인터넷은 시장으로서의 기능을 충실히 수행하고 있다. 이는 결국 인터넷이 현재의 자본주의 경제운용 체제에서 어떠한 위치를 차지하고 있는지를 정확히 보여주고 있는 것이기도 하다.

인터넷은 세계를 지구촌이라는 하나의 지역단위로 축소시켰고, 지구는 경제적 · 환경적으로 상호 의존하는 연쇄공간으로 단축됐다. 시간의 지평 또한 오직 현재만이 존재하는 작은 단위로 축약됐다(Harvey 1989, 240). 일상생활의 시간과 공간의 변화는 사회와 문화의 근본적 변화의 한 양상이다. 또한 시간과 공간의 단축의 물리적 형태로 나타나는 속도는 정보사회 운용원칙의 하나이다.

세계는 국경과 인종을 초월하여 네트워크로 연결된 하나의 지구촌을 구성하면서 사회 · 문화적 영향력을 점차 확대해 가고 있다. 인터넷은 정치, 법률, 출판, 오락, 문화, 쇼핑 등 우리의 일상생활 전반으로 급속하게 파고들면서 현실세계와 똑같은 전자적 가상의 인터넷 세계가 만들어 가고 있다. 인터넷은 우리 사회의 모습을 바꿀 충분조건을 갖추고 있다. 사이버 커뮤니티는 우리의 선택이 아니라 필연이고, 우리가 거부할 수 없는 현실에 직면하게 되었으며, 그 핵심인 정보통신기술은 사회현상보다 빨리 발전되어 사회변화의 촉매역할을 하고 있다.

특히 사회부분에서 정치와 행정의 발전은 전자민주주의와 전자정부로 대두되고 사회변화의 주체로 작용하고 새로운 패러다임을 모색하고 있는 실정이다. 인터넷이 제공하는 가상공간은 현실세계에서는 존재하지 않지만 전자적 가상공간의 영역에서 새로운 물리적 가치를 창출하고 있으며, 그 가치의 중심에 수많은 네티즌이 존재하고, 이들은 이 순간에도 새로운 커뮤니티를 구성하며 물리적 공간보다도 더 빠르게 변화를 주도하고 있다.

2. 인터넷 이용의 특성과 가상공간

인터넷(Internet)[6]이란 표준 통신규약인 TCP/IP를 이용하여 전 세계 컴퓨터를 연결한 컴퓨터 통신 네트워크이다. 인터넷은 기존의

---

6) 인터넷의 기본 특성은 다음 네 가지이다. ① 인간존중 : 인터넷의 기본 정신은 인간존중에 있다. ② 정보공유 마인드 : 인터넷은 처음 발전단계에서부터 자유로운 "정보공유"의 마인드에서 시작된다. ③ 자발적으로 참여하는 문화 : 인터넷 문화의 특징 중 또 다른 하나는 자발적이라는 것이다. ④ 쌍방향성 : 방송은 단방향성, 즉 정보의 소수에서 다수에게 뿌려지는 형태의 것이었다. 이러한 쌍방향성의 특징은 서비스의 온 디맨드(On Demand) 화를 가능하게 해주어 원하는 정보만을 선택적으로 볼 수 있게 해주는 특징이 있다.

원격통신의 하부구조를 기반으로 컴퓨터를 통해 문자, 음성, 영상물을 동시에 송 · 수신하는 통합적 다기능 매체이다. 전 세계의 컴퓨터를 하나의 통신망에 연결하겠다는 의미에서 컴퓨터 상호 간의 정보를 주고받을 수 있다.

인터넷은 기존의 통신매체와는 다른 특성을 갖는다.[7] 인터넷은 그 매체적 특성상 다른 기존 매체를 통합하는 기능을 가지고 있다(Owen 2000). 인터넷은 단순한 정보전달 채널인 동시에 오락 채널로서의 기능을 가지고 있어 방송 프로그램 전송매체로 활용하면서 대안적 매체로 주목받고 있다.

인터넷과 같은 새로운 매체의 등장은 기존의 매체와 어떠한 관계를 설정하면서 발전해 나가는가에 관심의 초점이 모이게 된다. 새로운 매체가 기존의 매체를 대체한다는 대체 가설은 구조적으로 유사한 새로운 매체가 등장했을 때, 수용자들에게 충족감을 줄 경우에 기존 매체에서 새로운 매체로 옮겨간다는 주장이다(강은미 2000). 다시 말하면 매체의 수용자들은 자신에게 가장 유용한 컨텐츠를 적극적으로 선택하게 되며, 장기적으로 볼 때 가장 충족감(gratification)을 많이 주는 매체와 채널을 선택하게 된다는 것이다.

매체변이 가설에 따르면, 새로운 매체의 등장은 매체 간의 조화

---

7) 인터넷의 다른 매체와의 차이점은 첫째, 컴퓨터를 연결한 네트워크로 실시간 양방향 또는 다방향 멀티미디어 서비스가 가능하다. 둘째, 개방적인 네트워크이다. 인터넷은 세계적인 개방성으로 인해 광대한 "정보의 바다"라고 할 수 있으며, 기존 조직 내의 정보 시스템과 통합이 용이하다. 셋째, 소유자나 운영자가 없는 무정부의 네트워크이며, 용도가 무한한 가능성을 갖는 대중적인 네트워크이다(김성태 1999, 844-845).

와 공존의 관점에서 바라보고 있다. 인터넷과 같은 뉴미디어가 다른 매체의 이용을 늘리거나 상호 의존적으로 공존하는 경우를 말한다. 특히 인터넷 이용의 행태적 측면에서 다매체 이용자들은 인터넷이 기존 매체의 보완적 역할을 할 수 있다는 가정 하에 인터넷 이용이 증가하면 기존 매체의 이용도 함께 증대된다는 논리이다.

사이버 공간의 매체적 특성은 1) 탈체현과 익명성, 2) 시 · 공간적 축약과 확장, 3) 양방향성과 멀티미디어, 4) 디지털 기록과 보존성으로 논의하고 있다.[8] 이오현(Oh-Hyeon Lee 2001)은 혁명적인 이용자 중심 매체로서의 인터넷이라는 유토피아적 견해와 또 하나의 대중 매체로서의 인터넷이라는 비판적 견해를 나누어 제시한다.

먼저 유토피아적 견해는 인터넷이 기존 매스미디어와 달리 메시지의 생산 · 배포 · 소비로 이어지는 순환과정에서 이용자(수용자)의 힘을 제고시켰다는 것이다. 비판적 견해는 인터넷의 혁명적 가능성은 기존의 미디어인 전신, 라디오, TV, 우편, 팩스 등의 등장기에도 존재했지만, 사회적 수용과정에서 현재의 매스미디어로 정착했듯

---

8) 매체적 특성은 1) 탈체현(disembodiment)은 개인이 정체를 실험할 수 있는 기회를 제공한다는 긍정적인 측면과 정체성 기만과 은폐의 수단이 될 수 있다는 부정적인 측면을 동시에 가지고 있다. 2) 사이버 공간에서는 시간과 공간의 제약이 현실공간에 비해 크게 감소된다. 실시간 상호작용에서 사이버 공간이 장소의 제약을 완화시켜 준다면 비동시 커뮤니케이션에서는 시간을 단축시켜 준다. 3) 양방향적인 커뮤니케이션은 커뮤니케이션 당사자들이 서로 피드백을 활발히 할 수 있게 해준다. 또한 사이버 공간의 기술은 문자, 음성, 화상을 통합하는 멀티미디어의 활용을 가능하게 함으로써 상호작용성을 높여준다. 사이버 공간 기술은 개인들의 활동에 대한 지속성이 있는 전자적 기록을 남기고 정보의 전파를 용이하게 한다(조동기 외 2001, 139).

이 인터넷 역시 기존 매스미디어와 유사한 형태로 바뀌고, 인터넷 이용자의 경우에는 더욱 세분화되고 다양한 매스미디어 수용자로 바뀔 것이라고 말한다(이진로 2002).

Ⅳ. 정보통신기술의 발달과 뉴미디어의 특성

정보통신기술의 발달은 단순한 시 · 공간의 단축이나 최첨단 과학기술의 활용에 국한하지 않고 인간의 사회생활에 깊이 개입하여 사회변화를 주도하는 과정을 지칭하기도 한다. 사회구조 변화의 특징은 "뉴미디어 통합성"과 "상호작용성", 그리고 "정보이용 공동체의 형성"으로 요약할 수 있다.

1. 뉴미디어의 통합성

정보통신기술의 발전에 의한 사회구조적 변화는 과거의 전통적인 매체를 하나의 컴퓨터 매개 커뮤니케이션으로 통합하는 과정으로 나타난다. 뉴미디어 통합성은 전통적 커뮤니케이션 모델인 수신자와 수용자를 매체가 연결하는 과정을 거치면서 커뮤니케이션이 이루어졌다. 전통적 커뮤니케이션인 TV, 신문, 서적, 저널 등은 매스미디어의 영역에서 정보의 전달과 수신을 이루는 일방향의 커뮤니케이션이었다. 그러나 인터넷을 비롯한 뉴미디어는 월드 와이드 웹(WWW), 유즈넷(Usenet), 실시간 화상채팅과 일대다(point-to-many), 다대다(many-to-many) 등으로 다채널 커뮤니케이션의 통합을 이루고 있는 것이다.

과거의 매체의 분산과 분화현상은 통일된 정보처리 및 전송방식을 요구하면서 커뮤니케이션 방식의 통합을 요구하고 있다. 즉 디지털 방식의 매체융합과 디지털 네트워킹에 의한 매체 간의 상호 연결이 가속화되어 가고 있는 것이다(강상현 1999, 186). 통합매체의 대표적인 인터넷은 정보생산자와 이용자가 이메일과 같은 일대일 비동시성과 유즈넷이나 전자 게시판과 같은 다대다 비동시성, 인터넷 대화나 MUD 같은 일대일 또는 일대다의 동시성, 그리고 웹사이트나 파일전송 프로토콜(FTP) 사이트와 같은 다대일, 일대일, 일대다 비동시성 등 4개 범주로 나누어 구성되어 있다(김은미 2004, 17-18).

통합적인 정보통신기술은 기존의 미디어 영역인 신문, 방송, 출판, 영화 등의 매체 서비스뿐만 아니라 원격진료, 인터넷 전화, 인터넷 팩스, 인터넷 쇼핑, 인터넷 뱅킹, 실시간 화상채팅 등의 전 사회적인 서비스들을 통합하여 제공하고 있다. 기존의 방송국이나 신문사 등과 미디어 매체의 기능을 통합하는 뉴미디어는 이를 통합 · 유지 · 관리하는 포털 사이트를 구성하고 있으며, 기존의 유통질서도 전자상거래의 확산으로 생산에서 판매까지 통합 · 관리되어 가고 있다. 인터넷은 온라인 게임과 온라인 문화를 제공하는 다양한 컨텐츠를 구축하고 이를 상호 공유하는 문화의 공간으로 자리잡고 있다.

성동규 외(2000)는 인터넷은 물리적 시 · 공간에서 가상의 네트워크로, 일방적 전달에서 상호작용적 과정으로, 선형적 흐름에서

비선형적 하이퍼텍스트로, 단일 미디어에서 통합 미디어로 변화되어 왔다고 설명한다. 인터넷은 일방적인 네트워크와는 달리 하나의 중심이나 결정점이 없는 그물형 네트워크로 구성됨으로써 비선형적인 흐름과 불연속적인 단절, 전 세계적인 접속과 관계의 형성을 가능하게 하는 통합적 네트워크로 발전되어 가고 있다.

또한 통합매체로서 인터넷의 기능과 특성은 기존 매체와 비교할 때 매우 두드러진 차이를 보이고 있다. 기존 매체는 매체별로 다단계의 규제와 통제를 받는다면, 인터넷은 매체와 연결이 자유롭고 개방되어 있어 불특정 다수인이 항시적으로 접속이 가능하다. 기존 매체 이용자는 이용자의 특성도 다수의 익명성을 지니고 있고 피동적으로 분산되어 있었다. 반면 인터넷은 일대일 커뮤니케이션으로부터 다대다의 형태로 이어지는 이른바 다중적 상호 접속(multiple interconnection)에 의한 전방위 커뮤니케이션이 가능한 매체이다. 인터넷은 생산조직 면에서도 기존 매체와는 달리 명문화된 규제가 없는 사적인 성격과 기능적으로 자유분방하게 운영되는 조직형태를 띠고 커뮤니케이션 면에서는 형식에 구애를 받지 않는다는 특정을 가진다(김은미 2004, 18).

서로 다른 전자매체들의 기술적 융합과 네트워킹 확장은 점차 지역이나 국가의 경계를 넘어 전 세계를 하나의 통일되고 통합된 정보통신망으로 묶어가는 경향을 보여주고 있다. 통합 정보통신망은 다양한 정보통신 서비스를 가능케 하고 국가 내 혹은 전 세계를 하나의 정보통신망으로 묶어 세계를 단일 공동체로 구성하고 있다.

2. 뉴미디어의 상호작용성

미디어의 발달은 커뮤니케이션의 기술화와 네트워크 발달을 의미한다. 커뮤니케이션은 해당 행위자들 서로가 상대방을 이해시키는 사회적 상호작용의 과정이다. 미디어는 이러한 커뮤니케이션 과정을 재생산하는 기술적 상호작용 시스템이다. 커뮤니케이션은 행위자들 간의 이해를 전제로 미디어에 대해 공유체계를 갖는다는 것을 의미한다.

정보통신기술의 발전은 점차 차별성을 상쇄시키고 보편적인 미디어로 개발되어 나간다. 뉴미디어의 기능은 고도화되고 디지털화로 인해 기존의 일방향적 커뮤니케이션에서 상호작용적 기능이 강화된다. 뉴미디어는 네트워크로 연결되어 커뮤니케이션의 다변화를 이루어 미디어 접촉이 항시적으로 이루어져서 그 활용의 가치가 증폭될 것이다. 인터넷과 방송의 융합은 미디어 산업 및 이용환경을 변화시키고 있다. 미디어 융합은 방송부문, 통신부문, IT부문 등 다양한 영역에서 기존 인프라를 통해 새로운 서비스를 제공하고 새로운 인프라를 개발하여 정보기술들을 향상시킨다.

미디어가 매개하는 상호작용관계는 미디어 제도라 할 수 있다. 미디어 제도는 미디어 행위관계에서 커뮤니케이션의 생산과 재생산 과정이 지속적으로 이루어지는 과정이다. 이러한 미디어 제도는 미디어가 매개하는 행위자들의 행위양식과 기술운영을 위한 조직체계를 말한다.

컴퓨터와 통신기술이 만들어내는 다양한 미디어는 서로 상호작용하여 이루어지는 사회가 될 것으로 예견되고 있다. 기존 매스미디어의 일방향적인 특성과 이로 인한 커뮤니케이션 문제점을 극복하기 위한 바람직한 미디어의 모습으로 많은 학자들이 상호작용성을 지적해 왔고, 그들은 또한 뉴미디어의 일반적이고도 가장 중요한 특징으로 상호작용성을 예로 들고 있다.

상호작용성이라는 개념[9]은 기존의 전통매체와 인터넷과의 가장 큰 차이점으로 나타난다. 이러한 상호작용성에 대한 논의는 사실 인터넷이라는 매체가 활성화되기 시작한 이후에 등장한 것이다. 권상희(2003)는 상호작용성이 소비자의 선택의 자유와 높은 통제활동을 수행 가능케 한다고 설명하였다(권상희 2003, 116).

인터넷은 전통적 매체와는 달리 순전히 웹상에서의 상호작용성을 발전시켜 왔다. 상호작용성은 온라인 사용 관점에서 인간적 상호작용과 기계적 상호작용으로 구분하고 있다. 여기서 인간적 상호작용은 온라인 매체를 통하여 다른 개인과 서로 커뮤니케이션을 수행하는 것이며, 기계적 상호작용은 웹사이트 컨텐츠를 상호작용적으로 제공하고 접근하도록 하는 것을 나타낸다. 이러한 기계적 상호작용을 통하여 웹상에서의 상호작용성을 '지각된 상호작용성(perceiv-

---

9) 상호작용성(Interactivity)은 양방향성, 쌍방향성 등으로 혼재되어 있는데, 양방향성이나 쌍방향성은 기존의 방송을 포함한 매스미디어의 일방향성에 대응하는 용어이나 방향성만을 강조할 뿐, 이로 인한 미디어 이용자의 역할의 전이와 같은 후속 행위의 변화를 암시해 주지는 않는다고 본다. 일부는 상호작용성을 커뮤니케이터들이 상호 영향을 미치는 과정으로 보았으며, 또는 상호작용성을 이용자가 시스템을 다룰 수 있는 정도, 즉 "시스템 활동에 비례한 이용자 활동의 비율"로 정의내리기도 했다(김도연 2004, 14).

ed interactivity)'으로 명명한다. 이러한 지각된 상호작용성은 항해(navigation)와 반응성(responsiveness)으로 구성된다(Wu 1999, 5). 오우(Wu 1999)는 지각된 상호작용성은 웹사이트에 대한 태도와 정적인 영향, 즉 웹 이용자가 웹사이트에 대해 지각하는 상호작용성이 높을수록 그 사이트에 대한 태도가 긍정적으로 형성된다는 것이다.

3. 뉴미디어와 정보이용의 공동체 형성

정보사회에 있어서 뉴미디어의 의미는 정보처리 및 저장기술로서 컴퓨터와 네트워크 기능을 통합한 새로운 커뮤니케이션을 이루는 새로운 환경을 말한다. 정보사회의 새로운 환경은 공간적 제약을 극복하고 하나의 네트워크화된 세계 공동체를 구축하여 언제 어디서나 누구라도 필요한 정보를 손쉽게 활용할 수 있다. 즉 네트워크화된 공동체의 핵심은 정보의 유통에 있고, 정보유통은 정보공동체의 근간이 된다. 정보 서비스는 모든 사회구성원이 정보를 개별적으로 생산 · 보유하고, 상호 교환이 가능하며, 언제 어디서나 그 활용이 가능한 열린 사회를 의미한다.

뉴미디어로 대표되는 컴퓨터와 네트워크의 연결은 정보의 디지털화를 가능케 한다. 정보의 디지털은 정보의 생산에서 소비되는 과정에 있어서 유통과정의 단축과 무한한 복제와 그 사용이 가능하게 되었다. 정보의 공유와 소비에 따른 비용의 절감효과를 획기적으로 줄일 수 있으며, 정보를 찾아 소비되는 시간을 단축할 수 있다. 한마디로 정보의 시장이다. 정보시장은 누구라도 정보의 생산과 소비 그리고 정보유통을 원활히 이룰 수 있고 그 중심에 뉴미디어 기술이 핵심으로 자리잡고 있다.

과거의 정보의 소비만을 일반적으로 강요하던 일반 대중들은 이제는 정보 소비의 주체이면서 생산의 주체이기도 하다. 정보이용의 공동체에서는 누구든지 정보의 제공자가 되고 정보의 유통과 소비가 가능하다. 정보의 가치는 포함적 정보[10]이든 배타적 정보[11]이든 정보 서비스 시장에서 그 가치를 인정받고 실질적 정보의 의미를 가중시켜 새로운 정보의 시장을 이룬다.

정보사회는 시 · 공간 압축시대이다. 디지털 정보는 아날로그에 비해 물리적으로 더욱 잘게 썰고 작게 축소시킬 수 있다. 이로 인해 아날로그적인 산업시대보다 정보전달 효율성이 높아지게 되고, 아무리 덩치가 큰 멀티미디어 정보라 할지라도 정보고속도로를 통해 실시간으로 전송하여 가상사회를 실현할 수 있는 초석을 마련하게 될 것이다.

가상사회(cyber society)의 특징은 정보의 복제와 통제가 용이한 이중적인 사회가 된다. 아날로그 세계에서 어떤 형태의 정보이든 변

---

10) 포함적 정보란 정보가 널리 퍼질수록 그 가치가 올라가는 정보를 의미한다. 이러한 정보의 특징은 정보의 사용이 다른 사람의 사용을 배제하지도 방해하지도 않는 공공재 성격을 갖는다.

11) 배타적 정보란 한 사람의 정보의 사용이 다른 사람의 사용에 의해서 손해를 받거나 방해를 받는 정보를 일컫는다. 이 정보는 대체로 정치적 성격 혹은 독점적 성격을 갖는 정보들로서, 정보사용의 체계적 배제를 통해서 정보의 가치를 올리게 된다. 정보를 독점하는 개인이나 집단은 그 정보를 배타적으로 사용함으로써 가치를 창출하려고 한다.

형을 가하는 것은 원본의 파괴를 의미했다. 아무리 신중하게 처리한다 할지라도 복제와 원본과는 확연하게 구분이 되었다. 더욱이 변형된 것을 원상태로 복귀시키는 것은 더욱 힘든 작업이었다. 그러나 디지털 세계에서 복제는 무한정 가능하고 그 형태를 원본과 전혀 구분할 수 없게 되었다.

정보이용의 공동체 형성은 뉴미디어 수용자들에게 다양한 선택의 여지를 가져다 주었다. 산업화 사회에서처럼 획일적인 성격을 벗어나 수용자들의 다양한 욕구를 충족시킬 수 있는 여건이 조성되었다. 즉 정보이용 서비스는 탈대중화, 개별화된 주체들의 정보기술의 활용이 정보의 가치를 창출시키고 사회구조를 변화시켜 사회인식의 개념마저 주도하게 된다. 따라서 정보사회는 뉴미디어를 통한 정보공동체가 사회와 문화의 소외지역을 극복한다. 그리하여 정보 소외지역의 사람들에게도 고품질의 정보와 문화생산물을 즐길 수 있게 해줄 것이다. 정보사회의 정보의 공동 활용은 수용자들의 자율성을 크게 신장시켜 준다.

한편 뉴미디어의 도입은 많은 사회적 문제를 야기할 것으로 예상되는데, 첫째 뉴미디어의 도입은 과거에도 매스미디어가 등장할 때마다 그랬던 것처럼 개인이나 집단 사이에서 정보를 많이 가진 자와 정보를 가지지 못한 자의 격차를 해소시키는 것이 아니라, 오히려 정보의 부익부 빈익빈 현상이라고 하는 이른바 '마타이 효과'[12]를

---

12) 마타이 효과는 정보의 빈부격차, 즉 부익부 빈익빈(富益富 貧益貧) 현상을 가리키는 것으로, 정보를 가진 자와 정보를 못 가진 자 간의 정보격차를 말한다. 지식격차(knowledge gap)가 '마타이 효과(Matthew effect)'를 낳

낳을 우려가 있다(최정호 외 1995, 170).

정보격차는 정보의 접근과 이용이 각 개인마다 다르게 작용되는 정보 불평등 현상을 의미한다. 자본주의 산업화 과정에서 나타나는 계층 간의 경제적 불평등과 같이 정보화의 과정에서 정보 불평등으로 지적되고 있다. 이러한 지적과 관련해서 과거에도 매스미디어를 대상으로 '지식격차(knowledge gap)' 가설[13]이 제기되었다.

일부의 논의에서 정보격차의 우려에 대해서 비교적 낙관적인 시각이 제기될 수 있다. 뉴미디어의 채택이 경제적 이점을 누리고 있는 소수의 수용자들에 의해서 시작되지만, 뉴미디어의 기술적 속성상 그 확산이 점차 빠르게 확산되어 사용자의 정보격차는 크게 우려하지 않을 것이라고 예상한다. 그리고 그러한 정도의 격차는 사회구조적으로 그동안 지속돼 온 현실을 상기시키고 있다.

뉴미디어의 확산에 따라 뉴미디어 정책은 정보격차가 감소되는 것이 아니라 확대되는 점에 초점을 맞추고 있다. 무엇보다도 뉴미디어의 소유와 이용에 요구되는 비용과 뉴미디어를 이용하는 데 기

는다. 이 말은 신약성서 마태복음 13 : 12의 "가진 사람은 더 받아서 차고 남을 것이며, 가지지 못한 사람은 가진 것마저 빼앗길 것이다"(표준새번역)라는 구절에서 비롯되었다. 니단 카츠만(Nadan Katzman)은 정보격차가 더욱 벌어지는 이유로 교육·(사회적) 지위, 변화에 적응, 재정적인 면, 능력, 동기 등 다섯 가지를 이유로 들고 있다(최정호 1995, 16-17).

13) 지식격차 가설에 따르면, 사회체계 내에서 매스미디어의 확산과 정보유통량이 증가될 때 사회경제적(social-economic)으로 높은 계층이 낮은 계층보다 정보매체의 이용과 정보의 획득이 더 많이 이루어지는데, 그 결과 계층 간의 지식격차가 나타나며, 이러한 격차는 감소하기보다는 증가하는 경향이 있다는 것이다(Tichnor, Donohue, & Olien 1970, 159-170).

본적인 지식이 필요하다는 조건이 뒤따르기 때문이다.

일반적으로 미디어의 채택과정을 살펴보면 기존의 미디어들이 보편적으로 확산되는 단계에 도달할 즈음 더욱 진보된 새로운 미디어가 다시 등장하기 때문에 소유의 격차는 지속적으로 작용한다. 이때 새롭게 등장하는 뉴미디어의 시간간격이 좁혀지고 있다는 점을 감안한다면 소유의 격차는 계속되는 과정이라고 간주할 수 있다. 따라서 반복적인 미디어의 채택과정에서 발생하는 차이로 인한 정보격차의 누적은 지속적으로 심화될 수밖에 없다는 논리이다.

그러나 정보의 사용이 보편화되면 모든 사람이 정보로부터 쉽게 노출되어 정보격차는 수요자의 주관적 차이로 성격지어질 것이다. 자본주의 사회에서 자본의 축적과 활용에 따른 사회적 편익과 한계는 사회적 문제, 즉 개인적 가치의 문제라고 할 수 없다. 즉 정보의 사용에 따른 격차의 문제도 활용가치의 인식의 문제인 것이다. 정보사회가 고도화되어도 사용자의 인식수준과 가치에 따라 정보이용의 가치는 크게 다르다. 정보이용의 공동체 형성은 이용자의 사회적 함의를 이끌 것이며, 새로운 가치를 창출하는 이용자의 공동체가 되는 것이다.

Ⅴ. 맺음말

뉴미디어의 등장은 우리 사회의 모든 영역에서 가치의 변화를 요구하고 있고, 현대인은 이러한 변화의 요구에 민첩하게 대처해 나가고 있다. 사회변화의 양태는 사회체계의 가치의 다원성과 수용자의 개인의식의 다변화를 요구하고 있다. 즉 정보사회의 도래는 기존의 사회구조와 기본틀을 변화시키고 있으며, 새로운 가치의 창출을 유도할 수 있는 충분조건을 갖추고 있다.

뉴미디어의 발달은 새로운 사회적 함의를 요구하고 있고 정치과정에서도 적지않은 변화를 예견하고 있다. 정보사회에서 민주주의는 시민혁명 이후의 가장 커다란 변화에 직면해 있고, 이러한 변화의 중심에 뉴미디어가 자리잡고 있다. 뉴미디어는 정치과정의 중심에서 그 한계를 극복할 수 있다는 희망에서 우리를 긴장시키고 있다. 속단하기는 어려우나 이미 이러한 변화의 조짐은 우리의 예측을 뛰어넘어 무한한 가능성을 열어놓게 만들었다. 다만 뉴미디어가 정치변화에 긍정적으로 작용하는가 또는 부정적으로 작용하는가는 찬반 양론의 주장대로 설득력이 있다.

뉴미디어의 사회적 함의는 그 논의과정에서도 변화가 계속되어지고 있는 실정이고, 우리는 이러한 변화를 받아들이고 쫓아가야만 한다. 선진사회의 정부나 시민들, 또는 시민단체와 시장은 발 빠르게 변화에 대처하거나 변화를 주도하고 있는 실정이다. 이미 미국과 서구 유럽국가들도 정보통신기술 분야에 선두주자가 되었고, 새로운 고부가 가치를 창출하는 경제적 생산수단으로 뉴미디어를 활용하고 있다. 우리 사회도 이미 3천만의 네티즌들이 정보사회를 주도하고 있고, 이들의 행태는 새로운 사회변화를 주도하고 있으며, 네티즌 문화라는 독특한 문화를 형성해 나가고 있는 실정이다. 정치분야에서도 적지않은 변화가 있어 왔고, 미디어 정치에 이어 사이버 정치에서도 그들의 활약은 두드러지고 있는 실정이다.

뉴미디어의 발달에 따른 사회적 기회의 창출은 이미 사이버 커뮤니티에서 이루어지고 있다. 미디어의 특성인 상호작용성은 가상공간에서 커뮤니티를 형성하고, 네티즌들은 온라인을 통하여 상호 정보와 의견을 교류하면서 정치적으로 세력화하고 있다. 근대 시민혁명 이후 또 하나의 시민혁명기에 들어간 것이다.

참고문헌

강은미. (2000). "인터넷 매체 환경의 변화 및 인터넷 사용자 비교 분석," e-trend 한국 인터넷 사용자 조사결과 발표 및 인터넷 광고 효과분석 세미나 발표자료(http://www.e-trend.do.kr/notice/notic.html).

강상현. (1999). 『뉴 미디어 패러독스 정보통신혁명과 한국사회』 도서출판 한나래.

권상희. (2003). "인터넷 미디어의 상호작용 개념에 관한 연구 : 사람, 매체, 메시지 관련 모델구성 중심으로," 『한국언론학회보』 한국언론정보학회, 2003. 가을 정기학술대회.

김동신. (2004). 『세방화, 정보화, 그리고 문화충돌』(IT의 사회 · 문화적 영향 연구 : 21세기 한국 메가트렌드 시리즈) 정보통신정책연구원 04-49.

김도연. (2004). 『상호작용 미디어와 이용자의 역할변화』(IT의 사회 · 문화적 영향 연구 : 21세기 한국 메가트렌드 시리즈) 정보통신정책연구원 04-48.

김성태. (1999). 『정보정책론과 전자정부론』 서울 : 범문사.

김성희. (1998). "지식관리시스템의 개요 및 구축 필요성," 『행정과 전산』 Vol. 20. No. 4.

김영석. (1995). "정보사회와 뉴미디어," 최정호 외. 『정보화 사회와 우리』 서울 : 소화.

김은미. (2004). 『인터넷상에서 사회적 의사소통 항식과 합의 형성』(IT의 사회 · 문화적 영향 연구 : 21세기 한국 메가트렌드 시리즈) 정보통신정책연구원 04-54.

성동규 · 라도삼. (2000). 『인터넷과 커뮤니케이션』 서울 : 한울 아카데미.

오관석. (2004). 『사이버 정치와 e-거버먼트』 고양 : 인간사랑.

이오현. (2003). "가상공간에서의 권력형성과정에 대한 연구," 『한국언론정보학회』 한국언론정보학회, 겨울 통권 23호.

최양수. (2004). 『한국의 문화변동과 미디어』(IT의 사회 · 문화적 영향 연구 : 21세기 한국 메가트렌드 시리즈) 정보통신정책연구원 6.

최정호 외. (1995). 『정보사회와 우리』 서울 : 소하.

McLuhan, M. (1964). *Understanding Media.* New American Library.

Brzezinski, Z. (1968). "America in Technetronic Age : New Question of our Time," *Encounter January.*

Beniger, J. (1986). *The Control Revolution : Technological and Economic Origins of the Information Society.* Cambridge : Harvard University Press.

Bell, Daniel. (1973). *The Coming Post-Industrial Society : A Venture in Social Forecasting.* New York : Basic Books.

Corcoran, E. (1998), The Cisco Connection. *Washington Post,* Aug. 9 : H1, H14-15.

Porat, M. (1978). "Communication Policy in an Information Society," in G. O. Robinson (ed.), *Communication for Tomorrow : Policy Perspectives for the 1980s.* New York : Praeger.

Toffler, A. (1980). *The Third Wave.* New York : Bantam Books.

Toffler, Alvin. (1989). *Future Schock.* New York : Random House.

Drucker, P. F. (1993). *Post-Capitalist Society.* New York : Harper Business.

Giddens, A. (1990). *The Consequence of Modernity.* Stanford University Press.

Harvey, D. (1989). *The Condition of Postmodernity : An Enquiry into the Origins of Cultural Change.* Oxford : Blackwel.

Kaplan, K. (1998). Cyberculture. *LA Times* Feb 9 : D 1, D. 3.

Kim, J. O. Wyatt, & E. Katz. (1999). "News, Talk, Opinion, Participation : The Part Played by Conversation in Deliberative Democracy." *Political Communication,* 16.

Markoff, J. & Race, T. (1997). Technology makes us daring. *New York Times* Sep 28 : Sec. 6.

Markoff, J. (1994). Business technology : Commerce comes to the Internet. *New York Times,* Apr 13 : D5.

Negroponte, N. (1995). *Being Digital.* New York : Vintage Books.

Owen, Bruce M. (2000). "The Internet Challenge to Television," The United States of America : Harvard University Press.

Rogers, E. M. (1986). *Communication Technology : The New Media in Society.* New york & London.

Ronfeldt, David. (1991). *Cybercracy, Cyberspace, and Cyberology : Political Effects of the Information Revolution.* Santa Monica : Rand Corporation.

Schrage, M. (1993). For Time's 'Man of the Year,' consider the incredible Internet. *Washington Post* Dee 24 : D10.

Tichnor, P. J., Donohue, G. A & Olien, C. N. (1970). "Mass Media Flow and Differential Growth in Knowledge," *Public Opinion Quarterly*, 34.

chap. 2

커뮤니케이션과 사회변화의 양태

Ⅰ. 들어가는 말

오늘날 미디어의 발달은 인간의 생활양식과 삶의 변화를 초래하였고, 그 변화의 속도는 생각의 속도만큼 빠르게 변화하고 있다. 과거에는 새로운 미디어가 등장하면 적지 않은 시간의 흐름 속에서 인간이 미디어에 적응해 나갈 시간적 여유가 있었다. 그러나 새로운 미디어의 등장은 이러한 생각의 여유조차 주지 않고 빠른 속도로 변화와 발전을 해오고 있다.

기술의 발전과 빠른 속도의 변화는 현대인을 기술의 수동적인 소비자로 전환시켜 피동적으로 끌려가도록 하고 있다. 디지털 혁명은 기존 문자 커뮤니케이션 기술의 보존성과 인쇄 커뮤니케이션 기술의 복제성, 그리고 텔레커뮤니케이션 신속성과 원격성을 고도화시켰을 뿐만 아니라 실시간(real-time) 상호작용을 가능케 했고, 기존의 개별적인 미디어들을 하나로 통합하는 멀티미디어의 실현을 가져왔다(최양수 2004, 37). 멀티미디어 발달은 송신자 중심의 미디어에서 이용자 중심의 미디어로 나아가 상호작용의 능동적 주체로서 그 의미를 갖게 되었다.

이전의 커뮤니케이션의 수단인 전화, 라디오와 텔레비전, 심지어는 케이블 TV나 위성통신의 등장이 길게는 100년, 짧게는 20-30년의 기간에 걸쳐 인간의 생활환경 속에 적용되어 발전하여 왔다. 하지만 빠르게 진전되는 정보통신기술은 새로운 기술에 인간의 적응을 강요하고 있고 커뮤니케이션의 속도와 방법도 다변하고 있어 새로운 사회적 패러다임을 요구하고 있는 실정이다.

새로운 통신기술은 단순한 하나의 기술로서만 이해하기보다는 다양한 커뮤니케이션 기술로 이해하는 것이 중요하다. 커뮤니케이션 기술은 그 기술의 생성, 발전 및 확산현상을 사회적인 맥락 속에서 이해하려는 노력이 필요하다. 그렇다면 오늘날 왜 그러한 기술이 의미 있는 기술로 부상하고 있으며, 누구(또는 무엇)를 위해 그러한 기술이 있고, 그리고 커뮤니케이션이 강조되고 있는지를 생각해 볼 필요가 있겠다. 이러한 통신기술의 변화는 커뮤니케이션의 혁명을 이루기에 충분조건을 갖추고 있기 때문이다.

전통적 커뮤니케이션 모델은 송신자-매체-수용자의 과정을 수행하기도 하지만, 인터넷은 일대일 커뮤니케이션으로부터 다대다의 형태로 이어지는 이른바 다중적 상호 접속(multiple interconnection)에 의한 전방위 커뮤니케이션이 가능한 매체이다.

인터넷 커뮤니케이션의 특성으로는 다른 미디어와 비교했을 때, 이용자가 송신자(생산자)이면서 동시에 수신자(소비자)가 될 수 있는 상호작용성, 영상매체와 비교할 때 시간적 제약을 받지 않는 비동시성을 들 수 있다. 또한 일대다, 다대다 커뮤니케이션이 모두 가능한 다차원 커뮤니케이션 매체, 일부 특권층이 아닌 다중의 이용자들이 정보를 생산하고 분배하는 민주성 등이라고 말할 수 있다.

인터넷을 통해 양적으로 팽창한 사회적 의사소통의 규모와 범위는 사회집단 간의 경계를 허물기도 하지만, 역으로 경계를 강화시킬 수도 있고 새로운 경계를 만들어내기도 한다. 그러한 의미에서 인터넷은 반드시 평등과 개방을 촉진시키지 않고 경우에 따라서는 집단 간 차별과 장벽을 만들기도 한다. 즉 인터넷의 기술적 특성 및 차별성의 경우, 긍정적인 기능과 잠재력에도 불구하고 인터넷으로 인한 병리현상은 심각한 사회문제로 부상한다는 것이다. 또한 세대 간 갈등이나 이념갈등 등 사회통합을 저해하는 요인으로 작용할 위험마저 내포할 수 있다.

그럼에도 불구하고 커뮤니케이션을 하기 위해서 전자매체를 이용하는 행위가 거리와 시간의 제약을 초월하여 매체 중심의 커뮤니케이션 혁명을 가속화시켜 새로운 사회적 환경을 조성하고 있다. 사회적 상황은 특정한 시간, 장소 그리고 사회적 기대감과 가치의 공유를 의미하는데, 이러한 문화의 대인적 커뮤니케이션이 형성되는 상호작용은 증가하는 추세에 있다는 것이다. 따라서 뉴미디어 시대의 커뮤니케이션은 문화적 상황이 개인들 간의 사회적 관계를 형성하고 영향력을 미치는 관계로 결정되는 관계십을 이루기에 충분하다.

Ⅱ. 뉴미디어 도입과 커뮤니케이션의 발달

1. 뉴미디어와 커뮤니케이션

뉴미디어[14]는 1970년대 초 새로운 기술(new technology)이라는 용어로 기술이 사회에 미치는 효과가 긍정적인 입장에서 사회에 출현한 상대적 개념으로 서구에서 처음 사용하여 왔다. 뉴미디어는 라디오, TV 이후에 만들어진 전자정보 통신매체를 말한다. 특히 컴퓨터를 중심으로 정보 및 방송매체로서 매스미디어와 정보처리 및 정보전달의 기술이 부분적으로 융합된 새로운 미디어라고 할 수 있다.

정보통신기술은 컴퓨터와 원거리 통신이라는 새로운 디지털 부호에 의하여 컴퓨터, 전화 그리고 텔레비전이 결합된 텔레커뮤니케

14) 뉴미디어(new media)는 용어상 멀티미디어(multi media)와 뚜렷한 구분없이 사용되어 왔다. 그러나 그 용어의 출발점은 서로 다르다. 뉴미디어는 매스 미디어의 연장으로 새롭게 등장한 일련의 미디어를 일컫는 용어이다. 뉴미디어가 발전하는 과정에서 지난 1980년대 중반 이후부터 불리기 시작한 용어가 멀티미디어이다. 멀티미디어는 무엇보다도 컴퓨터의 확장에서 비롯된다. 컴퓨터가 확대보급되던 1980년대 이후 컴퓨터 통신이 유행하면서 멀티미디어라는 용어를 사용하기 시작하였다. 뉴미디어와 멀티미디어 사이에는 출발점을 이루는 시간적·기술적인 차이가 있다. 이러한 맥락에서 멀티미디어는 뉴미디어를 포괄하는 개념으로 보아도 무리가 아니다(전석호 1997, 36-37).

이션의 유형이다. 뉴미디어는 새로운 형태의 정보수집, 처리와 가공, 전송분배가 가능하고, 다수 간 정보교환이 가능하며, 정보유형의 변화나 호환성을 증대시키고 있다.

로저스(Rogers 1995)는 뉴미디어가 커뮤니케이션에 미치는 효과를 상호작용성(interactivity), 탈대중성(demassification), 비동시성(asynchronicity)으로 설명하고 있다. 상호작용성은 면대면 커뮤니케이션에서 정보의 양방향 흐름과 신속한 피드백이 가능한 반복적 순환과정이다. 탈대중성은 이용자들이 익명의 다수가 아닌 특정의 소수가 메시지를 상호 교환하는 미디어 이용의 개인화를 말한다. 또한 기존의 미디어가 커뮤니케이션이 이루어지기 위해서는 송신자와 수신자의 동시참여가 이루어져야 하는 데 반하여, 비동시성은 시간과 공간을 초월하여 비동시적으로 이루어지기 때문에 이용자 간 접근의 용이성이 탁월하다.

인간사회에서 커뮤니케이션은 해당 행위자들이 서로가 상대방을 이해시키는 사회적 상호작용 과정이다(Luhmann 1990). 정보사회에서 커뮤니케이션 기술은 인간의 욕망을 충족시키고자 하는 노력의 일환으로 그 수단이자 도구로서의 테크놀로지를 발전시켜 왔다. 커뮤니케이션은 미디어 혼합과정을 통해서 새로운 형태로 분화되는 경향을 갖는다.

모든 커뮤니케이션 형태들은 인간 커뮤니케이션 시스템 구조와 밀접하게 연관되어 있기 때문에 다른 문화영역들과 분리되어서 독립적으로 존재할 수는 없다. 시대에 따라 커뮤니케이션 형태들이 등장하여 발전하고 다양한 형태로 기존의 커뮤니케이션 형태에 영향을 미치게 된다(최양수 2004, 40).

커뮤니케이션의 본질적 기능인 인터넷의 네트워크는 정보제공과 여론형성에 기여하고 시민적 참여를 촉발시킬 수 있는가에 많은 관심의 초점이 모이고 있다. 이러한 관심은 최근 정치 커뮤니케이션의 중요한 쟁점으로 떠오르면서 인터넷을 통하여 시민참여 민주주의의 새로운 가능성에 주목하고 있다(심재철 1997). 그런가 하면 시민참여의 민주주의 가능성에 회의를 나타내는 이들도 있다 (McChesney 2000 ; Radon 1998).

이러한 논란과 상관없이 기존 질서에 이의를 제기하는 저항집단은 공중과 직접 만나는 커뮤니케이션 수단으로 인터넷을 점점 더 많이 활용하고 있다. 이와 같이 커뮤니케이션의 발달은 인간의 상호작용에 영향을 미치고 있으며, 순기능적으로 작용하든 역기능적으로 작용하든지 간에 사용자의 편익에 따라 적용될 것이다.

2. 컴퓨터 매개 커뮤니케이션

인터넷과 같은 컴퓨터 매개 커뮤니케이션(computer-mediated communication : CMC)[15)]은 기존의 커뮤니케이션과 달리 시·공간을 초

---

15) 컴퓨터 매개 커뮤니케이션(computer mediated communication : CMC)은 기계매개적 대인 커뮤니케이션 또는 상호작용적 커뮤니케이션(interactive communication)으로 부르지만 이들 모두를 컴퓨터 매개 커뮤니케이션으로 통합하여 부르고 있다. 커뮤니케이션 행위에 있어서 전자우편이나 전자게시판, 비동시적(asynchronous) 커뮤니케이션이나 온라인 대화(chatting)나 실시간 원격 화상회의 등의 동시적(synchronous) 커뮤니케이션을 모두 포함하는 의미이다.

월하는 형태를 띠고 있다. 인터넷이라는 매체적 특성은 멀티미디어 정보로 구성되고, 하이퍼텍스트성을 가지며, 동시성과 비동시성을 함께 갖고 상호작용성이 두드러진 매체[16)]라고 할 수 있다.

페리스(Ferris 1997)는 개인 간의 커뮤니케이션의 행위가 컴퓨터의 연결에 의해 이루어지는 것을 컴퓨터 매개 커뮤니케이션(이하 CMC)으로 보았다. 디셈버(December 1997)는 CMC란 컴퓨터를 이용한 인간 커뮤니케이션의 과정이 일정한 조건 하에 일정한 형태의 매체를 이용하는 커뮤니케이션 전 과정을 포함하는 것으로 정의하고 있다.

컴퓨터 매개 커뮤니케이션은 이용자들이 시간과 공간의 한계를 뛰어넘어 문자와 음성, 이미지와 동영상 등 다양한 방식으로 정보와 의견을 교환하고 공유하도록 한다. 따라서 참여자의 물리적 공간을 극복하고 가상의 공간에서 공동체를 형성하여 네트워크를 유지 · 발전해 나가면서 현실세계와 다른 또 하나의 실제 공간이다.

미디어 속성상 CMC는 관계적 차원에서 비언어적 코드가 빈약하기 때문에 덜 감성적이고 비대인적이다. 그러나 커뮤니케이션의 상대적 지위의 차이를 갖지 않기 때문에 평등화된 개별 주체들 간의 구성이 가능하고, 익명의 커뮤니케이션은 상호 간의 직위와 권

---

16) 매체적 특성에 관한 구체적 내용은 다음과 같다. 첫째, 멀티미디어성은 정보처리의 디지털화에 의해 가능해진 것으로 인터넷은 텍스트와 더불어 음성, 그림, 애니메이션, 비디오, 가상기술 동작코드는 물론 냄새의 전달까지도 가능하고, 둘째, 하이퍼텍스트성은 텍스트 구조가 선형이 아니라 선택적이고, 송 · 수신자의 구분이 없고 연결망도 다양하게 만든다는 점이고, 셋째, 동시성과 비동시성에 의해서 시간적 간격의 제한이 없고, 넷째, 상호작용성은 특정한 행위의 반응이 제3자에게 영향을 미치도록 한다는 것이다.

한의 부재가 참여의 평등과 접속, 네트워크 구성의 자율성을 보장한다. 따라서 CMC는 낯선 타인과 부담 없이 정보를 공유하고 시간과 비용이 상대적으로 적게 들어가면서 심리적 부담으로부터의 자유를 부여하고 관계 형성의 물리적 제약을 벗어나서 유연한 커뮤니케이션을 이룰 수 있다.

3. 월드 와이드 웹과 가상공동체

세계 최대의 컴퓨터 통신망인 인터넷은 1991년에 "유럽 미립자 물리연구소(CERN)"의 팀 버너스리에 의해 하이퍼텍스트(Hyper Text)를 주고받는 월드 와이드 웹(World Wide Web)이라는 아이디어가 제안되어 개발되기 시작했다. 그후 특히 1993년에 모자이크, 1994년에 네스케이프 등의 웹 브라우저가 개발되면서 인터넷은 일반인들의 폭발적인 관심을 끌게 되었다.

인터넷은 상호작용적 커뮤니케이션과 정보의 디지털화를 극명하게 보여주고 있다. 인터넷은 세계 각 지역의 크고 작은 네트워크들이 공통의 전송 조절장치를 통하여 쌍방 간의 의사소통을 이루고 있다. 기존의 대중매체가 일대다(一對多)의 커뮤니케이션이라면 인터넷은 다대다(多對多)의 양방 또는 쌍방의 커뮤니케이션이다.

인터넷은 TCP/IP 인터넷의 표준 프로토콜로 자리잡게 되었고, 보다 많은 호스트와 게이트 웨이들이 기존의 통신망에 아무런 영향을 주지 않고 인터넷에 연결될 수 있게 되었다.

인터넷이 구성하는 가상공동체는 다양한 용어들로 일컬어지고 있다. 레인골드(Rheingold 1993)는 사이버 공간에서 컴퓨터를 매개로 이루어지는 의사소통(Computer mediated communication : CMC)을 통해 오랜 기간 동안 사람들이 풍부한 개인적 감정을 가지고 상호작용하는 집합체를 가상공동체라 하였다. 맥라우프린(Mclaughlin, *et al.* 1995)은 가상공동체를 공통의 신념과 활동을 같이하는 사람들이 마치 실제 공공의 장소에서 만나는 것처럼 가상공간에서 이루는 새로운 형태의 집합체를 말한다. 이러한 세계는 인간의 두 가지 기본 동기에 기초하고 있는데, 그 하나는 극도로 분화된 후기산업사회에서 인간들은 새로운 공동체에 대한 필요성을 느낀다는 사실이다. 다른 한 동기는 첨단 정보통신기술로 새로운 공동체를 형성할 수 있다는 자신감이다(McLaughlin *et al.* 1995).

이들을 통해 공동체가 가지는 몇 가지 속성을 추출해 보면 지역성(locality), 사회적 상호작용(social interaction), 공통의 연대의식(common ties) 등을 들 수 있다(Davies & Herbert 1993 ; 유지연 외 2001, 5). 기존의 논의에서 가상공동체(cyber community)는 '통신망에 연결된 컴퓨터를 통해 일어나는 일련의 지속적이고 다양한 상호작용'으로 정의한다(Smith 1998, 4). 펀백과 톰슨(Fernback & Thomson 1995)은 공동체 개념을 가상공동체까지 확장하는 것이 공적인 것보다 사적인 것이 강조되는 최근의 사회적 · 문화적 경향을 반영하는 것이라고 주장한다. 가상공동체는 개인이 가지는 이해, 관심, 취미 등의 유사성을 통해 형성되는 추세이다.

스미스(Smith 1998)는 네트워크를 통해 형성되는 공동체들이 갖는 주요한 사회적 상호작용의 특성을 반공간적(aspatial), 비동기적(asynchronous), 비육체적(acorporal), 반차별적(astigmatic), 익명적

(anonymous) 등으로 규정하며,[17] 이들 특성은 독특한 양면성의 원인이 된다고 했다(유재천 외 2000, 31–32).

가상공동체에서도 다정다감한 인간관계를 가질 수 있다는 믿음을 가진 사람들이 많아지고 있다. 이들은 공동체가 물리적 구성물이 아니라, 주관적인 인간의 사회관계로 형성된 사회적 구성체이기 때문에 통신망을 통하여 이러한 사회적 관계는 가능하다고 본다. 앞서 지적한 바와 같이 이들은 얼굴 표정이나 감정을 기호로 전달할 수 있을 뿐만 아니라 주고받는 문장의 내용, 전반적인 문맥을 통하여 독특한 사회관계의 맥락, 즉 사회적 상황을 창출해낼 수 있다고 주장한다.

17) 스미스(Smith 1998)는 네트워크 공동체의 상호작용 특성을 다음과 같이 규정하고 있다. ① 가상공간의 교류는 반공간적(aspatial)이다. 물리적 공간의 거리가 사람들의 교류를 더 이상 가로막을 수 없기 때문이다. ② 가상공간의 교류는 비동기적(asynchronous)이다. 시간과 장소를 초월하여 사람들은 상호 교류할 수 있으며, 최소한의 공간도 필요치 않으며 상호 조율만으로 교류할 수 있다. ③ 가상공간의 의사소통은 비육체적(acorporal)이다. 사람들은 현실공간에서는 자신의 몸을 보여주어야 하지만 가상공간에서는 텍스트나 상호 교류가 가능하다. ④ 가상공간의 교류는 반차별적(astigmatic)이다. 자신의 취향에 따라 새로운 정체성을 만들어낼 수 있다. ⑤ 가상공간에서 교류는 익명적(anonymous)이다. 가상공간에서는 자신들의 이름을 마음대로 지어내고 기존의 현실이나 강제된 정체성을 쉽게 벗어던질 수 있다.

Ⅲ. 커뮤니케이션의 기술발전과 변화양태

인류의 발전은 통신수단의 발전과 그 맥락을 같이하여 왔다고 해도 과언은 아니다. 로저스(Rogers 1986, 181)는 인간의 커뮤니케이션 발전과정을 1) 필기단계(The Writing Era : 기원전 4천 년경부터 현재까지), 2) 인쇄단계(The Printing Eras : 1456년부터 현재까지), 3) 원격통신 단계(Telecommunication Eras : 1844년부터 현재까지), 4) 상호 교환 통신단계(Interactivity Communication Era : 1946년부터 현재까지)의 네 단계로 나누고 이를 그 사이에 미디어 발전에 관계되는 주요 이정표로 들고 있다.

그런가 하면 벨(Bell)은 미디어 개발을 통한 커뮤니케이션 개발과정을 언어(speech)의 발명, 글자(writing)의 발명, 인쇄(printing)의 발명, 원격통신(telecommunication)의 발명이라는 네 단계로 구분하고 있다. 인간의 '언어'는 집단적인 수렵 · 채취생활에 중추적인 커뮤니케이션 수단이 되었고, '글자'는 농경사회에서 최초의 도시 성립의 근거가 되었으며, '인쇄술'은 산업사회로 이끄는 밑기둥이 되었고, '원격통신'은 정보사회의 토대가 된다고 풀이하고 있다.

커뮤니케이션 기술은 대면 커뮤니케이션인 문자(one to a few), 인쇄술과 매개 커뮤니케이션(mediated communication)인 매스미디어(one to many), 인터넷(many to many)의 단계로 발전해 왔다.

1. 대면 커뮤니케이션의 발전과 기능

1) 언어 커뮤니케이션(Face to Face)

언어 커뮤니케이션은 언어형태들의 풍부한 연관성과 자세하게 전달할 수 있다는 장점을 가지고 있기는 하지만, 언어는 선천적으로 시간과 공간을 넘나들 때는 불안정하며 신뢰할 수 없다는 단점을 가지고 있다. 즉 언어란 말을 하는 그 현장에서만 주로 살아 있는 가변성이 극히 심한 커뮤니케이션 수단이다. 일단 말을 하고 나면 그 말의 내용과 의미는 사람의 기억 속에서만 그 잔상이 묻혀 있을 뿐이며, 그런 탓으로 인간은 언어의 보존성을 높이기 위해 특별한 경우의 것은 그것을 노래의 형태로 바꾸어 암송을 하거나 구비전송시키는 지혜를 가졌었다. 이는 언어가 갖는 내용이나 의미의 변형을 막기 위한 한 방책이었을 것이다.

면대면 커뮤니케이션은 대화가 가능할 정도로 근접한 상황에서 적어도 2인 이상이 정보교환 과정에 참여해야 한다. 커뮤니케이션에 참여하는 당사자들은 상대방의 존재를 인정하고 깊은 관심을 보이며 정보전달의 반응을 즉각적으로 반영할 수 있어야 한다. 대면 참여자들은 커뮤니케이션에 사용되는 메시지의 상징적 의미를 같은 뜻으로 해석할 수 있는 문화적 · 사회적 · 심리적 공감대를 형성해야 한다. 인간 상호 간의 커뮤니케이션은 참여자들이 직접 얼굴을 마주하고 대화하는 상황을 전제하므로 시청각은 물론 후각, 미각, 촉각까지도 정보전달의 매개체가 된다(오택섭 외, 2003).

2) 문자 커뮤니케이션(one to a few)

문자 언어가 발달되고 확산됨에 따라서 구두 언어 능력과 의사 전달이 더욱 더 안정되어 갔다. 문자는 어디엔가 쓰거나 새겨두는 것이므로 말과는 달리 어떤 내용이나 의미를 고정시키거나 보존시킬 수 있는 장점과 쓰거나 새긴 것이 운반 가능한 경우에는 그 내용이나 의미를 크게 손상시키지 않고 한 장소에서 다른 장소로 옮길 수가 있다.

문자 기록은 원래 이야기한 사람이 죽은 후에도 그의 생각과 개념들을 오랫동안 보존할 수 있도록 해주었다. 따라서 커뮤니케이션을 하는 데 시간과 공간에 대한 제약으로부터 자유로워졌다.

문자 커뮤니케이션은 글이 등장하던 당시로부터 오랜 기간 동안에 걸쳐 그 사회의 보편적인 커뮤니케이션 수단이 아니었다는 점이다. 근대 이전까지만 해도 보통 교육을 받지 못한 일반인들은 문자 사용으로부터 배제된 사람들이 많았고 사회적 한계를 갖고 있었다. 이미 문자가 등장하던 시기부터 문자를 이용한 지식과 정보교환은 힘과 권위의 상징처럼 되어 있었다. 이러한 상황을 '지식의 독점'이라고 표현하는데, 이 지식의 독점은 권력의 독점과 밀접한 관계를 맺고 있었다.

3) 인쇄매체(one to many)

인쇄기술의 발달은 문자 커뮤니케이션의 효용을 대폭 확장시켰다. 즉 인쇄매체의 활용은 소수에 집중되었던 문자 활용을 다수에게 가능케 한 것이다. 다수의 문자 활용이 가능하게 된 요인은 인쇄매체의 발전에서 비롯된다.

쿠텐베르크의 인쇄기술의 발명은 평등한 사회구조를 원하는 근대 시민의 욕구를 억제하지 못하고 종교혁명을 가져왔다. 이전만 하더라도 한정된 필사본에 의지해야 했던 서적들은 다수의 사람이 소유하기란 거의 불가능하였다. 따라서 당시 성경도 소수의 사제나 성직자들만이 소유할 수 있는 전유물이었다. 하나님의 말씀은 성직자에 의해서 다시 해석되고 성직자는 하나님의 권능을 갖게 되는 유일한 신분이 되었다. 따라서 성직자의 권능은 절대적이며, 그러한 절대적 권능은 그들만이 소유 가능한 성경책에서 나오는 것이었다.

그러나 인쇄술의 발달은 누구라도 성경을 소유할 수 있었고, 이젠 더 이상 하나님의 말씀을 전하는 성직자의 권위는 그 존재의 가치마저 의심받게 되었다. 인쇄술의 발달은 당시 사람들이 하나님과 직접 의사소통할 수 있는 통로를 열 수 있었다. 따라서 근대 시민들은 교회가 아닌 곳에서도 하나님 말씀을 들을 수 있었고, 성직자를 통하지 않아도 신앙공간의 자유를 갖게 되었다. 하나님과 직접 소통할 수 있는 시민들은 성직자가 갖는 권능에 도전하고 종교개혁의 필요성을 주창하게 되었다.

인쇄술의 발달로 인해 시민들의 문자가 해독되고 시간의 제약이 극복될 수 있었다. 인쇄술은 공간적인 제약을 획기적으로 극복하게 한 것이다. 이러한 공간적인 제약의 극복은 인쇄물을 수송하는 교통수단의 발달과 함께 획기적으로 발전하게 된다(최양수 2004, 45).

2. 매개 커뮤니케이션의 발전과 기능

1) 전자매체(one to mass)

커뮤니케이션에 전자적 메커니즘이 적용되고 디지털 언어가 출현하게 되면서부터 인간 커뮤니케이션의 진화와 확장속도는 놀랄 정도의 비율로 가속화되어 왔다. 커뮤니케이션에 있어 전자의 응용과 디지털 언어의 확산은 불과 200년도 되지 않는 기간 내에 인간 역사상 전무후무하게 인간 커뮤니케이션 시스템을 변형 · 확대시켜 왔다.

이전까지 커뮤니케이션 혁명의 중심에는 전신과 전화 그리고 라디오, 텔레비전 등이 자리잡고 있었다. 전신은 공간과 시간의 소멸성을 강조하면서 비록 사람들이 멀리 떨어져 있어도 그들은 전신을 통해 서로 감정을 느낄 것이며 서로 호감을 갖게 되었다. 미국 *Telegraph Magazine*의 편집자인 도날드 맨(Donald Mann)은 1852년과 1853년에 다음과 같이 피력하였다. “우리 모든 사람들은 단지 정치적인 제도에 의해서가 아니라 전신을 통해서 서로 하나로 결합될 것이다. 그러므로 우리가 어디에 있든지 사람들은 서로가 하나임을 느낄 것이다”(Czitrom 1982, 11).

전화는 전신과는 달리 사람들의 음성을 전달할 수 있다는 점에서 사람들의 일상생활에 깊이 자리잡았다. 전화는 사람들로 하여금 동시에 다른 두 장소에서 용이하게 커뮤니케이션을 할 수 있게 하였다. 사람들은 전화가 갖고 있는 잠재성을 공인하고 있다. 전화는 사람들 간의 공개적이고 민주적인 형태의 커뮤니케이션을 가능하게 하는 것을 긍정적인 발전으로 간주하면서 "사회의 새로운 조직"으로 간주하였다(Pool 1983, 79). 그러나 다른 사람들은 전화라는 새로운 매체에 의한 접근성의 증가로 인해 정보 흐름의 기존 질서를 위협하며 기존의 사회통제 방식에 위기를 초래할 것이라 경고하였다(Marvin 1988, 66). 전화는 전신의 약점을 보완하면서 즉각적이고 개인 간의 커뮤니케이션을 촉진시키는 매체로 자리잡게 되었다.

전신과 전화처럼 라디오 또한 초월과 도피 그리고 두려움과 의심을 자아냈다. 그러나 라디오는 기존의 커뮤니케이션 미디어와는 달리 통제가 어려운 고유한 특성을 갖고 있었다. 라디오가 처음 출현했을 때에는 그 당시 사람들에게는 신비하게 생각되었고 라디오를 이해하고 설명하기가 매우 어려웠다. 라디오는 기존의 커뮤니케이션 매체와는 달리 통제하기 어려운 특성을 갖고 있었다.

TV는 라디오나 전화보다 시각적 감각에 호소할 수 있어 매력적인 것으로 여겨졌다. TV는 시청각 매체이면서 동시에 불특정 다수를 대상으로 하는 방송매체로서 대중매체 시대를 본격화시켰다. TV의 특성상 방송매체의 사회적 영향에 대해 관심의 초점이 모아졌음에도 불구하고, 비교적 큰 센세이션 없이 무난하게 라디오 방송에서 TV 방송단계로 넘어갔다는 점에서 TV 시대에는 유토피아에 대한 담론을 새롭게 형성하지는 못했다. 이것은 TV가 다른 전자매체와 달리 방송사가 아닌 일반 사람들 스스로 메시지를 송수신할 수 없었기 때문이기도 하다.

2) 네트워크(Network) 연결방식

현대사회에서의 네트워크 구조의 확산은 사회적 네트워크 및 미디어 네트워크의 결합에 의해 강화되고 있다. 미디어 네트워크는 단순히 커뮤니케이션 채널 혹은 통로가 아니다. 미디어 네트워크는 매개 커뮤니케이션이 사회적 네트워크와 면대면 커뮤니케이션을 대체하는 것이 아니라 사회적 네트워크와 면대면 커뮤니케이션에 추가된다는 것이다. 그들은 서로 혼합되며, 또한 만약 그들의 강점이 활용된다면 그들 모두가 이득을 보게 될 것이다.

네트워크의 가장 기본적인 기술적 특성은 매체와 현실 간의 연결을 가능하게 한다는 것이다. 그리고 네트워크의 사회적 특성은 규모의 확장과 축소가 가능하다는 것이고, 그것을 현실세계와 결합할 수 있다는 것이다.

3) 가상현실(Virtual Reality)과 커뮤니케이션

가상현실이란 개념은 인위적으로 창조되어진 현실이 아닌 전자적 가상공간에서 또 하나의 세계를 의미한다. 좀더 정확하게 말하자면 물리적 제약에 의해 현실세계에서는 직접 경험하지 못하는 상황을 컴퓨터를 이용해서 실제 환경과 유사하게 만든 가상공간이다. 가상공간에서는 전자매체를 이용하여 인간의 상호작용과 시 · 공간적 간접 체험을 할 수 있다.

사이버 형상적 관점에서 가상현실은 현실을 초월하고자 하는 욕망을 실현시켜 주는 "기계적 메커니즘"이다. 즉 현실세계에 '필적(parallel)하는 탈육체화된, 그리고 점진적으로 네트워크화하고 있는 시각적 '세계'인 사이버 스페이스에 접근할 수 있는 기술적 수단"으로 규정된다. 이런 관점에서 볼 때 가상현실의 테크놀로지는 단지 도구적 수단일 뿐이며, 이것의 핵심적인 동기는 육체이탈(disembodiment)의 욕망이다(최양수 2004, 50−52).

3. 커뮤니케이션 매체별 비교

면대면 커뮤니케이션은 가장 완벽한 형태의 채널로서 다른 모든 커뮤니케이션의 채널은 이것을 기준으로 비교된다. 인간의 사회적 관계는 직접 만나고 감정을 교류하면서 신뢰가 형성되고, 나 아닌 타인에 관한 객관적 정보를 습득하고 인지한다.

인터넷과 같은 매개 커뮤니케이션은 언어적 단서의 부족과 인간적 관계의 신뢰 부족으로 사회적 합의를 도출하기 어렵다. 실제로 매개 커뮤니케이션은 상대방과의 지위 차이를 암시하는 비언어적 메시지가 결여되어 있기 때문에 평등을 추구하지만 사회관계를 결정하는 관계적 차원에서는 덜 감성적이고 비대인적이다.

이러한 양자의 비교는 시간의 제한을 받지 않는다면 CMC는 인간관계의 초기에서만 적용 가능성이 높게 나타날 것이다. 전통적 사회구조가 지배적인 문화일수록 인습적이고, 면식을 익혀야 안정감을 가져다 주고 습득된 정보도 신뢰하는 것이다. 면대면 커뮤니케이션은 사회적 실재감을 높여주는 효과가 크고 상대에 따라 신뢰의 정도를 높게 인지한다.

현실의 세계를 초월하여 가상의 공간에서 이루어지는 관계는 소속감이나 유대관계에 얽매이지 않고 탈중심화된 평등한 커뮤니케이션을 이룬다. 합리적 의사소통의 매개역할을 위한 사이버 공간은 사람들이 직접 만나야 하는 시간과 비용을 줄일 수 있으며, 자신의 공간을 침해받지 않고 정서적 유대를 긴밀하게 유지할 수 있다. 그러나 이러한 사이버 공간에서의 만남은 시간적 · 심리적 비용이 들지 않지만 더 이상의 인간관계를 형성하기 위한 의사소통은 제한적이다. 사람들은 "보는 것이 믿는 것이다" 또는 따뜻한 "스킨십이 상대를 신뢰하게 만들고 합리적 의사소통을 유도하여 인간관계를 지속시켜 줄 수 있다"는 신념을 갖는다.

전통적 정서에서 보면 CMC는 새로운 인간관계를 형성하거나 기존의 인간관계를 유지하는 데 큰 역할을 담당하지는 못한다(김은미 2004, 23-24). 인터넷과 같은 전자매체는 단순한 정보의 수집이나 유흥을 위한 가벼운 만남과 비생산적 활동에는 핵심작용을 할 수 있을지 모르지만 상대방을 설득하고 인간관계를 발전시키는 데에는 한계가 있다.

Ⅳ. 커뮤니케이션의 발전과 사회구조 변화

1. 미디어의 확산과 제도화 과정

새로운 미디어의 등장은 단순히 미디어 기술의 개발만으로 가능한 것이 아니라 제도화 과정을 수반해야 한다. 미디어의 제도화 과정은 미디어 기술이 사회에 진입함으로써 기존의 기술시스템의 변화뿐만 아니라 기존의 제도변화도 수반되는 현상을 말한다.

문용갑(2003, 6-8)은 미디어 확산과정은 미디어 배양단계, 분화와 형식화 단계, 기반구축 단계로 구분하여 확산되어 간다고 보았다. 먼저 미디어 배양단계는 새로운 미디어의 개척단계로서, 새로운 미디어 기술 사용방식이 기술능력을 가진 행위자들에게 소개되고, 그들의 지식창고에 자리를 잡는다. 따라서 기술지향적인 특수문화가 형성되어 이것을 배경으로 상호 보완적인 의미의 관습이 만들어지고, 다음으로 미디어 기술은 다른 문화로 진입한다. 이러한 미디어 확산과정은 미디어 사용 비전, 규범, 이상 등의 문화적 지향체를 배경으로 진행된다.

다음으로 미디어 분화와 형식화 단계를 거친다. 미디어가 상이한 기술-문화적 배경과 지식을 가진 사용자 집단으로 확산됨으로써 수평적인 분화가 이루어진다. 이러한 분화과정은 미디어 기술적으로 공동의 물류 연결고리를 통해서, 문화적 · 인지적 공동의 규칙과 이미지를 통해서 초기 미디어 생산자 문화와는 별개로 사용자

문화에 배태된 기대, 능력, 그리고 행동기준을 포함하는 미디어 시스템이 된다.

마지막으로 미디어 기반 구축단계이다. 미디어의 계속적인 사회적 확산은 그 미디어가 기존의 기술 · 문화적, 인지적, 그리고 조직적 기반구조에 접목되거나 또는 새로운 기본 구조를 구축하면서 진행된다. 인지적 기반구조 구축과 관련해서는 우선 미디어 관련 전문가를 양성하여야 하며, 이를 위한 교육제도가 정비되어야 한다. 그리고 그 미디어를 소개하고 사용법을 사회에 널리 알리는 다른 미디어의 역할이 중요하다. 미디어 사용을 위한 새로운 사용규칙의 상징적 질서기준이 필요하며, 미디어의 오용을 방지하는 법적 제도도 구축되어야 한다.

미디어의 제도적 관점은 기술적 미디어가 매개하는 상호작용 관계이다. 커뮤니케이션을 위해서는 행위자들의 인지도식과 관례에 따른 규칙이 전제되어야 하는데, 기호화와 해독의 과정이 바로 그것이다. 이러한 관례와 규칙이 서로 부합되지 않을 경우 오해의 소지는 상존한다.

미디어 행위자들은 서로 공유하는 인지도식을 근거로 하는 '이미지(image)'에 따라 행위함으로써 규칙을 계속적으로 재생산하고 안정적으로 유지한다. 행위자는 이미지를 바탕으로 미디어 요소와 과정, 미디어 생산물과 내용 그리고 미디어 유형에 대한 의견, 경험 그리고 정보를 갖게 된다. 나아가 직접적인 경험이 없는 미디어에 대해서도 의견과 지식을 갖게 된다. 이같은 점에서 미디어의 발달은 미디어적인 행위관계에서 커뮤니케이션의 생산과 재생산과정이 지속적으로 이루어지는 제도화 과정으로 이해된다.

2. 뉴미디어 수용의 사회적 구조화

미디어 수용의 사회적 변화는 수직적 구조에서 수평적 구조로 시 · 공간의 제약을 받지 않으며 상호 정보교류가 이루어지는 사회적 구조를 말한다. 뉴미디어는 사회적 생산력의 급격한 성장과 산업구조의 재편을 초래하여 탈중심적 사회구조와 다원적 문화현상을 생성하고 있다. 또한 뉴미디어의 발전은 커뮤니케이션의 문화를 일반화시킴으로써 사회적 생산력과 사회관계를 재구성하도록 강요하고 있다.

이미 벨(Bell 1973)은 탈산업사회라는 개념을 확산시키면서 사회구조가 기술과학 발전의 힘으로 전문적 지식의 중요성이 존중받는 사회구조로 변하고 있음을 암시하였다. 즉 지식과 정보가 노동을 대신하는 탈산업사회의 주요 생산수단은 정보기술의 특성으로 나타나고 있다.

탈산업사회가 미디어의 발달에 따른 사회구조의 변화이지만 미디어는 사회적 통합과 한편으로는 사회적 분화를 촉진하고 있다. 미디어의 발달은 지구촌 시대를 열어놓았고, 사회의 모든 영역에서 일어나는 사건과 이슈들을 하나로 연결하고 있으며, 모든 각종 정보는 공유하는 사회적 시스템을 만들어 놓았다. 따라서 사회구조는 고도화되어 가고 통제 시스템도 개방되어 자율적 지배구조의 생성을 앞당기고 있다. 사회구조가 고도화되면서 사람들의 의식도 다분화되고 누구의 통제로부터 간섭받지 않는 자율의 사회적 분위기를 만들어 가고 있다.

네이스빗(Naisbitt 1982)에 의하면 지식정보화 사회에서 실천에 상응하는 정보적 사회관계의 등장을 커뮤니케이션의 일반화 현상이라고 말한다. 하버마스(Habermas 1987, 296)는 근대적인 철학적 분석의 틀을 상호 이해에 기초한 커뮤니케이션의 분석틀로 대체할 것을 주장한다. 도구적 이성에 의해 체계가 생활세계를 침범하고 식민지화함으로써 빚어진 현대성의 위기는 상호 이해에 기초한 의사소통적 합리성을 회복함으로써만이 극복 가능하다고 한다.

하버마스는 의사소통의 합리성과 공론적 영역의 등장을 인쇄매체를 통한 공론적 커뮤니케이션의 합리적 문화의 산실이라고 한다(Habermas 1989, 163). 하버마스는 뉴미디어 시대에도 커뮤니케이션을 통한 생활세계의 부활을 도모함으로써 강압이 배제된 의사소통의 합리성이 견지될 수 있는 이상적 대화상황이 모색되어야 한다고 보았다.

뉴미디어는 정치권력 행태에도 탈중심적이고 분산적인 효과를 미친다. 다시 말해 쌍방향적인 커뮤니케이션 기능을 하는 뉴미디어의 발전은 일방적인 대의민주주의의 약점을 보완하고 여론의 정치적 영향력을 증대시키고, 중앙집권화 추세는 사라질 것이고 분권화 경향을 띤 정치질서가 대두될 것으로 예측하였다. 과거의 계서적 또는 위계적 정치권력 구조는 분화된 네트워크형의 다수의 참여가 이루지는 공론의 장이 형성하기 위한 조건을 갖추게 되었다.

시민들의 정치참여의 양태가 달라지고 있으며 시민의식이 변모하고 있다. 과거의 권력을 일부 정치권이나 중앙에서 독점하는 시대에서는 정치참여의 주체는 지극히 제한적이었으며 한시적이었다. 그러나 뉴미디어의 발달은 이러한 정치참여의 통로와 방식을 변화시키고 있다.

시 · 공간의 제약을 넘어서 탈중심화된 유동적인 주체가 활동하는 사이버 공간은 더 이상 가상과 현실 사이의 구분이 무의미할 것으로 본다. 뉴미디어 시대는 종래의 사회구조도 기존의 정형화된 제도나 구조의 형태보다는 훨씬 더 유연성과 탈중심성을 갖는 정보적 사회관계로 변화할 것이다. 나아가 뉴미디어 시대의 정보사회적 관계는 사회구조는 물론이고 참여의식마저 변화시켜 전자민주주의의 실현을 앞당길 것이다.

Ⅴ. 맺음말

모든 커뮤니케이션의 수단이 사회적 필요에 의해서 발달해 왔다고 하지만, 뉴미디어로 대표되는 전자매체와 같은 통신기술의 발전은 현대사회의 빠른 변화를 유도하고 있다고 해도 과언이 아니다. 특히 정보사회의 심화과정 하에서 커뮤니케이션이란 용어는 보편적으로 자리잡고 있으며, 모든 사회과정에서 핵심적 역할을 기대하고 있다. 이러한 커뮤니케이션의 역할은 정보사회의 모든 분야에서의 사회적 관계 형성과 확산을 대변하고 기본적 특징으로 자리잡고 있다.

인류가 처음 문자를 발명한 당시 인간들은 문자가 인간의 기억력을 상실시킬 것으로 오인했다. 사람들은 외부에 쓰여진 글자에 의존하여 스스로 아무 것도 기억하려 하지 않을 것으로 보았다. 즉 문자가 기억력을 해칠 것으로 보았다. 또한 문자를 통해 얻은 지식은 진리가 아니라 진리의 유사물에 불과하며, 그것은 진정한 의미의 앎이 아니라고 주장한다. 진정한 의사소통은 경험과 체험에서 누적되고 축적한 직접적 경험에서 훌륭하게 투사되는 것으로 보았다.

인류의 발달이 기록에 의해서 축적된 지식의 발전에 의해 형성되었다면 시간을 연계하는 언어와 문자는 사회변화의 중추역할을 담당하는 것이다. 커뮤니케이션의 발달이 사회발달의 원동력이 되었고, 이러한 사회적 요구는 인간의 변화하고자 하는 욕구에서 시작된 것이다. 인간이 변화하고자 하는 욕구는 새로운 기술을 발전시키고 축적하여 새로운 문화를 형성하고, 인간은 이러한 문화에 또 다시 적응해 나가고 있는 것이다.

인간의 욕구는 커뮤니케이션 폭발의 시대라고 해도 과언이 아닌 정보통신기술의 혁신적 발전을 이루어 왔고, 인간의 신경조직과 같은 네트워크로 사회를 연결하고 지능화시키고 있다. 지식의 확산은 생성되는 지식을 전달하고 수용하는 주체와 개체로 커뮤니케이션의 발달에 기인한다.

이젠 커뮤니케이션은 의사전달의 도구나 하나의 수단으로서 한정된 영역에서 작용하지 않고 한 사회의 구성과 변화과정의 토대로서 중추적 역할을 한다. 따라서 커뮤니케이션의 학문적 관심도 사회적 질서와 구조적 변화 속에서 우리 사회의 심층적 커뮤니케이션 질서에 대한 전면적 탐구와 연구가 필요하겠다.

참고문헌

김은미. (2004). 『인터넷상에서 사회적 의사소통양식과 합의 형성』, (IT의 사회 · 문화적 영향 연구 : 21세기 한국 메가트렌드 시리즈) 정보통신정책연구원.

심재철. (1997). "민주언론과 민주사회," 김호진 (편). 『한국의 도전과 선택 : 21세기 국가경영론』 서울 : 나남.

오택섭 · 강현두 · 최정호. (2003). 『미디어와 정보사회』 서울 : 나남출판.

유재천 외. (2000). 『가상정보공간을 통한 지역개발 활성화 전략』 서울 : 집문당.

유지연 · 황주성. (2001). "인터넷 혁명은 지역해체를 가속화시킬것인가?" 『정보통신정책 ISSUE』 제13권 2호 통권 126호.

전석호. (1997). 『정보사회론 : 커뮤니케이션 혁명과 뉴미디어』 서울 : 나남출판사.

최양수. (2004). 『한국의 문화변화와 미디어』(IT의 사회 · 문화적 영향 연구 : 21세기 한국 메가트렌드 시리즈) 정보통신정책연구원 04-06.

Czitrom, D. (1982). *Media and American Mind : From Morse to McLuhan.* Chapel Hill, NC : University of North Carolina Press.

December, J. (1997). "Note on Defining of Computer-Mediated Communication," *CMC Magazine* URL:http://www.december.com/cmc/mag/lOO7/jan/december.htm.

Fernback, J. & Thomson, B. (1995). *Computer-Mediated communication and the American Collectivity : The Dimensions of Community within Cyberspace,* unpublished manuscript presented at the annual convention of the International communication Association, Albuquerque, New Mexico, May.

Ferris, P. (1997). "What is CMC? An Overview of Scholarly Definitions," *CMC Magazine*, Vol. 4, No. 1/Jan. 1997. URL : http//www.december.coov.cm : lmag/l997nan/fenis.html

Pool, I. (1983). *Forecasting the Telephone : A retrospective technology assessment of the telephone*. Norwood, N. J. : Ablex Publishing.

McLaughlin, Margaret, Kerry Osbrne, and Christin Smith. (1995). "Standards of conduct on usenet," In Steven Jones (ed.), *Cybersociety*. Thousand Oaks : Sage.

Marvin, C. (1988). *When old technologies were new*. New York : Oxford University Press.

McChesney, R. W. (2000). *Rich media, poor democracy : Communication politics in dubious tlines*. The New Press, New York.

Naisbitt, J. (1982). *Megatrends : Ten Directions transforming our lives*. New York : Warner Books.

Radon, G. (1998). The Internet and political control in Singapore. *Political Science Quarterly*, 113(1).

Rheingold, H. (1993). A Slice of Life in My Virtual Community, in L. M. Harasim (ed.), *Global Network : Computers and lnternation Communication*. Cambridge : The M I T Press.

Smith, M. A. (1998). "Voices from the WELL : the Logic of the Virtual Commons," httP : //netscansscnet.ucla.educsoc/paper/voice.

Habermas, J. (1987). *The Philosophical Discourse of Modernity : Twelve Lectures*. Trans. F. Lawrence, Cambridge, Polity Press.

Habermas, J. (1989). *The Structural Transformation of the Public Sphere : An Inquiry into a Category of Bourgeois Society*. Trans. T. Burger, Cambridge, Polity Press.

chap. 3

미디어의 효과이론과 정치적 기능

Ⅰ. 들어가는 말

일반적으로 미디어 효과란 미디어를 통해 전달되는 자극이나 의미와 상징들의 반응이나 효과, 영향 등을 말한다. 그러나 미디어 효과가 무엇이며 그 효과가 어느 정도인지는 정치학적으로 검증되지 않았다. 미디어 효과가 정치과정에 어떠한 영향을 미치고 있으며 정치는 미디어를 얼마나 수용하고 있는가 하는 문제는 정치학에서도 논란의 대상이다.

미디어 효과는 발신자가 의도한 것보다 미디어를 수용하는 수용자의 태도를 확대 해석하려는 경향이 있어 객관적 미디어 효과를 측정하기 어렵게 만든다. 미디어 효과는 정치와 미디어 간의 여러 복합적 요인이 작용하여 다양하게 나타나고 있다. 이러한 미디어 효과이론은 행태주의적인 관점에서 보면 자극에 대한 반응이며, 즉 커뮤니케이션을 받기 전과 후의 달라진 모든 것, 다시 말해 수용자의 의견, 태도의 변용을 말한다.

미디어의 정치학적 수용은 미디어 기능과 효과라는 측면에서 대중들의 정치적 태도에 영향을 미치고 있다. 대중들의 집단적 속성은 미디어 효과가 가장 크게 나타나게 만든다. 특히 대중들이 가지고 있는 정치적 태도는 잠재적으로 미디어에 의해서 변용되어 나타나기 때문이다.

미디어 효과는 간혹 영향력 또는 권력과 혼용되는 경향이 있는데, 이들은 미래에 대한 영향력 또는 주어진 조건 하에서 효과에 관한 개연성의 표현이다. 그러나 효과란 주어진 목표를 달성하는 데 의도된 표현으로서 간주된다.

미디어 내용은 텍스트나 이미지 또는 언어로 구성되어 있다. 미디어는 정치적 의미의 중립적인 정보로서 읽혀지는 것이 아니라 감정과 타인의 행동 및 사고방식에 의해 결정된다. 미디어가 정치에 영향을 미치는 것은 미디어를 수용하는 대중들이 그들이 위치하는 사회경제적 구조와 정치적 성향에 의해서 연관되어 나타난다. 미디어는 각기 나름의 정치적 입장을 지니는 것이므로 기계적 공평성, 양비론에서 벗어나 정치적 입장을 명확히 하자는 매체의 정치적 자유를 주장하는 것으로 나타난다.

미디어의 영향력은 정치과정에서 대중들의 정치적 태도와 감정 그리고 가치관과 행위에 영향을 미친다. 미디어의 정치적 영향은 미디어 수용단계인 정치적 정교화의 정도, 관여도, 정향으로 세분화되어 나타난다. 이들은 관심분야에 따라 점화이론(priming), 침묵의 나선이론(the spiral of silence), 제3자 효과이론(the third person effect) 등으로 논의되어 왔다.

미디어에 대한 정치적 효과는 정치과정에서 미디어의 기능과 영향력의 정도 또는 수용자 태도 등으로 세분되어 나타난다. 미디어의 기능은 정치적 커뮤니케이션과 문화전수 그리고 사회통합의 기능을 가지며, 미디어의 영향력은 유권자의 정치적 태도와 행위에 영향력을 미치고 있다. 나아가 미디어는 전달되는 내용에 의해서 대중들의 정치적 태도를 변화시킨다.

특히 뉴미디어 시대에 다양한 방식의 미디어 서비스 제공방식은 수용자의 의식을 마비시키고 통제하기에 충분하다. 다양한 방식의 서비스를 제공하는 멀티미디어는 수용자의 의식과 사회적 통제를 더욱 더 정교하고 세련되게 조작한다. 이러한 뉴미디어 시대에 다기능적 미디어 수용은 새롭게 미디어 효과이론 인식의 체계화와 그 효과성을 재논의해 봐야 하는 필요성이 요청된다.

Ⅱ. 전통적 매체와 미디어 효과이론

미디어 효과이론은 미디어가 개인과 사회에 대하여 어떠한 영향과 효과를 가질 수 있는가에 주요 관심이 있다. 미디어 효과이론에 대해서는 학자들 간에 합의가 이루어지지 않은 상태이며 그로 인해 논쟁이 끊이지 않고 있지만(문종대 외 2002, 29), 일반적으로 미디어를 통해 전달되는 자극이나 의미와 상징의 효과 또는 영향을 총칭하는 개념으로 사용한다. 먼저, 행태주의적인 관점에서 보면 자극에 대한 반응, 즉 커뮤니케이션을 받기 전과 후의 달라진 것을 말한다. 즉 수용자의 의견, 태도의 변용을 뜻한다. 다음, 기능주의의 관점에서는 환경감시, 환경에 대한 상호작용, 문화의 전달, 오락의 제공 등 기능 주체가 의도한 순기능의 완수로 보고 의도하지 않은 역기능은 역효과로 본다(유일상 1990, 76).

대체로 미디어 효과이론의 체계는 세 가지 정도로 구분되어 논의되어 왔다. 미디어가 미치는 영향의 정도와 효과에 따라 강 효과이론(powerful effects theory)과 중 효과이론(moderate effects theory) 그리고 소 효과이론(limited effects theory)으로 분류된다.

1. 미디어의 강 효과이론

1) 탄환이론(Bullet Theory)

강 효과이론의 대표적인 탄환이론은 피하주사식 이론(Hypodermic Needle Theory) 또는 대효과 이론이라 말한다. 탄환이론의 등장배경은 전통적 인쇄매체라고 할 수 있는 신문이나 잡지, 당시 새로운 대중매체라고 할 수 있는 라디오가 사회환경에 어느 정도 효과를 미치는지를 알아보기 위한 관심에서 시작하였다.

라스웰(Lasswell)은 제1차 세계대전의 선전술이 특히 영국과 미국 등 동맹국 국민들에게 독일에 대한 적대감을 유발시켰다는 연구결과를 발표하면서 강 효과이론을 지지하였다. 탄환이론은 미디어 효과가 마치 수용자들의 심장에 총알이 박히듯이 직접적으로 강력하게 영향을 미친다. 즉 송신자가 총을 쏘듯이 메시지를 내보내기만 하면 수용자는 송신자의 의도대로 반응하거나 주사를 놓기만 하면 환자에게 즉시 효과가 나타나는 것과 같다. 다시 말해서 미디어가 전달하는 메시지를 통해서 모든 수용자들에게 반응을 불러일으키고 그들의 의식을 적극적으로 지배하고 태도를 변용한다는 것이다. 그리하여 이를 피하주사식 이론(hypodermic needle theory) 또는 기계적 자극-반응이론(mechanistic stimulus response theory)이라고 말한다.

탄환이론은 미디어가 대중들의 의식을 마비시키고 미디어가 이들을 마음대로 조종할 수 있다는 것이다. 그러나 탄환이론은 인간의 창조성 또는 존재론적 가치를 무시한다는 측면에서 비판받을 수 있다. 실제로 미디어에 노출되어 있는 모든 사람들이 미디어의 메시지에 영향을 받는 것은 아니다. 대중들이 모든 자극에 대해서 같은 생각이나 반응을 보이는 것은 아니다. 그럼에도 불구하고 대중들은 미디어를 의심하지 않고 신뢰하는 경향이 강하며, 미디어를 긍정적으로 받아들인다.

2) 문화개발 효과이론(Cultivation Theory)

거브너(Gerbner)가 제시한 이론으로 미디어가 사람들의 관념을 형성해 주는 중대한 기능을 가지고 있다고 보는 이론이다. 미디어는 가장 강력한 문화적 무기로서 현실세계에 대한 사람들의 관념을 개발하여 상징적 환경을 조성해 준다고 보는 것이다. 미디어가 현실세계에 대한 인간들의 위상(status) 또는 관념을 형성시켜 주는 것이 문화개발 효과이다(최정호 외 1990, 76-77).

문화개발 효과이론(cultural effects theory)이란 인간의 상(status)이 미디어를 통해서 관념이나 이미지를 형성한다는 것이다. 인간은 다른 사람과 끊임없이 상호작용을 하면서 그들의 생각과 태도, 행위에 영향을 미치기 위하여 끊임없이 자기 인상관리를 하려는 동기를 지닌다. 바로 인상관리의 동기에 비롯되는 사회적 행위가 커뮤니케이션이라는 것이다.

거브너는 TV의 기능은 현실세계에 대한 상징적 환경을 조성해 주는 기능을 담당하고 있는데, 이 기능을 통해서 현실세계에 대한 인간들의 관념을 개발시켜 주고 있다고 한다. 미디어와 문화는 상호관계를 가지고 있다. 특히 현대사회에서 TV는 문화와 이데올로기를 구성하는 중요한 매체로 떠오르고 있기 때문에 개별적인 인간들에 대한 관념을 형성한다.

3) 침묵의 와선이론(Spiral of Silence Theory)

여론형성 과정에서 언론의 역할은 매우 강력하다. 여론형성 과정은 대부분 여론 주도층에 의해서 이루어진다. 침묵의 와선(spiral of silence)이론은 어떤 쟁점에 대하여 대다수의 사람들이 여론 주도층의 의견에 침묵의 동의 또는 지지를 보낸다는 것이다

이러한 이론적 배경에는 사람들이 자신이 대다수의 사람들로부터 고립되는 것을 두려워하여 다수의 편에 서기를 원하는 심리적 속성이 자리잡고 있기 때문이다. 대다수의 사람들은 주위의 사람들이 어떠한 생각을 가지고 있는지 관찰하여 대세를 파악하고 자신의 제의나 주장이 다른 사람에게 수용될 가능성에 대한 결과에 따라

의견을 표명할 것인지 말 것인지를 결정한다는 것이다.

뉴이만(Neumann 1986)은 미디어 효과가 나타나는 현상의 원인을 미디어가 쟁점을 반복적으로 노출시킴으로써 영향을 미치는 누적성(cumulation), 미디어가 사방 도처에서 발견되는 편재성(ubiquity), 그리고 다양한 미디어들에 의해서 논쟁점이 공유되고 있는 조화성(consonance) 등에 의해서 수용자들이 영향을 받는다고 보았다.

일반적으로 사람들은 특정 사안에 대하여 언론의 보도를 보고 여론의 방향을 짐작한다. 그것이 비록 실제와 일치하지 않을지라도 사람들은 언론이 보도하는 방향이 곧 다수의 의견이라고 믿게 된다는 것이다. 이것을 다원적 무지(pluralistic ignorance)라고 한다. 언론에 의한 정보 왜곡이 일어날 경우, 사람들은 다수의 의견과 자신의 의견이 다름에도 불구하고 같다고 여기거나 같은데도 다르다고 여기는 다원적 무지가 발생할 수 있고, 왜곡된 여론이 형성된다는 것이다.

침묵의 와선이론은 권위주의 사회에서 더욱 잘 통용되는데, 개인의 자유로운 의사표현과 비판이 허용되지 않기 때문이다. 또한 집단주의적 성격이 강한 사회도 이러한 경향이 뚜렷하다. 사람들의 개성이나 다양성을 인정하지 않기 때문에 다른 사람들의 의견에 쉽게 동조하고 자신의 생각을 잘 드러내지 않는 특징이 있다.

2. 미디어의 중 효과이론

1) 이용과 충족이론(Theory of Uses and Gratifications)

이용과 충족이론 연구는 카츠(Katz)에 의해 1959년 방법론이 제시된다. 그는 미디어에 접촉하지 않는 사람들에게는 큰 영향을 발휘하기는 어렵지만 미디어에 접촉되어 있는 사람들에게는 많은 영향력을 발휘한다고 주장한다. 즉 이용과 충족이론은 미디어를 접촉하는 수용자들이 능동적이고 목적지향적이라는 것이다. 또한 현대사회에서는 미디어를 통하여 수용자들의 욕구를 만족시키기 위한 노력을 하게 된다는 것이다.

카츠는 미디어의 연구가 사람들에게 무엇을 하고 있는가에 입각한 것이었다면 이제는 사람들이 미디어를 가지고 무엇을 하는가로 관점을 바꾸어야 한다는 것이다. 즉 "What do the media do to people"이 아니라 "What do people do with the media" 관점을 가져야 한다는 것이다.

미디어를 통한 사람들 사이의 상호작용은 그들이 미디어 내용을 어떻게 이용하며, 또 그 결과 충족을 얻는가에 초점을 맞추고 있다. 이 연구에 따르면 비로소 언론의 역할과 영향이 정확하게 설명될 수 있다는 것이 이용과 충족이론의 핵심이다(정연우 1999, 39).

이용과 충족이론은 수용자들의 매체 소비가 수용자들의 심리적 필요에 의해서 시작되며, 수용자들은 그러한 요구를 만족시키기 위해서 적극적으로 컨텐츠를 찾아서 선택한다. 새로운 매체가 등장할 때 수용자들의 뉴미디어 채택 여부를 결정짓는다. 채택요인은 매체 내에서 어떤 프로그램이 얼마나 다양하게 제공되는지, 또는 컨텐츠를 얼마나 선명하게 수용할 수 있는지에 결정된다. 결국 이용과 충족이론은 뉴미디어를 사용하기 시작할 때 특정한 심리적 목적을 위해 적극적으로 채널을 선택하며, 뉴미디어와 올드미디어를 비교해서 상대적으로 유용한 매체를 선택한다.

2) 의제설정 이론(Agenda-Setting Theory)

의제설정 이론(agenda setting theory)은 1970년대 이후 체계화되기 시작하였다. 의제설정 이론의 이론적 배경은 수용자들이 미디어로부터 특정의 이슈에 대하여 정보를 얻고 또한 미디어가 그 문제를 얼마나 중요하게 다루는가에 따라서 그 중요성을 인식하게 된다. 미디어의 속성상 미디어가 특정 이슈를 강조함으로써 수용자들에게 그 문제가 중요한 것이라는 인식을 심어주는 기능을 가지고 있다는 것이다.

맥콤과 쇼우(McComb & Show 1972)는 특정 쟁점을 선택하여 강조함으로써 수용자들이 이를 중요한 것으로 인식하게 된다는 것이다. 의제설정 이론은 미디어가 특정 이슈를 선택하여 강조함으로써 이것이 대중들에게 중요한 문제임을 인식하도록 만드는 효과를 말한다. 이용과 충족이론이 수용자들을 적극적인 측면에서 이해하고 있다면 의제설정 이론은 미디어를 보다 적극적으로 해석한다고 볼 수 있다.

미디어 학자들은 사회적 의제가 미디어에 의해서 중요하게 영향

받는다는 사실을 밝혔다(Althaus & Tewksburry 2002 ; Fico & Freedman 2001). 의제설정 이론은 미디어 효과에 관한 질문방식을 바꾸었다는 점에 그 의의가 있다. 즉 미디어가 "무엇을 생각는가(what to think)"에 영향을 미치는 것이 아니라 "무엇에 관하여 생각하는가(what to think about)"에 영향을 미칠 수 있다는 것이다(Cohen 1963).

의제설정 기능은 미디어가 일반 대중의 관심을 불러일으킬 수 있는 주요 이슈를 초점화하고 정치적 이슈를 대중을 대신해서 설정함으로써 여론과도 직 · 간접적으로 연관된다. 미디어는 대중의 생각이나 토론주제를 설정하는 중요한 역할을 하는 의제설정 영향력(agenda setting influence)을 나타낸다. 미디어는 매일매일 새로운 정보 선택과 제시를 통하여 무엇이 그날의 중요한 이슈인가에 대해 우리들의 지각에 영향을 미친다(이현출 1994, 20).

더 나아가서 최근 이른바 2단계 의제설정(secondary agenda setting), 혹은 속성 의제설정(attribute agenda setting)의 연구에 의하면 미디어는 사람들에게 "어떻게 생각하는가(how to think)"에 대해서도 영향을 미치는 것으로 나타났다(Golan & Wanta 2001). 비록 의제설정 과정은 미디어 의제(media agenda), 공중 의제(public agenda), 정책 의제(policy agenda)의 3가지 종류를 포괄하지만 커뮤니케이션 연구분야에서는 주로 미디어 의제가 공중 의제에 영향을 미치는 과정에 주목해 왔다.

수용자들은 미디어를 통하여 공공 이슈와 정보를 습득할 뿐만 아니라 미디어가 얼마나 크게 자주 그리고 중요하게 보도하느냐에 따라 그 이슈나 주제에 관심을 둔다. 언제 무엇에 대해 어떠한 방식으로 보도하느냐에 따라 사회적 쟁점이 결정된다는 것이다(정연우

1999, 40). 결국 미디어가 하나의 사회구성체에서 특정 이슈에 대하여 중요하게 다루고 또 거기에 특별한 의미를 부여하면 수용자들은 미디어의 강조에 따라 인지적 변화를 가져오는 것이다.

3. 미디어의 소 효과이론

소 효과이론은 제한효과 이론이라고도 불린다. 제한효과 이론은 탄환이론의 이론적 한계 및 반향에 따라 형성된 이론이다. 탄환이론이 단순한 미디어에 의한 자극과 대중의 반응관계에서 그 특성을 고려한 반면, 제한효과 이론은 수용자에게 제한적으로 미약한 효과만 미친다고 본다.

1) 선별효과 이론

먼저, 선별효과 이론은 미디어가 수용자에게 미치는 영향력 과정을 자극-유기체-반응(stimulus-organism-response : S-O-R) 과정으로 파악한다. 호블랜드(Hovland)는 자극이 곧 반응으로 나타난다는 탄환이론의 S-R 모형을 부인하면서 수용자의 속성을 중요시하는 가설을 제시했다.

자극은 수용자라는 중개변인을 거치게 되고 수용자의 지능, 교육 정도, 소속집단, 자극에 대한 저항성 및 면역성 등에 따라 반응은 각기 다르게 나타난다는 것이다. 결국 클래퍼(Klapper)는 미디어가 탄환이론에서 주장하는 것처럼 미디어에 의해서 독자적 기능과 역할로 인해 거의 절대적 영향력을 미치는 것이 아니라 주변의 환경적 요건, 상황적 배경, 개별적 조건 등에 의해서 효과가 미친다는 것이다.

선별효과 이론은 미디어의 영향력이 그다지 크지 않다. 수용자들은 수동적으로 미디어가 전달하는 메시지를 받아들여 태도와 행동을 바꾸는 존재가 아니라 능동적으로 정보를 추구하고 수용하는 존재라는 것이다. 이는 인간이 미디어에 의해서 무차별적으로 자극을 받는 것이 아니라 개인적인 환경이나 조건에 의해서 자극의 효과가 달라질 수 있다는 것이다.

미디어 효과는 각 개인의 욕망이나 태도, 가치관, 세계관, 성격 등에 따라 달라질 수 있고, 또는 개인이 처해 있는 환경이나 성(Gender), 종교 등에 따라 달라질 수 있기 때문이다. 대중은 어떤 자극에 대해서 동일하게 반응하는 것이 아니라 사회계층에 따라 상이하게 반응을 보인다. 달리 말하면 대중에 속해 있는 직장이나 종교, 경제적 수준 등에 따라 미디어의 효과가 달리 나타난다.

2) 2단계 유통이론(Two-Step Flow Theory)

2단계 유통이론(Two-Step Flow Theory)은 미디어로부터 유포된 정보나 영향력이 일단은 주요 여론 지도층에 의해서 수집되고 분석된 후 수용자들에게 전달된다는 이론이다. 즉 미디어의 각종 정보들은 오피니언 리더(opinion leader)에게 전달되고, 이러한 정보들은 재해석되고 변형되어 대중들에게 전달된다는 것이다.

라자스펠드 외(Lazarsfeld, P. Berelson, B. & Gaudet, H.)는 유권자의 3

분의 2는 자신들이 이미 투표하려고 결정한 정당의 홍보물만을 주로 접촉한 반면, 오직 20%의 유권자만이 자신이 지지하지 않는 정당의 홍보물도 접촉한 것으로 나타남으로써 선택적 노출현상을 발견했다. 따라서 미디어는 수용자의 태도를 바꾸어 놓는 것이 아니라 유권자들의 기존 태도를 강화하는 기능을 주로 한다는 것이다. 이들 연구에 의하면 특정 후보자에게 이미 관심 있는 유권자들이 지적 정보만을 선별적으로 추구한다는 것이다.

오피니언 리더라고 하는 지도자들은 대체로 매스미디어에 대한 접촉이 많고 다른 사람과의 교제도 활발하다. 자신이 다른 사람에게 영향력을 미칠 뿐만 아니라 다른 사람의 정보원 및 인도자로서의 역할을 하고 있다. 또한 이들은 비공식적으로 다른 사람들의 태도나 행동을 이끌어 가는 사람들이다.

2단계 유통이론은 일반적인 미디어 수용자들이 어떤 사건이나 이슈 또는 쟁점에 직면했을 때 자신 스스로가 그에 대한 판단을 하거나 결정을 내리기보다는 다른 사람들의 견해와 의견을 종합하여 결론에 도달하게 된다.

Ⅲ. 뉴미디어와 인터넷의 특성

전통적 커뮤니케이션 모델은 송신자-매체-수용자의 과정을 수행하지만 뉴미디어의 디지털 방식은 월드 와이드 웹(WWW)이나 유즈넷(Usenet), 혹은 이메일(e-mail)처럼 전혀 다른 새로운 환경에서 수행되는 커뮤니케이션의 기능을 한다. 인터넷 커뮤니케이션은 연속체로서 일대다(point-to many), 다대다(many-to-many) 등으로 다양하게 전개된다.

뉴하겐과 라파엘리(Newhagen & Refaeli 1996)는 인터넷 커뮤니케이션의 특징을 멀티미디어(multimedia), 하이퍼텍스트(hyper text), 동시성(synchronicity), 비동시성(asynchronicity), 상호작용성(interactivity)으로 구분하고 있다.

1. 멀티미디어(multimedia)

종전의 미디어가 면대면 대인 채널과 한 사람 혹은 소수가 다수의 수용자에게 메시지를 전달하는 대중 미디어 채널이었다면, 멀티미디어는 정보통신의 다기능을 이용한 대인 커뮤니케이션을 말한다. 멀티미디어는 다양한 의사전달 행위로서 미디어 전송행위의 다변화와 유무선 전송기술의 혁신과 정보의 생산과 소비가 동시에 이루어지는 이용자 개념의 변화가 이루어지고 있다.

뉴미디어 기술은 컴퓨터 네트워크를 통해 인간이 원하는 정보를 선택 및 편집할 수 있게 하고 그 공간에 직접 참여할 수 있도록 제어해 주는 기술이다. 과거의 지리적 공간에서 면대면 만나던 물리적 공간은 특정의 지리적 공간을 극복하는 커뮤니케이션으로 구성되기 때문에 유연하고 신속성을 그 특징으로 하는 가상공간(cyberspace)으로 대체될 것이다.

2. 하이퍼텍스트(hyper-text)

하이퍼텍스트는 이음(link)과 마디(node)에 의해 이루어져 있으며, 컴퓨터에 의해 수행되고, 상호작용적이며, 항해적(navigation) 미디어이다. 하이퍼텍스트는 끝과 경계가 없고, 어디서든 시작이 가능하며, 어떤 정해진 중심도 없고, 따라서 가장자리도 없다. 하이퍼텍스트에서는 물리적 근접성에 의해 순서가 정해지지도 않고, 하이퍼미디어는 이제까지 인간이 경험에 온 것과는 다른 독특한 정보구조를 가지고 있다는 점에서 다른 것과 구별되는 미디어이다.

이것은 컴퓨터 환경에서, 특히 웹 환경에서 하나의 출발점에서 마우스 클릭 하나로 누가 쓴 것이든 또 어디에 있든 바로 다른 정보원천으로 접근할 수 있도록 한다. 또한 이제까지 별도의 존재영역을 확보하고 있던 텍스트, 그래픽, 사진, 소리, 비디오가 하나로 합쳐지는 자리이다. 이러한 부분들의 합침은 단순한 합으로 그치지 않는다. 그러나 합의 이상도 아니다. 그것은 그들의 이전 요소들의 합과는 단적으로 '다른 것'이다. 하이퍼텍스트에서는 우리가 그 텍스트 내에서 꾸며내거나 심어넣지 않는 이상 선은 사실상 존재하지 않는다.

3. 동시성(synchronicity)과 비동시성(asynchronity)

동시성은 송신자와 수신자가 메시지가 전달되는 동일한 시간에 있어야 이용이 가능하다. 동시성은 송신자와 수신자 사이의 시간적 간격이 없다는 것을 뜻하는데, 전화나 TV가 여기에 속한다. 그러나 비동시성은 공간의 제약뿐만 아니라 시간의 제약마저 뛰어넘는다. 비동시성은 음성이나 동영상 그래픽과 같은 멀티미디어를 시간상 서로 교차적으로 주고받을 수 있다는 개념이다. 비동시성은 시간과 공간을 공유해야만 관계가 형성된다는 접근성의 원칙(propinquity)을 무너뜨리고 있다. 인터넷이 만든 가상공간에서는 사람들의 편의에 따라 미디어 정보를 가공하고, 저장하고, 재생산해낸다. 또한 이용자가 편리한 시간에 언제라도 이용 가능하도록 해준다.

일반적으로 미디어의 특성은 즉시성에 있다고 볼 때 한번 지나간 메시지를 되돌릴 수 없다는 것을 의미한다. 그러나 비동시성은 메시지가 전달되는 시간에 송신자와 수신자가 반드시 동일한 시간선상에 있을 필요는 없다. 메시지가 전달되는 동일한 시간에도 이용이 가능하지만 시간의 제약이 없이 이용자의 편의에 따라 언제라도 접근하여 이용할 수 있다. 곧 정보기술의 발달은 비동시적 커뮤니케이션의 증가를 의미한다고 해도 과언이 아니다. 비동시적 커뮤니케이션의 증가는 이용자의 편익을 극대화하고 시 · 공간의 제약을 극복할 수 있게 한다.

4. 상호작용성(interactivity)

상호작용은 인간이 어떤 주어진 환경에서 사람 또는 사물과 같은 물리적 존재와 상호관계를 이루는 모든 행위를 말한다. 인간의 정신적 · 물리적 세계를 유지 · 확대시키는 상호작용은 뉴미디어를 통해 발전하여 왔다.

여기서 인터넷과 같은 뉴미디어의 상호작용성은 면대면 혹은 매스커뮤니케이션 형태의 과정에 참여하는 커뮤니케이션 주체들이 서로 대등한 입장에서 혹은 매개수단을 통해 메시지를 교환하고 공유하며 서로 의미를 창출해 가는 반복적인 순환과정이다.

상호작용성이란 인터넷 이용과정에 참여하는 커뮤니케이션 주체들 간에 일방적 정보유통이 아니라 서로 대등한 입장에서 쌍방향 커뮤니케이션 참여가 보장되며, 넓은 의미에서 다수가 참여할 수 있음을 의미한다. 상호작용성은 인간과 인간을 연결하고 나아가 인간과 기계적 미디어와의 관계까지 그 범위를 확장하여 이루어진다.

Ⅳ. 뉴미디어의 정치학적 수용

뉴미디어의 발달이 현대사회의 각 분야에 많은 영향을 미치고 있는 것은 주지의 사실이다. 그 중에서 정치 · 사회적 수용과정과 그 효과에 대해서 살펴보면 다음과 같다.

1. 미디어의 기능과 정치적 수용

1) 미디어의 정치적 기능

미디어의 정치적 기능은 정치적 이념을 재생산할 뿐만 아니라 정부 감시기능, 정치사회화 기능과 커뮤니케이션 기능, 그리고 정치적 오락기능을 제공하고 있다. 먼저 미디어의 정치적 이념기능은 지배권력의 이념으로서 뿐만 아니라 권력의 자기 보존과 권력을 확대하는 수단으로써 기능한다. 이러한 논리는 자본주의 사회에서 지배 이데올로기의 생산구조를 재생산하는 장치로 기능하고 지배구조의 논리를 합리화한다. 따라서 미디어는 정치권력의 도구로서 법적 · 정치적 이데올로기를 재생산하고 이를 공고히 하는가 하면 권력을 확대하는 기능을 한다.

다음으로 정부 감시기능은 정부나 정치권과 정치권력을 감시하고 견제함으로써 권력의 부패와 권력통제의 기능을 한다. 미디어는 사회의 부당한 권력으로부터 꾸준한 감시를 통해 민주주의 발전을 견인하여 왔다. 미디어는 권력을 감시하고 대중들의 정치참여를 확대시키는 역할을 한다.

또한 미디어의 정치사회화와 커뮤니케이션 기능은 한 사회의 정치교육을 통하여 문화유산을 생산하고 세대 간 전달기능을 한다. 정규 교육이 담당하지 못하는 정치적 교육을 미디어 매체를 통하여 교육을 담당한다. 사회적 교육은 역사적 전통과 관습, 소속 가치, 신념, 태도를 형성하고 사람들의 사회규범이나 가치관을 내면화하여 국가적 사회통합을 결속시키는 역할을 한다.

마지막으로 정치적 오락기능은 일반인들의 생활에 정치적 이해와 흥미를 유발시켜서 참여를 유도하고 대중들의 관심을 고조시켜 정치적 이해를 도모한다. 정치는 특정한 사람들만이 하는 전유물이 아니라 대중의 참여정치를 유도하고 있다. 미디어가 정치적 기능을 수행하는 것은 미디어의 대중성에 있다. 미디어는 대중동원 기능을 통해 대중의 의식을 일체화하고 선동한다.

미디어의 정치적 기능에 대한 논의는 순기능보다는 역기능이 많이 발생되며, 정치발전에 기여하는 측면보다는 정치를 지나치게 오락화하거나 연예화하여 국민들로부터 정치를 불신시키고 대중들을 호도하는 역작용을 적지 않게 만들고 있다.

2) 미디어의 정치적 수용

미디어는 대중들의 정치적 태도에 막강한 영향력을 미친다. 대중의 마음을 사로잡는 미디어의 속성 때문에 미디어는 정치적 무기로 활용되기도 한다. 따라서 현대 정치는 미디어 정치라 해도 과언은 아니다. 사회는 정보의 가치가 심화될수록 미디어의 사회통제 기능이 확대되어 간다. 특히, 정보사회에서는 미디어의 역할이 중대되어 미디어가 정치의 중심이 될 것이다.

미디어는 사람들의 정치적 태도를 변용시킨다. 특정 성향의 가치를 내포하고 있는 미디어 채널이 대중을 사로잡고 통제할 때 대중들은 자신의 정치적 태도가 변용되거나 왜곡되어 나타나기도 한다. 미디어는 단순한 정보의 제공 기능뿐만 아니라 대중을 설득시키며 종용하기까지 한다. 이를 테면 각종 선거과정에서 후보자와 정당에 대한 미디어 보도 행태는 유권자의 표심을 결정하는 요인으로 작용한다. 미디어의 편향된 보도나 정보제공은 수용자들로 하여금 가치의 판단을 흐리게 할 뿐만 아니라 정치적 선택을 흐리게 한다.

정보사회에서는 각종 정보를 미디어를 통해서 제공받는다. 정보사회는 과거와 다른 정치구조를 요구하고 있고, 미디어는 새로운 정치환경의 패러다임을 구성하고 있는 중이다. 인터넷과 같은 정보통신기술의 발달은 정치구조와 정치과정의 변화를 주도하고 있으며, 이들의 변화에 대중들은 민감하게 대응해 나가고 있다.

이제 미디어는 정치과정의 중심 역할뿐만 아니라 정치를 선도하고 대중을 지배하는 거대한 기구로 자리잡고 있는 실정이다. 나아가 정치권에서도 미디어를 적극적으로 수용하려는 자세가 좀더 나은 미디어의 정치적 활용가치를 향상시키고 있다.

2. 미디어의 정치학적 기대효과

1) 정치과정(Political Process)과 뉴미디어

정치과정이란 정치의 장에서 발생할 수 있는 여러 상황들, 즉 정치권력의 획득 · 유지를 위한 정치활동인 선전, 선동, 여론형성 및 선거 등을 말한다. 정치는 지속적인 미디어 기능의 수용에서 정치적 효과의 측정 내지 정치교육, 정치적 리더십, 이미지 정치, 정치폭력 등의 문제를 다루는 일련의 경향을 들 수 있다.

미디어는 강력한 정보매체로서 대중들의 결정사항과 정치적 태도에 영향을 미친다. 미디어에 노출되어 있는 대중은 미디어에 의해서 보여주는 형상만을 믿는 특성을 갖는다. 그래서 미디어는 대중들의 마음을 움직이는 힘을 갖는다. 대중들은 정치적 쟁점에 대해서 미디어에 의해서 설득되거나 종용된다. 인간의 정치적 의식이 신념화되어 있지 않으면 미디어의 보도에 따라 사람들의 태도가 달라지고 정치적 선택도 변화하기 마련이다.

미디어의 영향력이 나타나는 의제설정은 미디어가 선거 캠페인에 관한 의제를 설정함으로써 후보자를 평가할 기준을 설정한다. 대중 미디어가 각종 선거에서 특정한 방식으로 영향력을 행사한다. 이러한 과정을 점화(Priming)라고 부르는데, 점화는 미디어가 어떤 특정한 이슈에 주목하고 다른 이슈에는 주목하지 않음으로써 선거 후보자들에 대한 공중의 평가기준을 바꾸어 놓는 과정이다. 즉 의제설정은 우리의 가장 중요한 선거에 다소 미묘하지만 강력한 방식으로 영향력을 미치고 있다.

2) 뉴미디어의 정치사회화(political socialization) 기능

정치사회화란 개인이 자신이 속한 정치체계의 정치적 사건이나 정치의 역할 또는 정치적 작용에 대한 특정의 감정(feelings), 태도(attitude), 신념(beliefs)을 갖게 되는 과정이다. 미디어는 정치사회화 과정에서 주로 가정, 학교, 동료집단들의 중요한 매개체로 인식되어 왔다. 즉 미디어는 일상의 언론활동을 통하여 개인들에게 끊임없이 정치적 정보를 제공함으로써 개인에게 정치적 문제에 대한 정보가 누적되게 하고, 이것은 마침내 특정 정치체계나 형태에 대한 일정한 정향성을 갖게 한다는 것이다.

미디어는 정치적 보도를 통해 사회질서 유지를 위한 이념, 통념, 관습 등을 준봉하게 하는 기능을 한다. 사회적 일탈을 방지하고 정치체계를 유지시켜 정치의 사회적 기능을 수행한다. 특히 가상공간에서 이루어지는 미디어의 정치사회적 기능은 다양하다. 새로운 문화의 창출이라고 할 수 있는 많은 네티즌들은 정보사회를 주도하고 있고, 이들의 활약은 사회적 공론의 장을 열어 새로운 패러다임을 구성하고 있다.

이미 사이버 공간에서 정치적 담론은 정치로부터 소원되어 있던 많은 대중들의 관심을 촉발시켰고, 여론의 형성뿐만 아니라 정치문화를 만들어 가고 있다. 사이버 공론의 장에서 합리적 이성의 토론은 정치적 무지를 벗어나게 해주고 있으며, 그 많은 정보의 공유와 커뮤니케이션은 또 하나의 정치제도가 수용하지 못하는 정치적 사회화를 이루고 있는 실정이다. 통신기술의 발달과 인터넷을 사용하는 신세대들은 이러한 요구에 충족되어 있고, 한발 더 나아가 뉴미디어의 활용으로 새로운 가치의 창출과 문화를 형성해 나가고 있다.

3) 뉴미디어를 통한 정치발전(Political Development)

정치발전이란 정치체제(political system)의 변화와 성장으로서 구조적 변화와 기능적 통합으로 이해된다. 정치발전의 목표가 어디에 있는가를 중요하게 인식하는 와이드너(Weidner)의 주장을 빌리면 "정치발전의 중간 목표는 정치체제의 분화, 조정, 자율성, 능력 등의 확대이며, 그 종국적 목표는 근대성(modetnity), 국민형성(nation building) 및 사회경제적 성장(social-economic progress)에 있다"라고 한다.

여기에서 커뮤니케이션이 할 수 있는 것은 무엇인가. 커뮤니케이션은 정치발전에 대한 의사소통의 기능적 측면인 것이다. 정치체제의 분화와 조정, 자율성, 능력의 확대는 곧 당해 정치체제 구성원들의 역량 증대라고 할 수 있는바, 매스 커뮤니케이션을 통한 지속적인 정치사회화와 정치문화는 그 기본 역량이 될 수 있다고 보는 것이다. 특히 정치발전의 궁극적 목표라고 하는 국민형성이란 특정 정치체제 내의 국민들이 심리적으로 유대나 연대감을 지니게 되는 소위 일체감이 형성되는 것이라 볼 수 있는데, 매스 커뮤니케이션은 여기에 결정적 역할을 할 수 있다는 것이다.

Ⅴ. 맺음말

지금까지 다양한 시각에서 미디어의 효과이론과 뉴미디어의 특성을 정치학적 접근으로 분류하여 논의하였다. 미디어는 몇 가지 요인들을 통해서 변화되어 왔다. 미디어 기술의 발전, 미디어 기술의 기능과 요구, 정치적 · 경제적 맥락, 집단이나 계급 등으로 불리는 수용자 등의 요인들이 복합적으로 결합되어 한 사회 내에서 미디어의 역할을 규정해 왔다.

미디어 현상을 바라보는 데는 어느 하나의 이론이나 방법론만으로 충분하다고 말할 수는 없다. 효과이론에서 보여지는 실증주의적 전통은 심리적 차원에서 미디어가 인간에게 어떻게 영향을 미치고 있는지를 정직하게 분석해낸다.

효과이론의 실증주의 전통은 미시적 시각에서 미디어 현상을 다루는 데 유용하다. 반면에 비판적 접근은 보다 거시적이고 미디어 현상을 사회적 맥락 속에 위치시켜 이해하는 데 적합하다. 결과적으로 어느 이론이나 방법이 다른 이론과 방법보다 우월하다고 주장하기보다는 다양한 시각에서 현대사회에서 미디어 현상을 바라볼 수 있는 시각의 폭을 확대하는 것이 보다 중요하다.

나아가 통신기술의 발달과 가상공간에서 커뮤니케이션은 뉴미디어 특성으로 발전하여 왔다. 정치영역에서 뉴미디어의 활용은 거부할 수 없는 시대적 흐름이고 늦추어서도 안 되는 당면과제이다. 기술의 발달이 사회의 변화를 주도하든 사회의 요구에 의해서 기술의 발달이 촉진되어 왔든 이러한 논의는 이제는 부차적인 주변의 이야기다. 단지 분명한 것은 이러한 변화의 물결에 정치가 뒤진다면 과연 정치의 본질 자체가 흔들리고 대중의 기대를 부응하지 못하는 시대의 낙인으로 전락할 것이다. 따라서 시대적 요청인 뉴미디어의 활용이 정치에 기여하는 기대효과를 극대화하고 미디어의 효과이론을 절실하게 이해할 때 국민적 관심과 공감을 얻을 수 있을 것이다.

참고문헌

문종대 · 전규찬 · 최영묵. (2000). "매스커뮤니케이션의 이해," 한국언론정보학회 엮음. 『현대사회와 매스커뮤니케이션』 한울 아카데미.

유일상. (1990). 『매스컴과 현대사회』 서울 : 지식산업사.

정연우. (1999). "언론이론과 연구동향," 『정보사회와 매스컴』 서울 : 이진출판사.

이현출(역). (1994). 『대중매체와 선거』 서울 : 신유.

최정호 · 강현수 · 오태섭. (1990). 『매스 미디어와 사회』 서울 : 나남.

Cohen, B. C. (1963). *The press and foreign policy*. Princeton, NJ : Princeton University Press.

Golan, G. & Wanta, W. (2001). Second-level agenda setting in the New Hampshire primary : A comparison of coverage in three newspaper and public perceptions of candidates. *Journal & Mass Communication Quarterly*, 78 (2).

Lasswell, H. D. (1960). Schramm, W.(eds.), *Mass Communication*. Univ. of Illinois Press.

McComb, M. & Show, D. L. (1972). The agenda-setting function of mass media. *Public Opinion Quarterly*, 36(2).

Newhagen, J. & Refaeli, S. (1996). Why communication researchers should study the internet : A dialogue. *Journal of Communication*, 46 : 1.

Newmann, W. & Pool, I. (1986). The Flow of Communication Into the Home, in S. J. Ball- Rockeach & M. G. Gantor(eds.), *Media, Audience and Social Structure*. Newbury Park, CA : Sage.

제2편 미디어와 정치과정

chap. 4

미디어 기능과 정치적 활용

Ⅰ. 들어가는 말

미디어가 정치과정에서 차지하는 위상과 역할은 매우 크다. 특히 미디어는 선거과정에서 유권자들을 정치적 관심과 투표활동에 참여하도록 유도한다는 의미에서 중요하다. 복잡한 선거 시스템은 정보매체를 중심으로 다변화하고 그 중심에 미디어가 매개역할을 하면서 유권자와 후보자가 직접적으로 만날 수 있는 기회는 점점 줄어들고 있다. 유권자는 미디어를 통해 자신이 지지하는 후보에 대한 정보를 획득하고 후보자에 대해 판단하고 선택한다.

한국 사회에서 선거는 금권정치와 지역주의, 나아가 파벌정치에 의한 부정부패가 만연하였다. 선거의 부정부패는 정치발전을 저해하는 요인이 되었고, 깨끗한 선거문화를 정착시키는 데 장애요인으로 작용하여 왔다. 그러나 선거과정에서 미디어의 활용은 유권자와 후보자 간의 직접적인 만남의 장소를 제공해 줄 뿐만 아니라 선거의 공정성을 제공해 줄 수 있는 충분조건을 갖추게 되었다. 미디어 정치는 정치비용의 절감효과와 선거과정의 공정성과 투명성을 담보하고 깨끗한 정치를 이루기 위한 필수조건이 되었다.

그동안 선거 관련 법제정은 1994년 3월 16일 '공직선거 및 선거부정방지법'이 제정되었고, 지난 2004년 3월 12일 국회위원 선거 관련 '공직선거 및 선거부정방지법'을 개정하기에 이르렀다. 따라서 16대 대통령 선거와 17대 국회위원 선거는 이전의 선거와 비교하여 금품살포와 청중동원, 향락제공 등 금권선거의 행태는 축소되고 미디어를 중심으로 한 안방정치 토론정치의 희망을 가능케 하였다.

그러나 미디어 선거는 각 후보자 간의 정책대결이나 이성적 선거운동에 의한 유권자의 지지를 유도하지 못했다. 오히려 감성정치에 치중한 나머지 유권자를 의식한 정치적 이벤트와 이미지 정치에 몰입하는 부정적 효과를 낳았다. 특히 여성 정치인의 눈물정치와 지역감정을 부추기는 지역정당의 소아적 정치행보, 이벤트의 행사에 치중한 감성정치, 그리고 유권자의 단순한 호기심이나 지지를 유도해내기 위한 겉모습에 치중한 이미지 정치가 팽배하였다.

미디어는 각종 선거과정에서 각 정당과 후보자의 정책보다는 주요 정치인들의 움직임에 대해 민감하게 보도해 왔고, 상황에 따른 지지율을 중심으로 경마식 보도를 해왔다. 또한 일부의 미디어는 정치인과 정당의 이해관계에 따라 우호적인 의제설정을 위해 특정 사안을 부풀리거나 중요 사안을 축소하고 은폐하는 보도행태를 보여왔다.

따라서 미디어가 선거에 미치는 효과를 제대로 파악하기 위해서는 미디어 선거보도 문제와 미디어의 효과, 그리고 선거과정에서 미디어의 역할을 이해해야 한다. 즉 미디어가 새로운 정치문화에 기여하고 정치발전을 유도하기 위해서는 미디어의 속성을 제대로 이해하고 활용해야 할 필요성이 있다.

미디어 중에서 TV는 다양한 선거의 행태를 일반인의 가정에 옮겨놓음으로써 유권자들의 높은 관심을 끌고 있다. TV는 선거 캠페인 과정에서 입후보자의 인간적 특성, 개인적 자질, 이미지에 대한 정보는 물론이고 심층적 정보취득을 위한 수단으로써 그 중요성이 점차 확대되고 있다.

선거과정에서 TV 못지않게 신문과 같은 인쇄매체의 역할 역시 중요하다. 신문은 이슈에 대한 상세한 정보전달의 특성을 가지고 있어 유권자들의 정치지식의 습득에 더 큰 영향을 미치고 있다.

무엇보다도 1990년대에 접어들면서 인터넷 보급의 확산은 미디어 선거의 큰 획을 긋는 결정적 계기를 마련하였다. 선거과정에서 기존의 미디어에 의존하던 선거운동 방식이 인터넷 웹사이트를 중심으로 전개되면서 인터넷은 또 하나의 선거의 공론장이 되기에 충분조건을 갖추었다.

유권자들은 인터넷을 통하여 정보를 공유하고 이슈에 대한 토론을 하면서 양방향 또는 쌍방향의 커뮤니케이션의 역할을 담당하게 되었다. 그런가 하면 정치인과 유권자 간의 의사소통이 원활하게 이루어질 수 있어서 정치참여의 폭을 넓혀주는가 하면 정치비용의 절감효과를 거두고 있다. 또한 각종 여론조사와 여론의 향배를 쉽게 인지할 수 있고 민의수렴이 가능하게 되었다.

인터넷은 유권자의 의견을 여과 없이 게시할 수 있고, 이들의 의견을 상호 간에 공유하며 연대의식을 높여 결사체의 형태를 띠고 발전하여 왔다. 이들의 결사는 사이버 공간에서 맹활약 중이며, 정치 관련 웹진을 만들어 상호 간의 의견을 고유하면서 공동체를 형성해 가고 있는 실정이다.

Ⅱ. 미디어의 정치적 의의와 부정적 요인

1. 미디어와 정치의 상관관계

미디어와 정치의 상관관계는 불가분의 관계를 형성하면서 발전해 왔다. 정치는 미디어를 이용하여 정치권력을 창출하여 확장해 가고 유지해 나갔다. 또한 미디어도 정치권력과 공생관계를 형성하면서 미디어 권력을 생성하고 또 하나의 권력으로 부상하여 그 영향력을 확장시켜 왔다.

그러나 미디어와 정치와의 관계는 항상 좋은 관계로 유지되는 것은 아니다. 대체로 미디어가 정치에 미치는 영향력은 상반되어 나타난다. 먼저 미디어가 정치에 미치는 효과가 부정적이라는 시각이 있다. 카펠라와 재미슨(Cappella & Jamieson 1997)은 미디어의 특정한 보도방식이 정치불신을 심화시키는 하나의 원인이라고 지적한다. 미디어가 정치과정에서 나아가 구체적으로 선거과정에서 부정적으로 보도하는 방식이 수용자로 하여금 정치인 및 정치제도를 점차 믿지 못하게 하는 성향이 강하다고 한다.

특히, 뉴스 내용의 특정한 구성방식이 수용자의 정치불신을 심화시킨다는 주장을 '언론민주주의 잠식론'[18]이라고 칭한다. 이들은 미디어가 정치적 불신이나 부정적 보도를 통하여 정치를 불신하도록 결과하는 보도방식을 전략적 프레임(strategic frame)[19]이라고 말한다. 전략적 프레임은 유권자로 하여금 선거과정을 무의미한 것으로 여기도록 유도한다는 것이다. 따라서 선거과정에서 전략적 프레임이나 부정적 보도를 주로 접하는 수용자들은 정치인을 불신하게 되고, 정치불신이 심화되면 정치 효능성도 따라서 감소하게 되는 것이다(Pinkleton & Austin 1998).

반면, 미디어가 수용자들에게 정치적 지식 습득에 기여하고 나아가 수용자들의 정치적 효과성을 높이는 긍정적인 역할을 한다는 주장도 있다. 미디어가 수용자들의 정치 효능성을 제고시킨다는 견해를 '언론민주주의 강화론'이라 말하고, 수용자는 미디어를 통해 정치적 지식을 습득하고 정치적으로 사회화(political socialization)될 수 있다(Johnson & Hays 1998).

---

18) 민주주의 잠식론에 따르면 미디어는 "정치행위자들이 상대의 지위를 위협할 정도로 공격하거나 반격하는 행위를 집중적으로 보도하는 경향이 높다는 것이다. 또 미디어는 "승리와 패배, 전략과 전술, 겉모습 중시, 그리고 과대 선전" 등 정치행위자들 간의 전략적 게임(game)과 갈등에 초점을 맞추어 보도함으로써 민주주의의 발전을 저해한다.

19) 전략적 프레임(strategic frame)은 언론이 정치적 갈등 보도에 치중하거나 선거 보도에서 정치인을 부정적으로 묘사하는 보도방식, 공익보다는 정치인들의 사적 이익 추구행위를 부각시켜 국민들을 정치적으로 실망시키고 결국 정치불신을 심화시킨다는 것이다.

이와 같이 미디어가 정치 사회화의 한 부분을 담당하여 수용자들에게 정치적 지식이나 정보를 제공함으로써 정치적 관심과 선거에 영향력을 미치고 있다. 또한 일반 국민들에게 정치사회화 과정에 깊이 개입하여 중요한 역할을 하고 정보 추구의 욕구를 충족시켜 주고 있다. 미디어에서 제공하는 뉴스를 주목하는 수용자들은 뉴스 관련 지식이 증가하기 때문에 장기적으로 볼 때 주관적인 효능성도 높아지는 것으로 추론된다.

2. 미디어의 정치적 기대와 역할

현대사회에서 정치는 미디어와 밀접한 관계를 맺고 있다. 미디어는 정치체계나 제도적 변인에 직접적으로 작용한다. 키인(Keane 1991)은 미디어의 공적 소유의 역할을 강조하면서 미디어는 시민권력을 행사할 중요한 수단이 되고 권력에 대한 통찰력을 갖는다고 한다.

그런가 하면 노리스(Norris 2000)는 민주주의 개념에 대한 미디어의 세 가지 역할을 요구한다. 첫째 공공문제에 대한 다원적 토론을 활성화시키는 시민토론 광장, 둘째 권력남용을 감시하는 파수견(watchdog) 역할, 셋째 시민참여를 촉진하는 정치동원 주관자로서의 역할을 강조한다.

미디어의 정치적 의의는 정치체계가 민주적인가 아니면 비민주적인가에 따라 상이하게 나타난다. 비민주적 정치체계에서는 민주주의에 역행하지만 민주화 과정에서는 미디어 스스로 민주화하면서 민주주의의 진전을 촉진시킨다(조항제 2003, 222). 이와 같이 미디어를 정치적 차원에서 보는 시각은 대체로 두 가지이다. 무엇보다도 미디어가 정치과정에서 긍정적인 측면에서 작용할 것이라는 시각이다. 이러한 견해는 미디어가 정치적 민주주의를 실현하는 데 있어서 긍정적인 역할을 할 것이라는 기대에 서 있다. 반면에 미디어가 권력에 편승하여 비민주적 보도를 자행함으로써 반사적 이익만을 추구할 경우 정치적 해악을 가져올 것이다.

먼저 긍정적 측면은 미디어가 직접민주주의를 보완하는 기능을 할 수 있다는 가정에서 정치와 국민과의 긴밀한 관계를 형성케 한다. 간접민주주의 형태는 모든 시민들이 정치에 참여할 수 없기 때문에 그들의 대표를 선출하여 그들에게 권한을 위임한다. 물론 간접민주주의 형태에서도 직접민주주의의 요소들을 보강할 수는 있지만 그것은 다만 미시적 시각에서의 직접민주주의 형태이다.

이러한 상황에서 미디어는 정치지도자와 국민들이 직접 대면(face to face)할 수 있는 쌍방향적 커뮤니케이션이 가능하도록 해주며, 일방적인 커뮤니케이션이 아니라 상호 의견의 피드백(feed-back)을 가능하게 해준다. 또한 미디어는 정치를 이성적 정치, 설득의 정치를 가능하게 해준다. 전통적 정치과정은 정치자금과 조직동원에 치중하여 민주주의적 방법이라고 할 수 없는 수단에 의존하였다(구경서 2001, 25).

반면에 부정적 측면은 미디어가 정치발전을 저해하고 민주주의를 오히려 후퇴시킬 것이라는 주장이다. 미디어는 본질적 속성 때문에 대중들의 오감에 호소하는 오락적 기능이 강하여 정치적 중요문제에 대하여 스포츠처럼 단지 하나의 이벤트로 만들고 상업적 홍행에 초점을 둔다.

미디어는 사회문제를 정치적 참여자로 이끌기보다는 냉소적이거나 정치적 무관심층으로 만드는 데 기여한다. 따라서 미디어가 정치의 본질을 간과하게 만들어 대중을 현혹하고 여론을 조작하여 민의를 왜곡하게 만드는 것이다.

이제 미디어는 현대 정치의 중요한 환경요소가 되었다. 따라서 현대 정치의 필요에 의해 미디어가 만들어졌지만 이젠 미디어 없이는 현대 정치는 불가능하다. 미디어의 기능과 영향력은 지속적으로 확대되어 왔다. 따라서 현대 정치에 있어서 미디어 수용은 민주주의적 방향으로 수용하는 전향적인 자세가 필요하다.

3. 뉴미디어의 정치적 기능과 영향

깁슨(Gibson 2001, 2-3)은 뉴미디어의 확산이 가져올 선거운동 양상의 변화를 세 가지로 논의하고 있다. 첫째는 정보전달의 양과 속도에 있어 인터넷이 지니는 강점으로 인해 다른 매체에 비해 훨씬 풍부한 선거정보를 전달할 수 있다. 둘째로 인터넷은 사용자 정보를 확보할 수 있는 특정 유권자 집단을 대상으로 정보를 전달할 수 있으며, 나아가 유권자 개인을 대상으로 한 정보전달이 가능하다. 셋째로 인터넷은 상호작용성을 이용하여 유권자로부터 선거운동이나 정책에 대한 즉각적인 반응을 얻을 수 있다. 유권자들은 인터넷 게시판이나 채팅방을 통해 선거와 관련된 토론에 참여할 수 있으며, 후보자에 대한 직접적인 접근이 가능함으로써 선거에 있어

보다 적극적 역할을 수행할 수 있다는 것이다.

이와 같이 뉴미디어는 유권자들로 하여금 선거에 적극적 참여를 유도할 수 있는 충분조건을 갖추고 있다. 미국의 대통령 선거가 있던 2000년 당시 미국인들은 인터넷을 접속하여 선거 관련 뉴스와 정보를 받아 보았다.

뉴미디어의 발달은 물리적 공간에서만이 아닌 전자적 가상공간의 생성과 확산을 가져왔다. 그동안 물리적 공간에 한정되어 왔던 정치영역은 인터넷과 네트워크 확장으로 가상공간에서의 정치활동이 주목받고 있는 실정이다. 뉴미디어로 대표되는 인터넷과 정보통신기술 그리고 방송기술은 현대 정치에서 피할 수 없을 정도로 활용가치가 증대되었다. 정보기술의 발달은 미래사회가 유비쿼터스 사회가 될 것을 예고하고 있으며, 이러한 예상은 현실로 다가오고 있다.

유비쿼터스 기술의 활용은 정치사회의 새로운 패러다임을 요구하고 있다. 유비쿼터스 사회는 뉴미디어의 활용가치가 가중될 것이다. 물리적 공간에서의 자유로운 이동은 정치참여의 기회를 확장시켜 줄 것이고, 정확하고 신속한 정보의 송신과 수신이 가능케 되어 정치변화의 속도를 예고하고 있다. 모든 국민이 정보기술을 다루고 언제 어디서라도 통신기술을 활용할 수 있는 사회 기반 인프라가 국민의 정치적 역량을 강화시켜 줄 것이다. 다만 순기능적 역량을 강하시킬 것인지 아니면 역기능적 요인으로 작용할 것인가는 기술적 속성과 사회적 활용가치를 꼼꼼히 살펴봐야 할 것이다.

4. 미디어 정치의 부정적 요인

미디어가 정치불신을 유발한다는 부정적 현상(malaise)은 수용자들의 정치 냉소주의를 유발한다. 부정적 미디어 뉴스는 수용자로 하여금 걱정이나 슬픈 감정이 근심을 격화시키는 경향이 있다. 국가나 지역공동체에 대한 공적 감정이 부정적일수록 정치에 대한 불신이 심하고 정부에 대한 능력을 평가절하하게 된다.

수용자의 부정적 감정반응과 정치 냉소주의가 심할수록 정치의 효능성이 낮아진다. 노리스(Norris 2000, 4)는 미디어 부정주의 이론의 범위를 정의하였는데, 그는 뉴스 미디어와 정당 캠페인에 의한 정치 커뮤니케이션의 실천이 시민관여(civic engagement), 즉 공중문제에 대한 시민들의 학습, 정부에 대한 신뢰, 정치활동 등을 방해한다는 주장을 한다.

모든 미디어 부정주의 이론들은 다음과 같은 두 가지 가정을 갖는다. 첫째, 정치 커뮤니케이션의 과정은 시민관여에 중대한 영향을 미친다. 둘째, 이러한 영향은 부정적인 방향으로 작용한다. 게이블러(Gabler 1998)는 정치과정은 쇼(Show) 비즈니스로 재포장되었다고 말한다.

현대사회에서 오락 중심적이고 유명인사 지향은 공중의 관심을 잡을 수 있느냐 없느냐가 유일한 가치기준이 되어버렸다고 한다. 즉 현대사회에서 진지한 정치토론과 정책문제, 그리고 심각한 선거보도는 주변화되어 버렸다. 정치는 한낱 오락물로 전락시켜 버리고 국민들의 흥미 위주의 관심을 잡는 데 모든 초점을 두고 있다. 국민들의 관심을 좇아 경마식 보도, 이벤트 중심의 한건주의와 정향된 뉴스 보도는 정치과정의 정책토론과 선거의 이슈가 뉴스에 따라 전략적으로 보도되어진다.

카펠라와 재미슨(Cappella & Jamieson 1996)은 정치문제에 대한 전략적 뉴스틀은 캠페인 정치는 물론이고 정부와 공중정책에 대한 냉소주의를 부추긴다고 말한다. 정치문제는 미디어에 노출되는 순간 정치권을 떠나 그 해결의 방향보다는 갈등과 이해관계의 대립만이 난무하고, 미디어는 한껏 정치문제를 여론화하는 방향으로 몰아간다는 것이다.

여론몰이식 정치 쟁점화는 정책에 대한 공론화보다는 유권자의 구미에 맞는 정책으로 선회하게 된다. 미디어는 정치를 장악하고 유권자를 유도하며 미디어 자신에 맞는 새로운 이념을 생성해낸다. 정치는 미디어에 의해서 정치본질의 가치를 상실하고, 대중은 미디어의 조정에 의식이 마비되어 더 이상 자율성을 유지하지 못한다. 즉 미디어에 의한 정치는 정치본질적 가치보다는 여론에 의한 대중지배의 원리가 작동되고, 미디어는 이러한 현상을 부추기고 쟁점화함으로써 정치과정의 본질을 훼손시킨다. 여론에 의한 정치는 인기에 영합하는 대중주의를 부추기고 정치를 연예화하여 정치를 한낱 오락적 유흥으로 치부하기 쉽다.

뿐만 아니라 정치적 중요 의사결정도 쉽게 생각하고 정치지도자를 선출하는 선거마저 이미지 선거로 유도하고 있다. 도트리치와 하드리(Dautrich & Hardey 1999)는 뉴스 미디어는 미국 유권자들을 실패하게 만들었다고 결론지었다. 왜냐하면 많은 시민들은 언론이 선거 캠페인 전략과 전술에 대해 지나치게 강조하고 있고, 보도가 정치적으로 편파적이며, 동시에 정치이슈 문제에 대해서는 너무나도 관심을 두지 않고 있다고 믿기 때문이라는 것이다.

페로우(Fallow 1996)는 미디어의 대중성 지향이 시청자로 하여금 다른 채널로 돌리지 않도록 끊임없이 선정적이고 피상적이며 대중주의적 정치보도를 추구하도록 만든다고 말한다. 이어서 그는 미디어가 점점 더 오만하고 냉소적이고 스캔들을 즐겨 다루고, 파괴적 기구가 되어 미국인들의 불신을 받게 되었다고 말한다.

이와 같이 미디어의 정치적 기능의 폐해는 적지 않게 정치권과 국민들에게 돌아간다. 미디어의 책임성은 그 어느 곳에서도 찾아보기 힘들 뿐만 아니라 합리적 대안마저 찾아보기 힘들다. 특히 미디어는 정치적 의제문제 해결하기 위한 쟁점화보다는 여론몰이 포퓰리즘으로 부풀리는 경향이 강하다. 미디어는 더 이상 정치적 쟁점에 대한 합리적 공론의 장을 제공하지 못하고 한풀이식 즉흥적 감정의 배설기구로 전락할 우려가 있다.

Ⅲ. 미디어의 정치적 기능과 특징

1. 공론의 장으로서 커뮤니케이션

미디어의 역할에 대한 정치적 논의에서 가장 중요한 개념은 공익성 개념이다. 미디어는 공익성 실현을 위한 공론의 장을 제공하는 매체이다. 하버마스(Habermas 2001)는 공론장의 개념을 여론형성을 위한 국가와 개인들 사이의 권력분할을 통한 일종의 완충지대로 보았다. 공론장에서는 국가권력과 개인들 간의 불균형한 권력관계를 조정하고 원활한 소통을 매개하는 기능을 수행한다.

미디어는 공론장 개념의 원형을 이루고 있다. 미디어는 인간의 이성과 합리성을 토대로 사회구성원 대다수의 공익을 보장해 주는 시민 공론장이 되어야 한다. 미디어의 공익성이 강조되는 공론장은 민주적 참여가 이루어지고 수평적 커뮤니케이션이 수용자들의 욕구와 이해관계를 반영하는 상호작용이 이루어져야 한다.

2. 정당 대체기능과 사이버 정당

선거과정에서 미디어 기능은 확대되거나 강화되는 반면에 정당의 기능은 축소되거나 약화되어 간다. 정당은 대표자를 선출하는 과정에서 중요한 역할을 해왔지만 미디어의 기능이 확대되면서 유권자의 투표결정 요인이 후보자의 이미지나 퍼스낼리티(personality)로 집중되면서 정당의 기능이 축소되어 가고 있다.

그동안 선거과정에서 대두되었던 정치적 쟁점이나 이슈 그리고 정당의 정책들은 선거과정에서 미디어의 주요 관심에서 밀리고, 특정 정치인의 인물 중심의 이미지가 부각되어 한 개인에 초점을 두고 보도되면서 선거의 양상이 달라지고 있다. 미디어의 발달과 인터넷 보급 확산은 미디어가 정당을 대체하는 기능의 한계에 머물지 않고 차라리 미디어 정당을 만들자는 논의에까지 이르렀다.

오늘날 정당은 당내의 권력구조에 관료적 소수의 당파적 엘리트들이 대중들로부터 멀어져 있기 때문에 유권자와 커뮤니케이션의 실패를 가져왔다. 영국의 필립 굴드는 노동당의 문제를 유권자의 정치적 커뮤니케이션의 실패로 보고, 이러한 문제점을 극복하기 위해서 미디어 조직(Shadow Communication Agency : SCA)[20]으로 캠페인 중심의 정당활동을 강조했다. 정당의 운영도 정당조직과 정당 엘리트가 쇠퇴함에 따라서 정당조직이 아닌 선거 후보자들의 수개월에 걸친 한시적 운영에 그친다. 반면에 미디어는 정당의 조직을 이끌고 선거전략을 세우고 이를 집행하면서 정당의 선거체제 역할을 맡는다.

미국도 선거는 정당 중심에서 후보자 중심의 선거(candidate centered election)로 전환하게 되었으며, 정당의 영향력이 쇠퇴하고 유권자들의 독립적인 판단이 강해짐에 따라 미디어의 역할이 확대되어 가고 있다. 미국에서 미디어 정당이란 유권자 중심 정당개혁 과정을 거치면서 탄생했으며, 후보자 중심의 캠페인 정당을 의미한다. 후보자들은 정치 마케팅 회사나 스핀닥터로 불리는 홍보전문가

20) 1985년 필립 굴드는 영국 노동당의 문제점을 극복하기 위한 대안으로 미디어 조직으로서의 SCA를 만들어 활동을 주장하였다. 굴드는 당내에 분산된 권력구조를 혁파하고 당수에 귀속된 단일한 명령체계를 갖춘 정당을 만들 것을 주장한다. 굴드의 단일 명령체계란 급변하는 미디어 환경에 능동적으로 대처하기 위해서는 조직의 일원화와 통일적 운영이 중요하다는 것을 말한다. 굴드는 상상도 못할 속도로 변화하는 사회를 따라잡기 위해서는 강한 핵심이 필요하며, 이러한 강한 핵심은 정책의 통합(integration of policy)과 정보의 확산(dissemination of information)을 위한 결정적인 요소로 생각했다.

를 고용하여 미디어를 활용하게 되었다. 마케팅 영역에서 사용되던 포지셔닝, 포커스 그룹조사, 소비자 마케팅 기법 등을 정치영역에 도입하여 활용하고 있는 실정이다.

미디어 정당기능의 대표적 사례는 '정당 홍보의 꽃'으로 불리던 '당보'의 역할을 축소한 것을 들 수 있다. 과거의 정당은 미디어 전략의 수립과 체계적인 집행을 위한 이른바 '컨트롤 타워'는 없고 당 대표 또는 대변인 개인의 역량에 의존하고 있는 실정이다. 현재와 같은 정당 시스템의 근본적 변화 없이는 유권자들로 지지받는 정당은 전무할 것이다. 따라서 정당들은 '유권자 중심 정당'으로 정당개혁 필요성에 따라 '미디어 정당'을 바라볼 필요성이 있다. 미디어의 발달은 이러한 기능적인 측면에서 '미디어 정당'이 선진정당의 형태로 근본적인 시스템을 바꾸는 정당을 모색할 때이다.

그런가 하면 더 이상의 물리적 공간이 아닌 전자적 가상공간에서 온라인 정당을 만들어 정당활동을 하는 추세이다. 이들은 현실정당과 유사한 조직과 구조를 갖고서 사이버 당원을 중심으로 정치활동을 한다. 가상공간에서 정치적 의제에 대한 공론을 형성하고 특정 이슈에 찬반투표를 하면서 정치적 여론을 형성하여 오프라인으로 연계하기까지 한다. 또한 기존의 정당들도 자신의 웹 정당 홈페이지를 만들어 활동하는 추세이다. 온라인 정당은 정당활동에 필요한 정치선전이나 홍보, 선거, 각종 여론조사 등 다양한 컨텐츠를 갖추고 정당활동을 한다. 나아가 특정인을 위한 모임이나 이슈별 또는 사안별 정치 웹진을 구성하여 활동하는 유사 정당기구를 만든다. 이들은 기존의 정당조직의 기능적 한계와 물리적 공간에 머물지 않고 온라인을 통한 가상공간에서 자신의 정치적 역량과 정당활동에 주목하고 있다.

3. 정치적 의제설정 기능

정치적 의제설정은 수용자들이 미디어를 통하여 공공 이슈와 정보를 습득할 뿐만 아니라 미디어가 얼마나 크게 자주 그리고 중요하게 보도하느냐에 따라 대중들은 그 이슈나 주제의 중요성에 관심을 둔다는 것이다. 즉 미디어가 특정 문제나 쟁점사항을 어떻게 보도하느냐에 따라 정치적 의제설정의 역할을 한다. 대중들은 미디어로부터 특정 이슈에 대하여 정보를 얻고, 또한 미디어가 그 문제를 얼마나 중요하게 다루는가에 따라서 그 중요성을 인식하게 된다.

미디어는 사회 내의 이슈에 대하여 쟁점화하고 특별한 의미를 부여하면서 대중들의 인지적 변화를 가져오게 한다. 미디어가 정치적 문제나 쟁점사항을 얼마나 중요하게 강조하는가에 따라서 수용자들은 관심의 대상을 높이고 여론을 형성하기도 한다. 미디어는 대중들의 인지변화를 정치적 이슈로 설정함으로써 여론을 형성하게 한다. 즉 미디어는 대중의 생각이나 토론주제를 설정하는 의제설정뿐만 아니라 대중들의 지각에 영향력을 미친다.

미디어의 의제설정 기능은 선거과정에서 특정 후보자나 정당에 결정적으로 유리하기도 하고 불리하기도 하다. 우리나라 역대 선거과정에서 정치적 의제설정 기능은 대통령 선거와 국회의원 선거과정에서 자주 등장하였다. 미디어가 특정 이슈를 집중적으로 보도하면서 대중들의 관심을 이끌고, 대중들은 미디어가 전달하는 정치적 이슈들을 중요한 가치나 문제로 인식하면서 정치적 의제를 설정해 나간다. 선거과정에서 대중들은 각 정당이나 후보자가 내놓는 여러 가지 공약이나 이슈들을 미디어가 취사선택하여 보도함으로써 특정 사항에 대해서만 편향된 정보를 갖게 된다. 편향된 정보에 의한 가치판단의 피해는 국민 전체의 해악을 가져오고 정치적 불신을 야기한다.

이젠 정치적 의제설정은 미디어에 의해서 결정된다고 해도 과언이 아니다. 특히 미디어에 의해서 설정된 정치적 문제나 유권자들이 중요하다고 인식하는 문제들 사이에는 높은 상관관계가 있다. 즉 미디어는 선거문제에서 유권자들의 판단에 영향력을 미치고 있다(이창현 1995, 242).

또한 인터넷 미디어에 의한 의제설정도 증가하고 있다. 인터넷 게시판이 공중의제가 설정되는 장으로 활용되고 있다. 온라인 토의 집단이나 게시판은 여론형성을 위한 조건을 갖추고 있으며, 정치 관련 웹사이트의 매체 간 의제설정 과정이 유권자의 중요 의제 인식에 영향을 미치고 있다.

4. 여론형성의 기능

정치적 문제에 대한 의제나 사건에 대하여 중요한 결정요인으로 작용하는 것은 여론이다. 여론은 대중들의 정치적 의사표현인 특정의 문제에 관한 여러 사람에 의견의 복합체이다. 여론형성은 대인적 의견의 상호작용을 통하여 이루어진다. 개인 의견은 여러 매체를 통해 얻어진 정보를 개인이 수용하느냐 거부하느냐 하는선택의 단계를 거쳐 형성된다.

여기서 미디어는 접근의 용이성과 편리성, 저렴한 비용 등으로 인해 개인이 우선적으로 선택하거나 접근하는 매체로 인식한다. 개인은 자신만의 의견이 사회적 혹은 자신이 속한 집단의 규범과 규제에 저촉되는지, 다수의 의견인지 소수의 의견인지 판단하고 수용하면서 정치적 문제가 이슈화되고, 그 이슈의 중심에서 여론이 형성된다.

여론정치는 때로는 감성적이며 때로는 충동적인 정치형태를 갖는다. 여론정치의 피해는 그것을 적절하게 이용하면 여론에서의 승리를 꾀할 수 있다는 간교한 매력을 버리지 못하기 때문이다. 이러한 여론정치의 매력은 대중을 흡입하는 미디어의 매력 때문에 벌어지는 현상이다. 정치는 여론의 크기에 따라 죽고 사는 현실이기 때문에 그 여론의 중심에서 대중매체나 인터넷의 영향은 놀라운 힘을 갖는다.

그러나 인터넷 매체의 여론은 상업성 때문에 건전한 정치적 또는 사회적 이슈가 대중에 공론으로 작용하기보다는 선정적이고 자극적인 이슈만이 네티즌들의 관심을 자극할 뿐 진정한 여론의 형성은 여러 한계를 갖는다. 미디어가 올바른 이성적 여론을 지배하고 정치와 건전한 의식이 대중들의 그 올바른 선택을 이끌 수 있을 때 미디어 정치가 이루어진다.

Ⅵ. 미디어 매체별 선거활용과 특징

1. TV보도와 공영방송

TV에서 제공되는 뉴스나 정보는 유권자들로 하여금 선거에 참여한 후보들을 가까이 관찰하고 판단하는 데 도움을 준다. 유권자들은 TV를 통해서 선거에 참여한 후보자들의 정보를 습득하고 주요 정책을 상호 비교하는 결정적 요인으로 작용한다. 후보자의 TV 토론은 유권자들의 선택에 결정적 역할을 하며, 후보자의 정책과 정치적 철학을 상호 비교할 수 있는 계기를 제공해 준다. 나아가 TV를 통한 정치광고는 대다수의 유권자들에게 후보자를 알릴 뿐만 아니라, 후보자들의 이미지 형성과 상대방 후보와 차이점을 부각시킬 수 있는 결정요인으로 작용한다.

TV뉴스나 선거보도의 주의 깊은 시청은 선거 캠페인에 대한 흥미유발과도 긍정적 관련이 있다(Norris 1996). TV의 이용은 정치활동의 참여와도 긴밀한 관련이 있다. 미국의 경우 미국 공영방송과 같은 뉴스 프로그램을 빈번하게 시청하는 사람들은 그렇지 않은 사람들에 비해 정치적 활동 등에 있어서 정치참여의 경향이 높게 나타났다. 또한 Time Mirror Center 여론조사의 따르면, 미디어를 이용하지 않는 사람들은 뉴스를 다소 이용하는 사람들보다도 투표 참여율이 낮은 것으로 나타났다(이효성 외 2003, 711).

2. 신문과 저널 그리고 선거

대다수의 유권자들은 신문을 통하여 정치적 정보의 습득과 정치 지식을 증진시킨다. 따라서 일반인들의 신문구독은 후보자들에 대한 인지도를 증진시킬 뿐만 아니라 선거 이슈나 정책에 대한 이성적 판단에 기여하는 정도가 크다. 선거기간 동안 신문의 구독은 수용자들의 정치 지식을 증가시킬 뿐만 아니라 신문구독 여부는 유권자들의 투표참여율과 긴밀한 관련이 있는 것으로 알려지고 있다.

선거에서의 투표참여율 감소는 신문구독자 감소현상과 깊은 관련이 있는 것으로 간주된다(Shaffer 1981 ; Teixeira 1992). 예를 들어, 미국에서 1960-1976년 기간 동안의 전국적인 투표율 감소는 신문 정기구독자 감소와 관련이 있었던 것으로 알려졌다(Shaffer 1981). 1992년 미국 대통령 선거에서 유권자들의 캠페인 정보 추구 목적의 신문 이용은 인구통계학적 요소, 정치 관심, 정당 가입 여부, 대인토론, 여타 미디어 이용 등의 변인을 통제하고도 투표행위 예측에 있어 유의미한 변인으로 작용했다(Simon 1996). 또한 신문을 포함한 인쇄매체에 등장하는 공공 사안에 대한 뉴스를 주의 깊게 읽는 사람들은 다른 사람들과의 정치적 토론행위에 참여하는 경향이 두드러진 것으로 나타났다(McLeod, Pan & Rucinski 1989).

3. 미디어 선거의 정치적 특징

미디어 선거의 특징은 강력한 미디어의 영향력이 유권자의 마음을 움직여 투표행위에 영향을 준다. 오늘날 선거는 정당정책들 사이의 비교 및 그에 따른 우위의 선택과정이 아니라, 입후보자 개개인의 개인적인 특성이나 속성 및 호감도에 따른 국민들의 선택이라고 말할 수 있다. 미디어 선거는 각 정당과 정파 간의 정책이나 이슈에 대한 경쟁보다는 입후보자 개개인들의 개별 특성이나 이미지를 경쟁적으로 다루고 있다.

다시 말하면, 정치과정이나 선거에 있어서 정당이 지닌 중요성은 점점 희박해지고 입후보자 개인이 지닌 특성이나 이미지가 크게 작용한다는 것이다. 즉 입후보자 개인의 외모, 화술, 옷매무새, 제스처 등이 주요 선택의 요인이 되면서 정치적 식견이나 경륜, 또는 정치적 철학이나 비전은 별로 중요하게 인식받지 못하고 있다. 그리하여 정치적 경험이나 경륜이 전혀 없는 배우나 가수 및 탤런트들이 정치 이외의 영역들에서 획득한 인기도나 호감도를 등에 업고 선거에 출마하여 경우에 따라 많이 당선되었다.

그러나 미디어 선거는 한국의 선거와 정치발전에 있어서 획기적인 변화를 가져왔다. 고비용 선거를 지양하고 선거비용을 대폭 감소시켜 공정한 선거, 돈이 들어가지 않는 선거를 치르게 하였다. 선거비용은 종전과 비교해 볼 때 비용절감을 가져왔고, 저비용과 고효율의 정치적 효과를 거둘 수 있었다.

미디어 선거는 선거비용 마련을 위한 정경유착과 부패를 차단하는 선거문화의 혁신을 거두었다. 그동안의 선거과정에서 정치자금에 대한 시비의 문제와 정경유착에 이은 대가성 금품제공과 각종 정치적 특혜에 대한 시비가 끊이지 않고 선거 때마다 불거져 나왔다. 또한 선거과정에서 청중동원과 선심성 관광에 이은 향응제공 등 각종 선거의 부정적 행태가 만연하였다. 그러나 미디어 선거를 통하여 각종 선거과정이 투명화되고 공정한 선거를 치르기 위한 인식의 확산과 부정선거의 감시가 확산되면서 저비용 고효율의 선거제도가 정착할 수 있는 제도적 장치가 필요하게 되었다.

V. 미디어 정치의 한계와 문제점

1. 미디어의 정치적 독점화

미디어가 정당으로부터 정치기능을 빼앗아감으로써 정당의 정치적 기능을 축소시키거나 황폐화시켰다는 비판이 있다. 미디어 정치는 특정 정치인의 이미지에 맞이 들여져 있고, 정치권에서도 이미지 정치를 부추기고 나아가 반사적 이익만을 챙겼다. 정치적 쟁점이나 정치인의 철학은 대중들의 시선을 사로잡기 힘들다. 오히려 보다 더 자극적인 미디어가 만들어내는 정치적 이슈나 이벤트만이 대중들의 마음을 사로잡는 일종의 '미디어의 정치적 독점화'가 가속화되어 간다.

그런가 하면 권력의 독점과 각종 혜택은 미디어가 독차지하면서 미디어의 책임성은 전무하다. 미디어는 정치적 영향력과 권력은 독점하면서 사회적 책임의식과 사회적 정의실현은 미약하다는 비판이다(박관승 외 2000). 이미 권력은 미디어에서 나온다고 하고, 그 어느 누구도 미디어를 잡지 못하면 권력으로부터 멀어진다고 한다. 때문에 미디어 권력은 더욱 가중되고 있는 것이다.

뉴미디어의 발달은 미디어 권력 독점화를 가속화시키고 있다. 우리나라 국민 4명 중 3명은 인터넷을 이용하면서 포털 사이트에 접속하여 각종 정보를 받는다. 인터넷 활용은 의사소통을 위한 다양한 공간이 동시적 또는 비동시적으로 이루어진다. 인터넷은 기존 매체에서 소외되거나 참여하지 못한 대중들이 다양한 관심사나 이슈들에 대해 토론하고 의견을 나눌 수 있는 공간을 제공함으로써 민주화에 기여할 수 있다는 것을 보여주었다. 그러나 인터넷 공간의 의사소통은 미디어가 통제하기 좋은 상황과 미디어의 정치적 독점화를 가속화한다.

온라인 커뮤니케이션을 이용하는 가상공간이 민주주의를 복원할 것이라는 생각은 가상공간이 지니고 있는 두 가지 정치적 기능에 거는 기대감에서 비롯된다. 하나는 가상공간이 정치인과 시민들간의 직접적이고 효율적인 커뮤니케이션 통로로 기능함으로써 보다 많고 유용한 정치정보가 시민들에게 신속하게 보급되어 결과적으로 개인의 정치적 영향력과 정치 참여도가 제고될 것이라는 점이다. 다음은 권력의 독점보다는 투명성을 담보하고 의사결정의 민주성을 확보하고 권력의 분권화를 가져올 것으로 전망하기 때문이다. 그러나 오히려 미디어에 의한 권력의 독점이 가속화되고 정치참여

기회의 확대보다는 미디어에 의한 통제가 가속화될 가능성을 배제할 수 없다. 미디어에 의한 통제가 심화될수록 정치는 미디어에 의해 결정될 것이다. 나아가 미디어 권력화가 가속될 것을 배제하지는 못한다.

2. 정치적 무관심과 대중의 수동화

미디어는 대중의 정치적 의식을 마비시키고 대중의 합리적인 판단을 흐리게 하여 국민적 선택을 왜곡시킨다. 이 과정에서 정치가와 최종 의사결정권자는 국민들의 의사와는 무관하게 자신의 이해와 관심에 따라 정책을 집행하게 되고 반사적 이익의 수혜자가 된다. 미디어가 기득권에 대한 이익을 대변한다면 대중은 정치적으로 무관심하게 되고 정치로부터 소외될 것이다. 나아가 정치에 대한 능동적 참여보다는 미디어에 이끌려 다니는 무력한 대중이 될 것이다.

대중들의 정치적 무관심은 민주주의 발전에 해로울 뿐만 아니라 오히려 권력의 부패와 기득권의 반사적 이익을 가중시킨다. 정치적 무관심은 정치적 소외와 냉소를 심화시키고 정치적 무관심의 광범위한 확산은 정치체제의 수명이 끝났음을 알리는 중요한 지표가 된다. 국민의 자발적 동원이 불가능해지고, 이 경우 그 정치체제의 효율성에 치명적인 영향을 줄 수 있기 때문이다.

미디어 정치는 이성보다는 감성적 측면에 호소력이 강하다. 미디어의 속성으로 인해 미디어 정치는 유권자들의 정치적 무관심과 수동성을 심화시키고 기만적인 수사학과 연기를 정치의 본질로 착

각하게 만든다는 지적도 있다. 미디어 선거가 정치를 안방으로 끌어들이고 쟁점을 전 국민 속에 침투시킨다는 점을 생각할 때, 미디어 정치와 미디어 선거가 유권자의 정치적 무관심과 수동성을 심화시킨다는 것은 심히 우려할 점이다.

3. 저비용 고효율의 정치비용 문제

미디어 선거는 엄청난 정치비용이 들어가는데 그 대부분이 방송연설과 정치광고 비용이다. 또한 정치활동 이후 당 운영과 조직관리에 적지 않은 정치비용이 들어간다. 대부분의 정치인(국회의원)의 수입은 후원금(개인, 법인모금), 중앙당 지원금, 당원들이 납입하는 당비 등으로 구성된다. 후원금의 경우 상한액은 연간 3억 원으로, 선거가 있는 해는 두 배인 6억 원이다. 중앙당 후원금과 당비는 선거철이 아니면 미미한 편이다. 지출은 대부분 지구당 운영비와 국회의원 회관 운영비, 정책개발비 등으로 나눠진다.

한 국회의원이 정치에 들어간 정치비용[21)]의 내역을 보면 돈이 없으면 정치활동을 하지 못하는 정도이다. 개인적 활동비용 외에 선

---

21) 국회의원의 수입은 세비(월급, 7,929,500원), 후원금(1,200만 원), 중앙당 지원금(400만 원), 국회지원경비(2,518,000원), 당비(350,400) 등 모두 26,797,600원이었다. 지출은 지구당 운영비(14,595,876원, 63%), 의원회관 경비(8,710,170원) 등 총 23,306,000여 원으로 84,307,000여 원의 적자를 기록했다. 월 적자가 이 정도라면 1년이면 1억 여 원이 모자란다는 계산이다

거 지구당 운영비[22]도 적지 않게 들어가는 현실이다. 이러한 막대한 정치비용의 낭비를 막기 위한 정치활동의 미디어 활용은 정치비용의 절감효과를 극대화할 수 있는 방안을 요구하고 있다. 그러나 현실적으로는 기존의 정치활동 외에 미디어 활용에 따른 정치비용이 추가로 들어가는 추세이다.

지난 1997 대선기간 동안 각 후보자들이 부담한 선거비용은 적지 않다. 대선기간 동안 각당 후보의 방송연설 비용이나 정치광고 비용이 이회창 78억 원, 김대중 76억 4천5백 원, 이인제 11억 4천6백 원으로 나타났다.

방송연설 비용이 가장 비싼 CF가격(초당 7-8백만 원) 기준 책정 20분 연설에 2억 8천만 원에서 3억 6천만 원이 들어간다. 선거공영제가 확대되었으나 사후보전은 40억 원 정도이고 제작비용은 정해진 금액이 없기 때문에 부르는 게 값이다. 돈이 없어 광고를 못 하는 후보가 발생하고 군소정당의 후보는 상대적으로 TV에 나올 기회가 상실되기도 한다.

이러한 미디어 활용에 따른 정치비용이 적지 않게 들어가는 부작용을 최소화하고 개선방법을 모색해야 한다. 대체로 정치비용이 많이 들어가는 방송연설은 공영화해야 하며, 일정 횟수는 TV나 라디오 방송이 의무적으로 무료 방송토록 공영방송사법 개정을 검토해야 한다.

---

22) 국회의원이 공개한 지구당 운영비 지출내역을 보면 경조사 비용 700만 원, 밥값(지구당 주최 각종 행사) 600만 원, 개인 홍보비(연말에 수첩 1만개 제작) 200만 원, 사무실 운영비 250만 원, 사무실 인건비 500만 원, 의정보고회(연간 1차례 2,000만 원 안팎) 160만 원, 의정보고서 제작 · 발송비(연간 2차례 4,000만 원 안팎) 340만 원, 후원회(연간 1차례 3,000만 원 안팎) 250만 원, 면협의회 지원 100만 원, 선거빚 이자 100만 원 등 모두 3,200만 원이다.

Ⅵ. 맺음말

일부의 견해에 의하면 미디어 선거와 미디어 정치가 정당의 정치기능을 무력화하고 대체하는 행태에 대해서 우려하지만, 미디어 정치와 미디어 선거는 효율적인 정치풍토와 생산적인 정치를 이룰 수 있는 가능성이 높다. 따라서 미디어 정치를 기술적으로 활성화하여 대의정치의 한계를 극복하고 직접정치로 전환시킬 충분조건을 미디어 활용에서 찾아야 한다. 미디어 정치는 정치적 쟁점에 대한 국민적 이해와 정치권과 국민들 간의 유대관계를 긴밀하게 하는 매개역할을 한다.

그러나 미디어 정치는 준비와 경험부족으로 인한 수많은 문제점이 있었으나 이는 주로 방법상의 문제들로서 개선 대상이지 미디어 선거 자체가 문제의 대상은 아니다. 미디어 정치에도 본질적 약점과 결함이 있다. 미디어 선거가 이미지 선거로 흐르기 쉽다는 점이 그것이다. 지난번 선거에서도 이러한 결합이 현실로 드러난 측면이 있다. 곧 정책대결보다는 정치공방이 많았다든가, 정책의 차별화가 표출되지 못하고 상대방 약점을 잡고 늘어지거나 후보자의 이미지에 초점을 두고 정치적 자질이나 인간적 능력을 검증하는 데는 한계가 있었다. 그러나 역설적으로 이러한 결함을 제거하기 위해서도 미디어 선거를 포기할 것이 아니라, 미디어 선거의 방법상의 미숙함과 문제점을 개선함으로써 토론의 내실을 기해야 한다.

다만 선거과정에서 미디어가 사실 보도보다는 사건내용을 취사

선택하거나 과장하고 왜곡하는 경우 유권자의 올바른 선택을 기대하기 어려울 것이다. 미디어 선거는 많은 문제점에도 불구하고 개선과 보완을 통해 정치발전에 기여하는 방향으로 정착해야 한다. 그동안의 미디어 정치의 피해는 적지 않았기 때문이다. 왜냐하면 후보자 간 정책의 차별성을 알기 위해서는 TV토론, 사이버 토론 같은 미디어 선거의 방법을 통해 후보들을 한곳에 모아놓고 토론에 붙이는 것이 장외 유세보다 훨씬 효과적이기 때문이다.

문제는 토론회의 진행방법과 규칙, 사회자의 기능과 페널리스트들의 자질과 준비 등 기술적(방법적) 차원의 보완으로 미디어 선거에 나타날 수 있는 근본적 문제를 상당 정도 해결할 수 있다는 점이다. 그러한 관점에서 미디어 선거의 문제점들은 시급히 보완할 필요가 있다. 미디어 선거와 미디어 정치는 간접민주주의, 즉 의회민주주의의 기본적 약점을 보완하기 위해서도 강화 · 정착시켜야 한다.

주지하는 바와 같이 대의제 민주주의의 기본적 문제점은 유권자와 대표 사이의 의사와 이익의 가설이 허구화되기 쉽다는 점이다. 따라서 선거와 정치에는 유권자의 의사와 이익이 되도록 많이 반영되고 정당과 후보자가 유권자의 의사와 이익에 보다 많이 속박받도록 해야 한다. 이를 위해 참여민주정치의 활성화와 더불어 미디어 정치의 활성화를 통해 되도록이면 정치가 국민과의 사이에 쌍방통행적인 것이 되도록 하여야 할 것이다. 토론회에서의 시민단체 대표, 학계 대표 등의 참여를 활성화시키는 것이 그러한 작업의 일환이 될 수 있다. 미디어 선거와 미디어 정치가 지향하여야 할 목표에 하나의 참고적 모델이 될 수 있다.

마지막으로 미디어 선거, 미디어 정치는 종래의 선거운동 방법에 비해 상대적으로 장점을 지니고 있지만 그것이 바람직한 선거문화의 정착에 결코 만능이 아니라는 점을 지적해 둔다. 다시 말해 바람직한 선거풍토의 정착을 위해서는 선거가 미디어 중심이냐 아니냐의 문제와는 별개의 다른 차원의 선거문화와 정치문화의 개선이 필요하다는 것이다. 정당과 정치의 지역화를 초래하는 '지역감정'의 문제와 정책이나 자질과는 무관하게 학연, 혈연, 기타 사적 이해관계에 의해 지지자를 결정하는 비합리적 투표행태를 개선하지 않고는 미디어 선거는 요원한 것이다.

참고문헌

구경서. (2001). 『현대 미디어 정치』 건국대학교출판부.

박관승 · 장경섭. (2000). "한국의 정치변동과 언론권력 : 국가–언론 관계 모형변화," 『한국방송학보』 통권 14–3호.

이창현. (1995). "미디어의 효과와 기능," 한국사회언론연구회. 『현대사회와 매스커뮤니케이션』 서울 : 한울아카데미.

이효성 · 김인영. (2003). "텔레비전, 신문 인터넷 이용이 유권자 청치참여(정치지식, 16대 대통령선거 관심 정치활동 참여에 미치는 영향 분석," 『한국언론학회보』 한국언론학회(2003 봄).

Cappella, J. N., & Jamieson, K. H. (1996). News frame, political cynicism, and media cynicism. *The Annals of the American Academy of Political and Social Science*, 546, 71–85.

Cappella, J. N., & Jamieson, K. H. (1997). *Spiral of Cynicism : The pros and the public good.* New Yark : Oxford University Press.

Gabler, N. (1998). *Life the movie : How entertainment conquered reality.* N.Y. : Knopf.

Habermas J. (1990). 한승완 옮김. (2001). 『공론장의 구조변동 : 부르주아 사회의 한 범주에 관한 연구』 서울 : 나남.

Johnson, T. J., Hays, C. E., & Hays, S. P. (Eds.). (1998). *Engaging the public : How government and the media can reinvigorate American democracy.* Boston : Rowman & Littlefield Publishers Inc.

McLeod, J. M., Pan, Z., & Rucinski, D. (1989). Framing a complex issue : A case of social construction of meaning. Paper presented at the annual meeting of the International Communication Association, San Francisco, CA.

Norris, P. (1996). Does television erode social capital? A reply to Putnam. *PS : Political Science and Politics*, 29.

Norris, P. (2000). *A virtuous cycle : Political communications in postindustrial societies*. NY : Cambridge Univ. Press.

Pinkleton, B. E., & Austin, E. W. (1998). Media and participation: Breaking the spiral of disaffection. In T. J. Johnson, C. E. Hays, & S. P. Hays (Eds.), *Engaging the public*. Boston : Rowman & Littlefield Publishers. Inc.

Shaffer, S. D. (1981). A multiple explanation of decreasing turnout in presidential elections, 1960–1976. *American Journal of Political Science*, 25.

Simon, J. (1996). Media use and voter turnout in a presidential election. *Newspaper Research Journal*, 17.

Teixeira, R. A. (1992). *The disappearing American voter*. Washington, DC : Rookings Institution.

chap. 5

이미지 정치의 허와 실

Ⅰ. 들어가는 말

대중매체의 발달은 정치과정을 미디어 정치로 바꾸는 주도적 역할을 하고 있다. 전통적 정치과정의 핵심인 정당정치는 미디어의 발달로 그 위기가 촉발되었다. 특히 인터넷 보급 확산은 선거과정에서 정당의 위기와 이미지 정치를 가속화시키고 있으며, 선거과정에서 후보자와 정당의 이미지가 유권자의 투표결정 요인에 미치는 영향력이 커지고 있는 추세이다.

미디어에 의존하는 선거과정은 유권자로 하여금 정당의 정책과 이슈보다는 후보자의 인상과 이미지에 더욱 주목하게 한다. 이미지 정치에 심각한 우려를 걱정하는 일부의 정치학자들은 대중매체에 의한 이미지 정치가 유권자의 정치적 판단을 흐린다고 우려한다. 즉 유권자들의 비합리적·비이성적 판단이 오히려 정치를 피상적인 겉모습에 치우치게 만들고 정치에 대한 효능감을 떨어뜨려 불신감을 조성한다고 주장한다(Patterson 1993 ; 이준웅 1998).

이미지 정치에 대한 피해는 미디어가 정치인이나 정치권의 본질을 왜곡하기 때문만은 아니다. 그럴 듯하게 보이는 후보자의 이미지가 진정한 정치적 이념과 철학을 대변하는 것은 아니고 정치권의 의사결정과 커뮤니케이션을 피동적 대중들에게 잘못된 판단을 유도하게 하여 정치발전을 저해하는 요소로 작용하기 때문이다.

이러한 이미지 정치는 유권자에게 필요한 사실이나 객관적 정보의 흐름을 차단하고 왜곡한다. 유권자는 미디어가 창출한 가공의 피상적 정보에 의해 가치판단의 기준을 흔들리게 된다. 나아가 이미지 정치는 순기능적 정치발전을 유도하지 못하고 오히려 정치의 왜곡을 심화시키거나 민의가 편중되어 나타나게 하여 정치발전을 저해한다.

미디어는 선거과정에서 공정한 선거를 관리하고 정확한 정보를 제공하는 객관적 매개역할을 하여야 한다. 또한 정치적 문제에 대한 이슈와 논의가 후보자의 이미지나 정치적 이벤트보다 우선해야 하며, 감성정치보다는 이성정치를 유도해야 하는 사명이 있다. 그러나 안타깝게도 미디어 선거는 정책과 이슈보다는 후보자의 이미지나 이벤트성의 감성정치를 유도한다는 비난을 면치 못하고 있는 실정이다.

이러한 미디어 선거의 문제점은 미디어의 역할과 기능이 올바로 작동하지 않고 있으며, 편향된 정치적 의제와 선거 이슈가 유권자들의 투표결정에 영향을 미치기 때문이다. 지난 제16대 대통령 선거에서나 제17대 총선 보도에서 미디어들은 시대적 화두였던 정치개혁과 지역주의 극복 등 우리 사회가 직면한 사회문제, 경제문제와 대외문제는 의제로 설정하지 못하였다. 오히려 정치적 이벤트에 초점을 두고 특정 정치인에 초점을 둔 이미지 정치만을 선정적으로 보도하였다.

이러한 현상은 정치적 객체인 한 개인의 정치적 판단이 후보자의 개인적 이미지에 대한 형상으로부터 자유로울 수 있는가에 의문을 제기한다. 미디어 발달이 과연 정치발전에 기여하기보다는 오히려 정치과정을 왜곡하고 유권자들의 판단을 흐리고 이미지 정치만을 재생산한다면 문제이다. 나아가 정치문제나 정책에 대한 숙의토론보다는 즉흥적이고 자극적인 미디어에 길들여져 있는 국민들의 정치행태도 지적하지 않을 수 없다.

그렇다면 바람직한 이미지 정치의 순기능적 논의는 과연 불필요한 것인가. 아니면 이미지 정치의 기대효과는 국민들의 희망을 저버리고 미디어의 속성에 이끌려 또다시 정치발전의 저해요인으로만 작용할 것인가. 이러한 문제의식에서 정치적 이미지 창출은 불필요한 부차적 이벤트에 불과해야만 하는 것이고 국민이 경계하고 저버려야 할 문제인가에 대한 논의가 필요할 것이다.

Ⅱ. 정치적 이미지 개념과 이미지 메이킹

1. 이미지의 어원과 개념

이미지[23]란 인간이 어떤 대상에 대해 갖고 있는 머리 속의 그림

23) 이미지(image)란 말은 원래 라틴어의 imago에서 유래된 것으로 이는 "모

(mental picture on our head)이라고 말한다(Lippman 1965). 이는 곧 실체(reality)를 의미하기보다는 실체의 모방이나 재현된 상(represented picture)을 의미한다. 즉 이미지는 그 라틴어 어원(imago)이 모방(imitate)의 의미와 연계되어 있는 것처럼 일반적으로 어떤 대상의 겉모습에 대한 인공적인 모방이나 표상을 가리키는 용어이다(Boorstin 1962, 197).

부스틴(Boorstin 1962, 185)은 이미지를 유사관념(pseudo-ideals)이라고 한다. 즉 사실의 세계에 관련된 허구적 사건을 유사사건(pseudo-events)이라고 한 데 대하여 가치의 세계에 관련된 허구적 관념을 유사관념 또는 이미지라고 하였다. 이미지는 어떤 목적을 성취시키기 위해서 인공적으로 합성한 것이며, 사람들을 믿도록 만든 것이다. 이미지는 소수의 전문가들이 설정한 것에 일반인들이 수동적으로 적응하는 대상이며, 생생하고 구체적인 특징을 갖고 있는 것이라 할 수 있다(김학수 1999).

어떤 면에서 보면 모든 이미지는 허위이다. 이미지는 오직 부분적 실체만을 담고 있으며, 사회적으로 구성되는 특징을 갖고 있다. 이미지의 개념은 상황에 따라 다양한 의미로 사용되고 있다. 예를 들어, 때로는 사진에서 보여지는 것과 같이 실체에 대한 시각적 표현물을 의미하기도 하고, 아니면 개인이나 사건, 장소, 대상 등에 대

방하다"라는 뜻을 지닌 라틴어 imitari와 관련된 것이다. 사전적 의미로는 "특정 대상(특히 사람)의 외적 형태에 대한 인위적인 모방이나 재현"을 뜻한다. 성경에 나오는 "하느님이 자신의 형상대로 인간을 만들었다(God created man in his own image)"는 구절에서 '형상'은 곧 이미지를 나타내고 있다.

한 정신적이고 상징적인 개념을 의미하기도 한다. 그런데 이미지는 단순히 재생되는 것이 아니라 해석되는 것이 특징인데, 하나의 해석된 의미에 새로운 해석들이 추가되어 계속적으로 누적된다.

볼딩(Boulding 1956)은 이미지를 "사실에 대한 이미지(image about fact)"와 "가치에 대한 이미지(image about value)"로 구분하고 있는데, 그는 사실에 대한 이미지보다 가치에 대한 이미지가 정보를 수용·처리하는 데 더 크게 영향을 미치며, 또 메시지에 의해 더 크게 영향을 받는다고 하였다. 볼딩(Boulding 1956)은 이미지를 다음과 같이 세 가지로 설명하였다. 첫째, 이미지란 어떤 대상을 표현하는 매우 독특한 것으로 정신적 표현이라는 것이다. 둘째, 이미지는 대상에 대한 결정적인 지식은 아니지만 현상에 대한 반영이라는 것이다. 셋째, 어떤 사람의 이미지와 그 사람이 전달하려는 메시지 간에는 깊은 관련이 있다는 것이다. 즉 메시지를 통해서 이미지가 형성되기도 하고 이미지를 통해 메시지가 선택적으로 전달되기도 한다.

리프만(Lippman 1956)은 인간이 사실을 판단하는 데 있어서의 일반적인 제약, 즉 인위적인 검열이나 시간적 제한, 사건들을 짧은 메시지로 축약하는 데서 생기는 왜곡, 그리고 위협적인 사건에 직면하기를 꺼리는 인간의 공포심리 등으로 인해서 인간은 자신을 둘러싸고 있는 환경을 있는 그대로 경험하지 못하고 그들이 사실이라고 생각하는 가환경(pseud-environment)에 직면하게 된다는 것이다. 즉 인간의 행동은 자신과 자신의 환경 사이에 게재되는 가환경에 대한 반응이라는 것이다.

이미지는 주로 시각적인 표상을 가리키는 용어에서 출발하여 사실과 가치를 포함한 정신적 결정체를 가리키는 사회과학적 개념이다. 그 정신적 결정체는 결국 인간의 행동방향을 지시하는 가치의 덩어리로 간주된다는 점에서 선유경향(predisposition) 내지 현존경향(disposition)의 지표인 태도의 개념과 차이점을 보이지 않고 있다(Green 1954). 따라서 정치인의 이미지는 결국 정치인의 특성들에 대한 태도, 즉 요약된 가치(summary value)를 측정하는 것으로 귀결된다. 정치인의 이미지란 특정인이 가지고 있는 믿음이나 신념, 형상의 개념, 인상의 총합을 의미하는데, 그러한 이미지가 다른 사람의 마음 속에 남아 있는 인상이나 기억으로 형상지어 나타나는 것이다.

2. 정치적 이미지 메이킹의 중요성

미디어 시대에 정치인들은 정치적 철학이나 정책의 순위보다도 이미지로 평가되고 관리되어진다고 해도 과언은 아니다. 정치에서 이미지 메이킹(Image making)의 중요성은 더욱 커지고 있다. 정치적 이미지 메이킹은 개인이 지니는 특징적 요소를 유권자나 일반 시민에게 일체화 또는 동일시로 나타난다. 정치인은 비전과 정치적 수사로써 자신의 특성을 강요하게 만드는 것이다. 이때 정치적 이미지는 개인의 지식체계에 대한 개념, 인상, 주장 등의 정보체계를 일체화하는 것이다. 즉 이미지 정치는 정치인의 정치적 이슈나 정책에 이은 정치적 철학보다도 쉽게 보여지는 외형적인 인상이나 직감에 의존하게 된다. 따라서 이미지 정치는 인간의 사고체계에 대한 논리적인 정보보다도 시각적 정보나 감정적 매체에 노출된 정보에 의존하게 되고, 옳고 그름에 대한 규범적 논리보다도 감성적 판단에 의존하게 된다.

사회인지론적 관점에서 정치적 이미지는 정치적 · 보편적 경험에 의해 형성된다. 즉 특정 정치인이 연상되는 개념, 인상, 표상, 등의 정보집합에 의한 정치인의 구조화에 의해서 이미지가 형성된다. 이때 일반적인 사람들은 특정의 정치인에 대한 일정한 정보를 축적하여 형상화함으로써 정치적 이미지를 형성한다. 이러한 과정에서 이미지 메이킹은 정치인의 용모, 말씨, 행동에 대한 일체의 정향들은 물론 정치경력, 정견, 정책과 비전 제시 등을 조작된 지식체계로 형상화시킨다.

그러나 일반 유권자나 시민들은 후보자들의 특정 이미지만을 선별적으로 받아들인다. 유권자는 후보자 개인적 특성에 맞는 정보를 효과적으로 판단하며, 후보자 행동에 대한 특정의 기대를 갖는다. 정치인은 유권자들에게 자신이 어떠한 인간성을 갖고 있으며 어떠한 정견과 정치적 비전 또는 철학을 소유하고 있는가를 보여준다.

정치과정의 핵심인 선거에서 후보자의 이미지는 유권자 선택의 결정요인이 된다. 선거운동 방식이 군중집회에서 TV토론으로 바뀌면서 이미지 메이킹은 선거의 승패를 좌우하는 변수로 등장했을 뿐만 아니라, 이는 정치인을 특정 대상으로 감정이입시키거나 홍보전략 수단으로 자신을 브랜드화한다. 따라서 정치적 이미지는 유권자의 마음을 움직이는 결정적 변수가 되었다.

정치적 이미지는 국민이 정치적 문제에 대해 가지는 인지적 재현인데, 이는 정치인, 정당, 국가 등에 대한 유권자의 정치적 이미지의 한 형태로 나타난다. 즉 정치적 이미지에는 후보자, 국가, 정당, 이상적 대통령, 그리고 정치체계에 관한 이미지 등이 포함된다. 유권자들은 지지자를 결정할 때 딱딱한 선거공약이나 정책보다는 후보 개인의 이미지가 좋고 나쁘냐에 의해 좌우되는 경향이 크다.

그러나 현실정치는 감성을 자극하는 온갖 이미지들로 넘쳐난다. 정치적 내용과 실천이 뒤따르지 않는 감성정치는 유권자들을 속이는 허상과 같다. 정치적 문제를 이벤트화하고 보여주기 위한 정치적 쇼(show) 같은 외향적 이미지에 심혈을 기울이고 실질적인 정책이 뒤따르지 않거나 정치적 실천이 전무하다면 유권자를 기만하는 행위가 되는 것이다. 이러한 이미지 정치를 부추기고 정당별 후보자 간 정쟁이나 이벤트와 같은 특별하고 자극적인 것만을 좇는 언론도 이미지 정치를 가중시키고 있다.

특정 정치인에 대한 인지도가 높다고 해서 정치적 수행능력도 검증하지 않고 대중적 지지에만 의존하는 경우 위험하다. 포장된 이미지가 정책을 수행하고 문제해결을 도모해서 사회적 역량을 강화해 나간다는 보장이 없다. 정당이 선거 승리를 위해 경쟁력 있는 후보를 내세우는 것은 당연하다. 그러나 정책수행 능력이나 정치적 능력보다는 대중의 감성에 호소하는 이미지 정치에 치중한다거나 선거를 인기투표식으로 몰아가는 것은 문제가 있다. 당선만을 위해 검증되지도 않은 인물들을 언론에 알려졌다는 이유만으로 앞다퉈 영입하는 이미지 정치는 정치적 허구에 불과하고 정치능력의 한계와 국민들에게 실망감만을 안겨줄 것이다.

Ⅲ. 정치적 이미지 메이킹의 유형

정치적 이미지는 특정인의 정치적 태도와 가치의 변화로 총괄되는 정치적 정향이라고 할 수 있다. 선거 이미지는 선거 후보자가 정치과정에서 나타나는 개인적 특징과 형상을 통하여 유권자와 인지하게 되는 것이다. 유권자의 투표결정 과정에 영향을 미치는 주요 결정요인은 후보자 이미지, 정당 소속감 그리고 이슈-정책 이미지의 세 가지로 구별할 수 있다.

1. 정치지도자와 선거 후보자의 이미지 형성

1) 정치지도자와 이미지 관리

현대 정치에 있어서 정치지도자의 이미지가 정치과정에서 중요하다고 인식되면서 그 영향력도 커지고 있는 추세이다. 정치인들은 이미지를 중요한 정치적 자산으로 여기고 관리의 대상으로 삼고 있는 실정이다. 정치적 이미지는 정치제도와 정치 스타일까지도 변화시키고 있으며, 각종 선거와 여론형성에 주요 변수로 작용하고 있다.

미디어의 발달은 정치지도자들을 쉽게 접할 수 있게 만들고 그들의 일상 또한 한눈에 볼 수 있게 해준다. 나아가 정치인의 이미지를 형상화하기까지 한다. 정치적 이미지는 유권자가 정치적 문제에 대해 가지는 인지적 재현이다. 즉 정치적 이미지에는 후보자, 국가, 정당, 그리고 정치체계에 대한 이미지 등이 모두 포함되는 형상화하는 개념이다. 나아가 정치인의 이미지란 사람들이 한 후보에 대해 갖고 있는 정신적인 상(像), 즉 공개적으로 지각된 후보자의 속성으로 정의할 수 있겠다.

정치인의 특성은 이미지로 평가되며, 정치적 생명도 좌우하는 결정요인으로 작용하고 있다. 정치적 이미지는 정치인의 특성(들)에 대한 태도, 즉 요약된 가치를 측정 가능케 한다. 결국 정치인의 어떤 속성(들)에 대한 응답자의 동의 여부를 구하는 것으로 정치인의 이미지가 측정되어지는 것이다. 특정 정치인에 대한 이미지는 그 정치인의 속성에 대한 유권자 개개인의 인식의 차이 때문에 제각기 달리 나타날 수 있다. 또한 서로 다른 정치인들에 대해 유권자가 가지는 이미지 역시 달리 나타나게 된다(김기도 1992, 52).

일부에서는 이미지 정치가 정치과정을 지배함으로써 이성과 합리성에 의해 작동되어야 할 정치가 실종되고 인간의 감성에 호소하는 외형에만 치중하는 피상적인 정치적 이미지 피해를 우려하고 있다. 정치인의 이미지를 측정하려는 노력은 선거운동 기간에 활발하게 이루어지는데, 그것은 선거 캠페인이 선거 입후보자의 이미지를 변화시킬 가능성을 기대하기 때문이다. 정치인들은 선거에 있어서 정치적 이미지가 유권자의 투표결정 요인에 영향력을 크게 미치고 있다고 생각한다. 따라서 정치인은 정치적 철학이나 이념을 추구하고 정책을 개발하기보다는 자신의 이미지를 형성하고 관리하는 데 모든 노력을 기울이고 있다. 대다수 사람들은 이렇게 형성된 이미지를 기준으로 자신들의 정치적 판단이나 투표행위를 하기도 한다(김학수 1999).

정치인은 그 외모가 유권자의 이미지 형성뿐만 아니라 투표의사에도 영향을 미친다. 호인형의 외모를 가진 정치인일수록 그렇지 않는 외모를 가진 정치인에 비해 유권자들이 호감과 성실도, 유능함, 지도력, 매력, 그리고 의원직 수행능력 면에서 좋은 이미지를 갖도록 만든다는 것이다. 나아가 이 연구는 호인형의 외모를 가진 정치인이 당선 가능성이 높다는 것을 보여주었다(Rosenberg *et al.* 1986).

1980년 미국 대통령 선거에서 카터와 레이건 발언을 분석한 결과 레이건은 목소리의 높이, 강도, 말의 빠르기에서 우세를 보였던 반면, 카터는 말의 멈춤이나 언어적 실수가 적었음을 발견했다. 그 결과 레이건은 약동적이며 목표가 있고 확신과 자신감에 차 있는 이미지를 유발하면서도 정보를 제대로 이해하고 소화시키지 못한다는 인상을 주었지만, 반면에 말이 유창한 카터는 정보의 이해능력이 뛰어나고 유능한 이미지를 얻었지만 역동성과 확신이 약하고 그다지 설득적이지 않다는 인상을 심어주었다.

또한 정치인의 얼굴표정이 정치인에 대한 유권자의 태도를 변화시킨다. 1984년 미국 대통령 선거에서 레이건 대통령과 민주당 후보의 얼굴표정에 대한 유권자의 감정적 반응이 정치후보에 대한 태도(차갑다–따뜻하다)를 변화시키는 데 정당 소속감, 정책 이슈에 대한 동의 정도, 지도력에 대한 인식보다도 더욱 강력한 영향력을 발휘한다는 사실을 보여주었다(Sullivan & Masters, 1988).

그런가 하면 미국의 대통령 선거에서 공화당 후보 부시와 민주당 후보 고어의 토론장면에서 부시가 비유적 표현과 유행어를 많이 사용하여 생동감을 주면서 자신에 찬 모습을 보여준 반면, 고어는 논리적인 논쟁의 성립을 위해 부수적으로 제스처를 사용한 데 그쳤다. 여기서 부시는 고어에 비해 유권자들에게 비교적 편안한 이미지를 주었다고 한다(Cienki 2004).

이미지 정치가 형성되면서 정치과정에 두 가지 차원에서 큰 변화가 일어나고 있다(최영재 2006, 379-80). 첫째는 정치의 중심축이 정당조직에서 정치인 개인의 역할로 이동하였다는 것이다. 정당과 정치후보를 선택하는 투표행위는 물론 대통령이나 행정부의 정책수행 과정에서조차 정치인 개인의 이미지가 중요한 역할을 한다. 두 번째 변화는 정치적 커뮤니케이션의 중심축이 언어적 메시지에서 비언어적 메시지로 이동하고 있다는 것이다. 정치인의 연설과 합리적 이성에 의한 토론이 정치인의 표정이나 패션, 스타일 등 비언어적인 요소의 중요성이 강조되고 있다.

2) 후보자의 이미지 관리

정치 후보자의 이미지는 소속정당이나 이념의 역할보다 유권자의 평가에 결정적 역할을 해왔다. 여기서 후보자라 함은 각종 선거과정에서 당선을 목표로 유권자로 하여금 지지를 호소하는 소속기관에 입후보 절차를 밟아 등록한 후보자와 입후보를 목적으로 선거운동을 하는 사람을 말한다.

미디어 선거는 정책적 이슈보다 유권자에게 비쳐지는 후보자 이미지가 더 중요한 역할을 수행한다는 것은 주지의 사실이다. 후보자 이미지는 후보자의 정책적 이슈에 대한 유권자의 지각과 대비되는 것으로서 후보자의 말투, 외모 등 개인에 대한 피상적 인상으로 간주되었다. 즉 후보자 이미지는 "유권자가 후보자에 대한 다양한 유형의 메시지를 처리하는 과정에서 만들어진 종합적인 인식으로, 유권자들에게는 분절적이고 상대적으로 인지적 노력이 많이 드는 개별 이슈들에 대한 지각보다 훨씬 더 손쉽게 후보자와 관련된 정보를 처리하고 평가하도록 도와주는 일종의 추론장치로 간주된다.

후보자 이미지에 대한 전통적인 개념화 혹은 조작적 정의는 후보자의 공신력에 대한 세부 구성요소를 통하여 이루어졌다(Hellweg, *et al.* 1989). 결국 후보자 이미지는 후보자의 개인적 특성만을 반영하는 것으로 인식되어져 왔다.

니모와 새비지(Nimmo & Savage 1976)는 후보자 이미지를 유권자의 주관적 지식과 후보자가 보여주는 메시지에 기초한 유권자의 후보자에 대한 인식이라고 정의한다. 그들은 이미지 형성의 과정을 유권자와 후보자가 상호작용하는 과정이라고 파악하고, 모든 선거에서 매우 중요한 기능을 담당한다고 주장한다. 이들은 후보자 이미지가 투표행위를 설명하는 가장 중요한 설명변인이라고 결론을 내린다(Nimmo & Savage 1976). 또한 보이드(Boyd) 역시 유권자가 지지정당의 후보에 투표하는 경우 후보자 이미지가 큰 영향을 미친다고 주장한다.

후보자 이미지는 많은 학자들에 의해서 다양하게 논의되어 왔는데, 크게 3가지 차원에서 논의되어 왔다(Hellweg 1995). 먼저, 후보자에 의해 유권자에게 비쳐지는 자극 결정론적인 개념과 유권자가 후보자에게 부여하는 속성들로 구성되었다는 인식자 결정론적인 개념이다. 다음으로, 후보자 이미지가 정태적 실체인지, 혹은 진화하고 변화하는 모습을 지닌 것인지에 따른 분류가 가능하다. 마지막으로, 후보자 이미지가 다른 후보자와는 별개로 형성되는지, 혹은 후보자 간의 비교를 통해서 형성되는지에 따라 차별적인 개념화가 이루어졌다.

후보자 이미지는 미국 선거역사에 있어서 후보자 선택에 대한 정당의 영향력이 감소하고 선거 캠페인이 주로 대중매체에 의해 매개되는 미디어 정치의 형태로 바뀌면서 주목받기 시작했다(Hacker 1986). 한 후보자의 개인적 특성은 그 후보자가 공직에 있을 때 어떻게 업무를 수행할 것인지를 판단하는 중요한 정보를 제공하므로 유권자는 후보자의 개인적 특성에 주목하지 않을 수 없다(Miller, Wattenberg & Malanchuk 1984).

특히 일부 학자들은 유권자들이 복잡하고 이해하기 어려운 정책적 이슈들에 의존하기보다는 단순명료하면서도 쉽게 후보자를 비교 · 판단할 수 있는 이미지에 근거해서 후보자를 결정한다(Corbett 1991 ; Miller, Wattenberg, & Malanchuk 1986; Wyer *et al.* 1991).

후보자에 대한 이미지는 유권자들이 선거기간 동안 접하는 정치적 메시지를 처리하는 데 중요한 매개적 역할을 수행한다. 즉 일단 후보자에 대한 이미지가 형성되면 유권자들에게 있어서 후보자와 관련된 정치적 메시지를 처리하는 소구로 기능한다. 결국 유권자들은 선거기간 동안에 접하는 후보자와 관련된 복잡하고 다양한 정보들을 상대적으로 인정된 범주 속에 정형화한다.

1960년대 이후 미국의 경우 유권자 투표행위에 관한 연구에 의하면 정치 후보자의 개별적 이미지에 대한 유권자의 평가가 선거과정에서 더욱 중요한 영향을 미치고 있다고 연구되어 왔다. 이는 미국의 전통적인 정당조직 중심의 정치가 후보자 개인의 이미지 중심의 정치로 대체되는 현상으로 부각되고 있다.

국내 연구사례로 정치인의 눈물 이미지 형성효과를 탐구한 최영재(2005)는 눈물이 따뜻하고 이타적인 개인 성품 이미지를 제고시키지만, 지도력 이미지와 정치인에 대한 호감에 부정적 영향을 미친다는 사실을 밝혀냈다. 이 연구에서는 특히 정치인의 눈물이 선거승리와 같은 정치적 상승세일 때는 정치인에 대한 호감을 증대시키지만, 정치적 하향세일 때는 급속도로 호감도를 떨어뜨리는 것으로 나타났다.

또한 제17대 국회의원 후보자들의 목소리, 응시, 손동작의 이미지 형성과 투표행위에 미치는 효과를 측정한 김명주 · 나은영(2005)의 연구에서는 목소리와 응시, 손동작이 모두 정치 후보자의 호감도, 신뢰감 형성에 영향을 미쳤으며, 유권자들의 정치적 관여도를 통제한 후에는 저관여 집단에서 목소리의 이미지 형성효과가 가장 큰 것으로 나타났다.

후보자들의 정치적 이미지는 유권자들에 관심정도에서 차이가 나타난다. 정치인의 이미지가 유권자들에게 어떠한 상황에서 인지되고 있는가에 따라 긍정적 이미지를 유발시키기도 하지만, 그렇지 못할 경우에는 오히려 역작용의 효과를 극대화하는 경우도 있다. 이러한 연구들의 이미지 효과에 대한 후보자들의 인지도는 또 하나의 정치적 관심을 증폭시킬 뿐만 아니라, 자신의 이미지를 극대화하기 위한 선거전략으로 전락하게 되어 이미지 선거를 치른다는 비난을 면하기 어렵다.

결국 선거에서 후보자의 정치적 이미지는 후보자의 신념이나 감정, 후보자의 정치적 경력, 역할, 자질에 대한 유권자들의 평가가 종합적으로 작용한다. 후보자의 자질과 자격을 가늠하는 정치적 이미지의 상기와 정치적 이슈의 상기를 비교해 보면 유권자들은 선거운동 기간 전체를 통해 후보자의 이미지에 대한 기사를 더 많이 상기한다.

2. 정당과 정책(이슈), 정치광고와 이미지

1) 정당과 이미지

현대 정치에서 정당의 이미지는 정당 일체감 또는 정당 선호도로 나타나고 국민들의 투표의사에 결정적인 역할을 기대한다. 또한 정당의 이미지는 정당의 업적과 실패를 평가하고 이를 투표결정에 반영하는 회상적 투표행동을 통해서 후보자를 선택하는 동기로 삼는다. 정당의 이미지는 개별 후보자와 연관되지만 두 개의 이미지가 항상 일치하는 것은 아니다. 오히려 정당의 정강정책이나 이슈보다는 한 개인의 정치적 이미지가 정치과정에서 결정요인으로 크게 작용하고 있는 실정이다.

와텐버그(Wanttenberg 1994)는 대중매체 중심적인 정치가 도래하면서 미국의 전통적인 정당 중심의 정치과정이 후보자의 개인 이미지 중심으로 바뀌었다고 말한다. 현대 정치가 정당 중심의 선거과정에서 미디어를 중심으로 한 후보자 이미지에 중점을 두고 있는 한 현대 정치가 실종될 위기에 처해 있다고 말한다.

패터슨(Patterson)은 대중매체, 특히 TV에 의한 선거과정은 유권자로 하여금 정당의 정책과 이슈보다는 한 개인의 후보자 이미지에 더욱 주목하게 한다고 주장하고, 이로 인한 정치적 피해가 심각하다는 점을 지적하고 있다(Patterson 1993).

정당에 대한 대중적 이미지가 격하되는 이유는 현대 정치에서 정치적 이슈가 더욱 복잡해지고 정당정책의 일관성을 유지하기가 어려운 정치환경적 요인에서 찾아볼 수 있다. 정치환경의 변화는 지식정보화 사회가 심화될수록 빠른 속도로 정치환경을 변화시키고 있다. 대중의 정보 습득이 미디어를 통해 정확하고 가장 빠르게 전달되기 때문에 정치과정의 커뮤니케이션도 다변화하고 있다. 이미 일반 대중들은 폭발적으로 증가하는 정보에 대한 생산 · 소비를 효과적으로 공유하고 있으며, 변화에 물결에 민감하게 대처해 나가고 있다.

더 이상 전통적 정당의 폐쇄적인 구조 하에서 민의를 수렴하고 정책을 입안하기 어렵다. 정권을 담당하던 정당의 기능은 미디어가 그 기능을 대체하면서 대중들은 더 이상 정당에 의존하지 않고 미디어에 의해 도출되는 정치사안을 민감하게 받아들이고 있다. 따라서 정당에 대한 이미지가 종전의 대중의 지지를 담보로 커뮤니케이션 기능과 정치적 사회화나 정치문화를 전달하는 모습에서 시대에 뒤떨어진 거대한 권력을 소비하는 비생산적 도구로 인식하게 되었다.

2) 정책과 이슈 그리고 이미지

정치인은 정책과 이슈를 선택하고 표방함으로써 정치적 이미지를 고양시키고 정책과 특정 이슈를 자신의 이미지 관리차원에서 하나의 전략으로 활용한다. 이미지 관리전략은 이론적으로 '이슈 점화전략(issue priming strategy)'으로 설명할 수 있는데, 특정 이슈를 일정 기간 집중적으로 부각시킴에 따라 정치인은 그 이슈를 기준으로 해서 평가받게 된다는 것이다. 제이콥과 샤피로(Jacobs & Shapiro 1994)는 이러한 미디어 효과이론을 정치인이 특정 이슈의 선택과 이미지에 집중함으로써 유권자에게 긍정적인 이미지를 심어주기 위한 이슈 관리이론이라 말한다.

정치인이 제시한 정책이나 정치적 이슈가 유권자들에게 전달되는 과정에서 정치인의 설득과 정치적 상황, 추진하는 이슈의 특성 등에 따라 정치인의 이슈 점화효과가 달리 나타날 수 있다. 정치인은 불투명한 효력에도 불구하고 정책수행 과정에서 선택과 집중원칙에 따라 특정 이슈들에 초점을 맞출 수밖에 없다. 정치인의 이슈 선택과 집중은 불가피하게 정치인의 이미지와 지지도에 영향을 주게 된다.

정치적 이슈는 특정 정치인이 가지고 있는 이슈에 대해 일치하는 정도를 이슈 근접성이라고 개념화한다. 정치인의 이슈 선택에 있어서 우선 고려되는 것은 정당이나 정치인이 오랫동안 반복적으로 선택해서 일정한 성과를 거둔 이슈 자산(issue assets)[24]이다.

정치인의 이미지 형성, 나아가 지지층을 모으고 결집시키는 데

---

24) 이슈 자산(issue assets)은 사람들 머리 속에 특정 이슈하면 특정 정당 또는 정치인을 연상하게 만드는데, 이는 이슈 소유권(issue ownership)으로 불리기도 한다(Petrocik 1996).

유용한 이슈 관리전략은 갈등 이슈와 화합 이슈가 있다. 갈등 이슈의 선택은 자신과 의견을 달리하는 유권자들을 설득할 수 없지만 자신을 지지하는 유권자의 충성도를 높이는 장점이 있다. 반면에 화합 이슈의 선택은 지지 정당이나 이념에 관계없이 폭넓은 지지층을 확보할 수 있다. 정치인이 특정의 정책적 이념 또는 정파적 극단의 속성을 가진 갈등적 이슈보다는 대부분의 이념과 정파를 아우르는 중간 정도의 화합적 이슈를 선택할수록 득표능력이 올라간다는 중간투표자 정리(median voter theorem)도 이슈 선택의 정치적 효과가 있다(Hinich & Munger 1997).

그런가 하면 유권자들은 이슈를 중심으로 정치적 후보자에 대한 지지를 결정한다. 개인의 이슈에 대한 이미지는 정치적 의사결정 과정에 합리적이고 이성적일 것이라는 가정에서 시작된다. 개인은 자신에게 중요한 이슈가 무엇인지 알고 있으며, 각 이슈에 대한 자신의 입장과 더불어 정치인이 각 이슈에 대해 어떤 입장을 취하고 있는지를 알고 있다는 전제이다(이준웅 247).

정치인의 이슈 관리전략은 특정 정책을 강조함으로써 이슈화를 조작한다. 예컨대 경제활성화와 안정을 추구하면서 경제성장을 강조하면 '경제 대통령', 교육정책을 줄기차게 강조하면서 교육분야에서 주요 이슈를 주장하면 '교육 대통령' 등의 특정한 주제의 이슈를 자신의 이미지와 결부시키게 되는데, 이러한 행위들은 모두 이슈 관리에 의존한 이미지 관리방법에 해당한다.

케네디 대통령은 선거과정에서 이슈 관리전략을 사용하여 주요 국내 이슈였던 의료보험과 교육정책을 의도적으로 선택하고 집중함으로써 '민생을 챙기는 정치인' 이미지를 부각시키는 데 성공하여 경쟁자인 닉슨 후보에 맞서 승리할 수 있었다.

그러나 이슈 관리전략은 이슈 중심적인 판단과정이 정치적 의사결정에서 지배적인 양식이 아니라는 점이다. 모든 사람들이 이슈 중심의 사고를 하는 것은 아니며, 단지 정치적으로 세련된 지식체계를 갖추거나 정치적 관심이 높은 사람들의 경우에 한해서 관련된 이슈를 종합해서 정치적 의사결정을 내린다.

3) 정치광고에 의한 이미지 형성

일반적으로 유권자들은 후보자를 잘 알지 못하며, 직접적으로 만나게 되는 경우도 아주 드물다. 유권자들은 미디어를 통하여 후보자를 접하게 되므로 유권자들이 알고 있는 것은 후보자가 아니라 후보자가 가지고 있는 이미지이다. 따라서 선거과정의 주된 관심사는 후보자의 이미지 창출에 모아지게 된다.

이미지 메이킹이 선거에 본격적으로 활용된 것은 정치광고에서 찾아볼 수 있다. 정치광고는 이미지 메이킹을 전문으로 하는 코디와 이미지 관리를 통하여 특정 정치인의 이미지를 창출하여 왔다.

후보자의 이미지와 정치광고는 특별한 관계에 대한 관심도를 갖는다. 왜냐하면, 극적이고 시각적 형상화에 의존하는 정치광고는 본원적 속성이 피상적인 후보자 이미지 묘사에 중점을 두기 때문이다. 정치광고는 후보자들에 대한 인지도를 향상시킨다. 즉 유권자에게 새로운 인물을 부각시키고 충분한 정보를 제공함으로써 유권자의 합리적 판단을 유도한다. 또한 정치광고는 정치적 토론과 정치참여를 유발하고 정치헌금을 모금하는 데 도움을 준다. 나아가 후보자 자신의 이미지를 규정짓는 것과 정치적 이슈가 설명되고 발전되는 기회를 마련해 주는 기능이 있다(Johnston & Kaid 2002).

선거 캠페인 가운데 정치광고는 가장 핵심적인 전략적 도구이며, 후보자들이 유권자들에게 메시지를 전달하고자 하는 내용을 가장 함축적으로 나타내는 중요 수단이다. 정치분석가들은 정치광고를 선거결과를 예측할 수 있는 중요수단으로 활용하고 있으며, 후보자의 이미지를 형성하는 데 주로 사용하는 선거전략의 가장 핵심적 요소로 평가받고 있다

정치광고의 내용과 스타일은 시각적 이미지에 의존하기 때문에 이슈나 논리보다 이미지나 감성에 초점을 맞추게 된다. 따라서 후보자의 개성이나 성향과는 무관하게 그들은 더 많은 유권자에게 다가서기 위해 TV의 특성에 적응해야만 한다(Kaid & Johnston, 2001). 후보자는 TV 정치광고를 통해서 유권자에게 자신을 대표하는 역할을 수행하는 자신만의 이미지를 창출하고 전달하기 위해 노력한다.

Ⅳ. 선거과정에서 정치적 이미지의 구체화

1. 선거와 이미지 정치

선거과정에서 유권자의 투표행위에 영향을 미치는 요인은 정당이나 정책, 이슈 못지않게 정치인의 이미지가 크게 좌우된다. 선거

과정에서 정치인의 이미지 증대는 정치적 이미지 관리의 중요성을 강조하고 있다. 정치인은 자신에게 유리한 이미지를 강조하고 불리한 이미지를 약화시킨다. 선거에 출마한 후보자는 이미지 관리를 통해 자신의 이미지를 고양시키고 특정 이미지를 부각시켜 자신의 정치적 전략과 형상을 결합시킨다.

유권자의 선택은 무엇보다 정치인 개인에 대한 평가에 의해 좌우되며, 다른 요인들은 정치인 개인에 대한 확실한 선호가 있지 않을 때만 투표에 영향을 미친다. 특히 미디어 매체의 발달은 선거상황에서도 캠페인이나 TV토론의 결과로 유권자들의 정치 후보 개인에 대한 이미지가 형성되거나 변화하며, 나아가 그같은 이미지 변화가 투표에도 영향을 미치고 있는 실정이다(김현주 1999 ; 이강형 2003/2004).

따라서 선거는 바로 입후보자의 이미지들 사이의 경쟁이지 선거 이슈나 소수정당에 대한 경쟁은 아니라고 하겠다. 특히 선거에 관심을 보이지 않거나 선거 전일까지 후보자를 결정하지 못한 유동 유권자들의 경우에는 이같은 입후보자의 이미지는 결정적인 영향을 끼친다고 할 수 있을 것이다. 미래의 선거에서는 바로 앞에서 제시했던 선호적인 이미지를 창출했느냐의 여부와 부정적인 이미지의 창출을 효과적으로 막았느냐가 가장 중요한 선거전략으로 자리잡게 될 것이다.

선거에서 승리를 거두는 후보자의 이미지는 인간적이어야 하고, 성실하고 정직한 이미지와 온화한 이미지를 갖는다. 이에 반해 낙선된 입후보자들의 이미지는 과격해 보이고, 고집이 세어 보이며, 편협하고 냉철해 보이는 이미지이다. 이와 같이 선거에서 당락은 입후보자의 개인적인 면이 다른 어떤 요소들보다도 중요하게 인식되고 있음을 알 수 있다. 더욱이 이러한 경향은 남성에 비해서 여성에게 더욱 심각하게 나타나고 있다. 이러한 경향들은 이후 많은 연구자들에 의해 입증되었다(Alexander 1969 ; Weisberg & Rusk 1970). 선거과정에서 유동 유권자는 후보자의 개인적 속성에 주목하며, 그것들로 인해 발생되는 이미지들에 영향을 받고 있음을 알 수 있다.

투표행위에 큰 영향력을 미치는 정치인의 이미지는 몇 가지 특성에 의해 형성된다. 첫째로, 정치인 개인에 대한 이성적 판단은 이미지로 요약해서 이해할 수 있는 정보처리상의 이점이 있기 때문이다. 둘째로, 투표행위에 결정적으로 영향을 미치는 결정변인은 유권자가 곧바로 떠올리는 후보자에 대한 공적 또는 사적 이미지이다. 셋째로, 정치인의 개인 이미지 관리의 성과는 정치인의 소속 정당이나 정책, 이슈의 지지로 연결될 가능성이 높다는 것이다.

정치인 개인의 이미지는 선거과정에서 공약사항이나 정당 등과 배타적으로 움직이는 것이 아니라 종종 상호 보완관계를 이룬다. 유권자들은 정치 후보자 개인에 대해 좋은 이미지를 가지게 되면 그 후보자의 공약에 대해서도 호의적일 가능성이 높다. 반대로 정치 후보자의 정책 이슈에 대해 동의하는 정도가 높은 유권자는 그 정치인 개인에 대해서도 호의적인 이미지를 가질 가능성이 높다(최영재 2006, 381-382).

예를 들어, 미국에서 1952년 선거에서 스티븐슨(Stevenson)은 아이젠하워(Eigenhower)보다 정치적인 역량 면에서 높게 평가받았으며, 1992년 선거에서도 클린턴(Clinton)보다 부시(Bush)가 더 뛰어나다고 평가받았었다. 그러나 선거결과는 그 반대로 나타났다. 우리나라의 선거에서도 당선자의 정치적 역량은 그렇게 중요한 요인으로 평가받지 못했으며, 따라서 정치적 역량에 대하여 항상 의문이 제기되곤 하였다.

1972년의 닉슨(Nixon) 대 맥거번(McGovenn)의 대결에서는 닉슨이 압승을 거두었다. 그러나 이때에는 닉슨이 승리한 이유에 대해서 논의하는 것보다는 맥거번의 패인에 대해서 논의가 이루어지고 있었다. 그 당시 논의되었던 맥거번의 패인[25)]으로는 그에 대한 이미지가 국민들에게 불안감을 심어주었기 때문이라는 지적이 많았다. 즉 그에게 붙어 있던 '과격한 정치가'라는 이미지가 국민들에게 불안 및 불신을 깊게 해주었다는 것이다.

이러한 선거 이미지의 중요성은 지난 프랑스 대선에서 다시 한 번 입증되었다. 지난 프랑스 대선에서 중요 후보인 시라크(Chirac) 대통령과 조스팽(Jospin) 총리는 정책능력 대결을 벌렸던 1995년 대선과는 달리 이미지 싸움[26)]에 치중했다. 평소 외모보다도 내면과 실

---

25) 맥거번(McGovern)의 패인은 이미지 실패에서 찾는다. 맥거번의 불안감은 국민들은 물론이고 그를 지지하는 민주당 내부에서도 상당히 퍼져 있었던 것이다. 이에 비해 닉슨은 당시 중국과의 역사적인 '핑퐁외교'를 성사시켜 '국제적인 정치가'라는 이미지를 첨가하게 되었고, 이를 TV의 스파트 광고 및 광고방송 형식으로 제작하여 연일 내보내고 있었다. 더욱이 중국 정치가들과 담화하며 유쾌하게 리셉션에서 술잔을 들고 있는 장면이 수없이 되풀이되면서 닉슨에게는 '평화적이면서도 포근한' 이미지가 형성되게 되었다.

26) 시라크 대통령 진영에서는 친딸인 클로드가 대통령 공보관 담당을 맡아 그의 아버지 만들기를 지휘하는 가운데 민간기업에서 여론, 홍보, 카메라, 음향 전문가를 대거 채용했다. 시라크 진영에서는 훤칠한 외모, 뛰어난 언변, 포용적인 인상으로 중산층과 여성들에게 인기가 높은 그에게 국부의 이미지를 심어주었다.

질을 중시하는 것으로 알려졌던 조스팽 총리 역시 홍보를 중시해서 학자풍의 엄격한 인상 때문에 대중적 인기가 없던 그에게서 현대적이고 부드러운 면모가 부각될 수 있도록 안간힘을 썼다. 미국식 여론, 금권정치를 비웃던 프랑스에서 이미지 대결을 스스로 선언하는 것은 그만큼 선거에서 후보의 이미지가 얼마나 중요한가를 나타낸 예라고 할 수 있다.

한국의 정치과정에서 정치인의 이미지가 인물평가 및 선거에서 투표결정의 가장 큰 요인으로 작용된 지는 오래이다(조기숙 1995, 160). 그런가 하면 유권자가 지지하는 정당 본위의 여 · 야 지지성향에 따라 투표해 왔다는 주장도 있다(조기숙 1995). 한국의 민주화 과정에서 후보자의 역량이나 지도력은 유권자의 인물평가가 결정요인으로 작용할 개연성이 크게 나타난다. 또한 특정 후보자에 대한 지지가 결정적이지 못할 때는 지역주의에 의한 표심이 극명하게 나타나는 현실이기도 하다. 그러나 이러한 선거양태는 변화하기 시작했고 선거전략도 고도화되어 이미지 선거에 심혈을 기울이는 상황이다.

우리나라 선거에서 본격적으로 이미지 메이킹이란 말이 등장한 것은 1987년 12월 대통령 선거 때였다. 선거 캠페인에 TV연설 및 토론이 도입되면서 거리 유세와는 다르게 후보자를 포장해야 할 필요성이 생겼다. 특히 미국의 레이건 대통령, 나카소네 수상이 전문가의 도움으로 이미지 관리를 하고 있다고 알려지면서 이미지 메이킹의 필요성을 느꼈기 때문이다.

1987년 대통령 선거에서 광고 전문가들은 노태우 후보의 이미지 전략이 대세에 상당한 영향을 끼쳤다고 말한다.[27] 당시 노후보의 캐

치프레이즈는 '이 사람 보통 사람, 믿어주세요' 였다. 이에 따라 노 후보는 원탁에서 회의를 열고 손수 가방을 들고 비행기 트랩에 오르는 장면을 연출했다. 반면 민주당 김영삼 후보는 백발을 휘날리며 '군정종식' 을 부르짖었고, 한복 차림의 김대중 후보는 쉰 목소리로 '평민은 평민당, 대중은 김대중' 이라고 외쳤다. 선거결과는 민주주의의 국민적 열망에도 불구하고 노태우 후보의 승리로 결정되었다. 이런 노력의 결과 13대 대선에서 노태우 후보는 '보통 사람, 부드러운 지도자, 민주개혁' 이라는 슬로건 하에 정권을 잡을 수 있었다.

1992년 대통령 선거는 민자당 김영삼 후보와 민주당 김대중 후보의 맞대결 양상으로 치러졌다. 김영삼 후보는 '젊고 패기 있게 한국병을 고쳐 신한국을 건설하겠다' 는 캐치프레이즈를 내걸었다. 당연히 김영삼 후보의 이미지도 '젊음' 을 한껏 강조하는 쪽으로 바뀌었다. 흰 머리를 검은색으로 물들이고 강한 톤으로 연설한 점이 주효했다.

김대중 후보도 1987년 선거와는 다른 모습을 보였다. 이른바 '뉴 DJ플랜' 이 그것이다. 당시만 해도 김대중 하면 '과격하고 믿을 수 없다' 는 식으로 반응하는 사람들이 많았다. 김대중 후보는 이러한 핸디캡을 극복하기 위해 '가정주부가 다림질을 하면서 부담없이 들을 수 있는' 컨셉트에 따라 연설문을 만들었다. "주부 여러분, 김장하시느라 바쁘시지요"로 시작되는 DJ의 TV연설은 신선한 바람을 일으켰다.

---

27) 노태우의 당선은 양김씨의 분열이라는 호재를 만나 당초 불리할 것으로 보였던 선거판을 승리로 이끌었다. 혼란스런 정치상황에서 '보통 사람' 임을 내세워 서민층을 공략한 것이 주효했음은 물론이다.

1997년 대선 때 김대중 후보는 파스텔톤 셔츠와 화사한 넥타이 패션으로 한물 간 투사적인 이미지를 벗고 젊고 친근한 이미지를 구축하는 데 성공했다. 이런 면에서 후보자의 덕목 이미지는 후보자를 시장의 상품으로 볼 때, 그 상품의 브랜드(Brand)에 해당한다고도 할 수 있겠다.

1997년 대통령 선거에서 승리한 김대중 후보는 이미지 전략에서 경쟁자들보다 몇 발짝 앞선 정치인이었다. 반면에 당시 이회창 후보의 이미지 전략의 핵심은 '대쪽'으로 알려져 있다. 하지만 이회창 후보는 두 아들의 병역문제가 이슈화되면서 '대쪽'의 강점을 전혀 살리지 못했다. 1997년 이회창 캠프에서 뛰었던 변호사는 "한마디로 '우왕좌왕'이었다. 남들은 '대쪽'을 전략이라고 평가할지 모르지만 내부에서는 아무런 프로그램이 없었다. '대쪽'이 좋으냐 나쁘냐를 놓고 싸움만 하다가 끝난 선거였다[28]"고 말했다.

2. 정치적 도덕성과 이미지

정치인의 도덕성과 이미지는 대중과 유권자가 원하는 도덕성과 이미지가 무엇인가를 파악하는 결정기준이 된다. 단지 외적인 이미지 파워로 선거에서 승리할 수는 없기 때문이다. 또한 정치인에게 있어서

---

28) 이회창 후보는 총체적으로 실패한 캠페인이었다. '도덕성'이라는 상품은 병역문제가 터지면서 위력을 발휘하지 못했다. 이회창 후보의 강점은 '부패척결 의지'라는 대쪽의 이미지만 너무 강조한 나머지 친근한 지도자의 이미지를 살리지 못하였다.

무엇보다 중요한 자원은 정치적 도덕성이다. 그러므로 외모 이미지 전략도 정치적 도덕성을 신뢰할 수 있는 덕목을 갖추고 있어야 한다.

정치지도자의 도덕성은 단순한 이미지의 장점만을 강조하는 것이 아니다. 정치적 도덕성은 정치지도자에 대한 신뢰와 능력에 대한 객관적 요소를 총칭하는 말이다. 대부분의 정치지도자들은 자신의 고유한 이미지를 지니고 있고, 객관적 정보로부터 자신의 특성을 유권자들에게 일체화 또는 동일시한다.

개인적 도덕성은 이미지 고착화에 결정적 요인으로 작용하고 이미지 변화의 주요 핵심이 된다. 대표적인 예로 1976년 선거는 닉슨(Nixon) 대통령이 '워터게이트' 사건으로 인하여 중도하차하고 나서 이루어진 선거로서 입후보자들 사이의 '도덕성'이 부각되었던 선거였다. 즉 입후보자들 사이에 누가 더 '믿을 수 있는 사람'인가에 대한 평가가 중요한 요인이 된 것이다. 그리하여 이전까지 어느 정도 중요시되던 정당의 중요성은 더욱 미미해지고 그 대신 후보의 인품, 성실성, 참신성 및 정직성에 역점이 주어졌던 것이다.

이후 포드(Ford) 대통령과 카터(Carter)의 선거는 정직한 이미지, 즉 도덕성을 강조한 이미지 선거였다. 포드는 먼저 '인간적인 면', '지도자적인 면', '자비심', '재임 중의 업적' 및 '미래의 비전' 등의 이미지를 창출할 수 있도록 노력하였다. 이에 비해 카터는 직업정치가들에 대한 국민들의 실망에서 벗어나고자 그의 출신에 대해 언급하면서 자신을 '미국 전통의 뿌리를 가진 사람'이라는 이미지를 심어주고자 하였다. 작업복 차림의 카터가 그의 땅콩농장에서 땅콩을 퍼내는 장면과 땅콩밭을 거니는 스파트 광고로써 잘 나타나고 있다. 이러한 장면들은 미국의 농업적인 역사와 기술적인 미래를 어느 쪽도 희생시키지 않고 연결해 주고 있으며, 기술자이자 농부인 카터의 정체성을 잘 보여주고 있는 것이다. 미국의 유권자는 땅콩농사를 짓는 카터 후보자에게 친밀감을 느꼈고, 카터의 도덕적 이미지를 높게 평가하였다.

정치인의 이미지는 지도력과 업무수행 능력과 같은 정치적 이미지와 도덕성, 신뢰성, 매력과 같은 개인적 이미지로 나뉜다. 이같은 정치적 이미지와 개인적 이미지는 서로 대립되기도 하며 보완관계에 놓이기도 한다. 예를 들어 성 스캔들에 연루되어 있던 클린턴(Clinton) 대통령은 정치적 능력을 높게 평가받은 대신 1988년 민주당 대선 후보였던 게리 하트(Gary Hart)는 개인적 성추문에 연계되어 정치적 능력에까지 심각한 이미지 손상을 받고 경선과정에서 중도 포기하였다. 정치인의 이미지는 정치적 능력의 속성과 개인적 속성이 상호 간 영향을 미치고 있음을 알 수 있다.

3. TV토론과 이미지 변화

TV는 이미지 형성의 중요한 도구로 작용하며 영향을 미친다. TV는 유권자들로 하여금 후보자들을 가까이 관찰하고 판단할 수 있는 결정적 매체이다. 또한 TV는 후보자들에 대한 유권자의 이미지 형성에 도움을 준다. 특히 선거과정에서 TV는 입후보자들의 인간적 특성, 개인적 자질 등 이미지에 대한 정보 획득의 수단으로써 그 중요성이 높아지고 있다.

학자들은 TV뉴스나 프로그램의 주의 깊은 시청이 정치 지식의 증가는 물론 선거 캠페인에 참여한 후보, 정치지도자들에 대한 이미지 형성에도 영향을 미친다고 말한다(탁진영 2005). 나아가 TV토론은 정치에 관심이 없는 유권자의 흥미유발과 정보제공의 효과를 갖는다. 지나친 후보자의 TV출연은 정치의 연예화나 오락적 흥미를 자극하지만 합리적 TV토론은 유권자의 마음을 결정하는 중요 요인으로 작용한다.

우리나라의 경우에 TV토론이 정치인의 이미지 형성에 큰 영향을 미치고 있는 것으로 나타나고 있고, 특히 지명도가 낮은 정치인의 이미지가 높게 개선되고 있는 것으로 나타나고 있다. TV토론에서 낮게 평가된 후보는 토론이 반복되면서 후보자의 친숙도가 높아지고, 이러한 인식은 후보자의 호감도에 많은 영향을 미치고 있다.

특히 TV토론에서 나타나는 메시지는 유권자의 해석과정을 거쳐 후보자의 개인적 자질유형 및 이슈 관련 중요도의 인지변화를 가져오고 있다. 단순히 TV토론으로 형성된 이미지는 후보자의 호감도에 상당한 영향을 미치고 있으며, 특히 감정적 차원의 이미지가 호감도에 더 많은 영향을 미치고 있다(정성호 2003, 245).

TV토론이 주로 이미지에 영향을 미친다는 주장은 TV가 시각적인 매체이라는 특징을 말한다. 시각적 매체의 특징은 메시지 처리과정에서 수용자의 수동적인 관여를 일으킨다는 점을 강조한다. 이러한 주장은 유권자가 한 정치적 후보자를 평가하는 데 "유목화" 같은 인지적인 지름길을 사용하기 때문에 한번 형성된 정치인의 이미지에 대한 인지적 유목들이 이후에는 잘 변하지 않는다고 강조한다.

유권자들은 TV토론으로 인식한 정보를 통해 즉각적인 태도를 형성하기보다는 주관적 판단을 통해 선별적인 태도를 형성한다. 이러한 이유는 TV토론으로 인식된 개인적 자질과 유형과 이슈가 호감도에는 직접적인 영향을 미치고 있으나 선호에는 영향을 미치지 못하는 것으로 분석된다(정성호 2003, 246).

미국 대통령 후보 TV토론에서 정치 초년생 케네디(Kennedy) 후보가 베테랑 정치인 닉슨(Nixon)을 맞아 짙은 색 양복, 건강하고 밝은 구릿빛 얼굴표정, 정직한 카메라 응시, 그리고 자신감 있는 말투로 토론에서 좋은 호응을 받고 결국 선거에서 승리를 이끌어냈다. 이러한 이미지 관리의 성공신화는 이제 더 이상 신화가 아니라 현실정치의 일상 또는 관행이 되고 있다.

미국 대통령 후보자들의 TV토론 효과의 연구는 선거운동의 영향을 거의 발견할 수 없을 정도로 매우 안정적으로 나타났다. 1960년 케네디와 닉슨의 네 번에 걸친 토론에서 첫 번째 토론이 무명의 케네디를 알리는 데 기여했지만, 비율 척도의 태도들로 물어본 종합적인 이미지는 토론들에 관계없이 크게 변하지 않은 것으로 나타났다(Katz and Feldman 1962). 이런 결과는 1976년의 카터(Carter)와 포드(Ford)의 세 번에 걸친 TV토론 대결에서도 각 후보자에 대한 기존 이미지의 강화 외에는 변화를 보여주지 않았다(Sears and Chaffee 1979). 그리고 1988년의 부시(Bush)와 듀카키스(Dukakis)의 토론 대결은 그들 후보자 이미지의 변화에 영향을 주지 못했지만 유권자들이 이슈에 대한 후보자별 입장의 차이점을 파악하는 데 도움을 준 것으로 밝혀졌다(Drew and Weaver 1991).

한국에서도 제13대 대선에서 비록 입후보자들의 동시 대결은 아니었지만, 관훈 클럽에서 이루어진 각 후보에 대한 패널토론의 TV중계가 그 후보에 대한 이미지 변화보다는 투표의사를 늦게 결정한 사람들의 정보습득에 도움을 준 것으로 밝혀졌다(안광식 외 1990).

그러나 후보자들의 동시 대결이 이루어진 제15대 대선의 TV토론은 전체적으로 후보자 이미지의 강화효과를 가져왔다(양승찬 1998). TV에 나타난 후보자의 인물평가와 자질은 TV토론이 진행되면서 점차로 증가하고 유권자의 감정적 차원에서 많은 영향을 미치고 있다. 이와 같이 TV토론이 선거과정에서 상대적으로 영향력이 있는 것은 방송의 효과가 유권자들에 의해 영향력의 정도가 크기 때문이다.

V. 맺음말

일반적으로 대중들은 정치적 식견이 높고 낮음을 상관하지 않고 정치인의 정치적 이미지에 주로 의존한다. 정치인의 이미지는 유권자의 경험을 통해 형성되고 발전되어 온 정치적 현실에 대한 지식체계이며, 정치적 판단의 필수적인 정보가 된다. 정치적 이미지는 정치현실에 대한 다양한 이해와 평가, 그리고 일정기간 동안의 의사소통의 상호작용으로 구성되는 하나의 형상이다. 즉 선거과정에 있어서 후보자의 이미지란 정치와 매체의 상호작용과 영향력에 대한 유권자의 정치적 이해와 평가의 산물이다.

따라서 정치적 이미지를 기도하는 후보자들은 조작 가능한 이미지를 특정 방식으로 구성하고 유지하기 위해 노력한다. 정치 후보자들은 이미지의 중요성에 주목하여 새로운 이미지 창출을 위한 친밀감을 형성하고 호감가는 이미지로 변신해야 한다. 정치적 지식이 부족한 유권자는 미디어를 통하여 정치 후보자를 대면하고 형상화하며, 이는 투표행위로 결정된다. 유권자들의 후보자에 대한 이미지 변화는 인물의 평가나 자질 속성에 대한 평가가 인지적 차원보다도 감정적 차원에서 더 크게 변화한다.

그러나 이미지 정치의 비판적 입장에서는 미디어에 대한 조작된 이미지 정치가 진정한 정치를 왜곡하고 연예화하여 정치를 이벤트화할 것이라고 경고한다. 정치적 비전과 철학은 실종하고 개인의 정치적 이미지가 여론의 초점이 되어 미디어 정치를 유도하고, 특정 후보자의 정책이나 정치적 이슈보다는 정치적 수사에 불과한 외향적 이미지가 정치를 흔들고 있다고 비판한다.

이러한 이미지 정치는 유권자의 합리적 이성의 판단을 흐리게 하고 상호 간의 정치적 불신을 양성하여 결국 정치의 실종을 가져다 줄 것이다. 또한 이미지 정치의 피해는 언론매체가 정치적 이미지를 필요에 따라 쉽게 조작하고 그럴 듯하게 보이는 후보자만을 앞세우고 여론을 호도하기 때문이다. 그렇다고 이미지 정치의 피해만을 우려하여 이미지에 대한 정치적 함의를 저버릴 수는 없다. 정보사회의 미디어는 이미 유권자와 정치인과의 유대관계를 형성하고 있고, 이들의 관계는 정치적 의사결정의 중요 선택과정의 형상이 될 것이다.

참고문헌

김기도. (1992). 『과학적 선거전략』 서울 : 고려원.

김명주 · 나은영. (2005). "방송연설 후보자의 비언어적 커뮤니케이션이 고, 저관여 시청자에게 미치는 영향 : 제17대 국회의원 후보자들의 목소리, 응시, 손동작을 중심으로," 『방송학보』 제19호 3호.

김학수. (1999). "정치인 이미지 새 조사방법 : 제15대 대선후보 중심의 시험연구," 『의정연구』 제8호(정보화 사회와 국회). http://.assembly.re.kr

김현주. (1999). "대통령 후보에 대한 이미지 형성과 커뮤니케이션. 『한국방송학보』 12호.

안광식 · 최선열. (1990). "커뮤니케이션과 투표행태 : 제13대 대통령 선거를 중심으로," 『신문학보』 25.

양승찬. (1998). 『미디어 정치시대 선거보도』 한국언론연구원 연구보고서. 98. 2.

이강형. (2003). "후보의 텔레비전 토론이 유권자의 후보 이미지 지각에 미치는 영향력에 관한 유사 실험연구," 『한국언론학술논총』 서울 : 커뮤니케이션북스.

이강형 (2004). "대통령 후보의 텔레비전 토론이 후보 이미지 변화에 미치는 효과," 『한국언론학보』 48권 2호.

이준웅. (1998). "후보 이미지의 정치적 영향력에 대환 사회지론적 설명-15대 대통령선거를 중심으로," 『한국언론학보』 제43-2호(겨울).

정성호. (2003). "TV토론이 유권자의 인지변화에 미치는 영향에 관한 연구 : 제16대 대통령 선거 TV토론을 중심으로," 『한국언론학보』 제47권 6호.

조기숙. (1995). "한국 유권자의 정당본위 투표," 『의정연구』 제1권 제1호.

탁진영. (2005). "후보자 이미지 형성에 미치는 텔레비전 정치광고의 효과에 관한 연구 : 이미지 구성요소를 중심으로," 『광고학연구』 제16권 1호.

최영재. (2005). "정치인의 비언어적 행위와 이미지 형성 : 눈물효과에 관한 실험 연구," 『한국방송학보』 19권 2호.

최영재. (2006). "정치인의 이미지 관리 : 언어 및 비언어 메시지를 중심으로," 『한국언론학보』 제50권 1호.

Boostin, Daniel J. (1961). *The Image.* N.Y. Athbaum.

Bouldlng. Kenneth E. (1956). *The Image.* Ann Arbor : The Univ. of Michigan Press.

Cienki, A. (2004). Bush's and Gore's language and gestures in the 2000 presidential debates. *Journal of language and politics,* 3(3).

Corbett, M. (1991). *American public opinion: Trends, processes, and patterns.* New York : Longman.

Drew, D. & David Weaver. (1991). "Voter Learning in the 1988 Presidential Election : Did the Debates and the Media Matter?" *Journalism Quarterly* Vol. 68, No. 1/2.

Green, B. F. (1954). "Attitude Measurement," In G. Lindzey (Ed.), *Handbook of Social Psychology* ,Vol. 1, Reading, MA : Addison-Wesley.

Hacker, K. L. (1986). Political image formulation in nonmediated com munication : A conversation analysis of political argumentation. Ph. D. Dissertation, Department of Speech, University of Oregon. Hellweg, S. A. (1995). Candidates and candidate images in American Presidential elections. In. K L Hacker (Ed.), Candidates images in presidential elections, Westport, CT : Praeger.

Hinich, J. & Munger, M. (1997). *Analytical Politics.* New York, NY : Cambridge University Press.

Jacobs, L. R. & Shapiro, R. Y. (1994). Issue, candidate image, and priming : The use of private polls in Kennedy's. (1960). presidential campaign. *American Political Science Review,* 88(3).

Johnston, A. & Kaid, L. L. (2002). Image ads and issue ads in U.S. Presidential advertising. *Journal of Communication,* 52.

Kaid, L. L., & Johnston, A. (2001). Video style in Presidential campaigns : style and content of televised political advertising, Westport, CT : Praeger.

Katz, Elihu Jacob J. Feldman. (1962). "The Debates in the Light of Research : A Survey of Survey of Surveys," in Sidney Kraus ed. *The Great Debates : Kennedy vs Nixon,* 1960, Bloomington : Indisna University Press.

Lippman, W. (1965). *Public Opinion.* N.Y. Free Press.

Miller, A. H., Wattenberg, M. P. & Malanchuk, O. (1984). Cognitive representations of candidate assessments. In K R. Sanders, L. L. Kaid and D. Ninnno (Eds.), *Political Communication Yearbook* 1984 . Carbondale, IL: Southern Illinois University Press.

Nimmo, D. D., & Savage, R. L. (1976). Candidates and their images : Concepts. methods, and findings. Pacific Palisades, CA : Goodyear,

Patterson. Thomas. (1993). *Out of Order*. New York : Knopf.

Petrocik, J. R. (1996). Issue ownership in presidential elections, with a 1980 case study. *American Journal of Political Science*, 40(3).

Rosenberg, S. W., Bohan, L., McCafferty, P., & Harris, K. (1986). The Image and the Vote : The Effect of Candidate Presentation on Voter Preference. *American Journal of Political Science*, 30(1).

Sears, David O. and Steven H. Chaffee. (1979). "Uses and Effects of the 1976 Debates : An Overview of Empirical Studies," In Sidney Kraus(Ed.), *The Great Debates* : *Carter vs. Ford, 1976*. Bloomington : Indiana University Press.

Sullivan, D. G., & Masters, R. D. (1988). "Happy Warriors" : leaders' Facial Displays, Views' Emotions, and Political Support. *American Journal of Political Science*, 32(2).

Wattenberg, Martin P. (1994). *The Rise of Candidate Centered Politics : Presidential Elections of the 1980s*. Cambridge : Harvard University Press, 1992 ; Wattenberg, Martin P., The Decline of American Political Parties. 1952-1992. Cambridge : Harvard University Press.

Wyer, S. T. Budesheim, T. L. Shavitt, S, Riggle, E. D., Melton, R. 1., & Kuklinski, I. H. (1991). Image, issues, and ideology : The processing of information about political candidates. *Journal of Personality and Social Psychology*, 61(4).

chap. 6

TV토론 정치의 평가와 과제

Ⅰ. 들어가는 말

민주주의의 새로운 장을 여는 TV토론 정치는 선거에서 후보자들의 당락을 결정하는 매우 중요한 요소가 되었다. TV토론은 선거에 있어서 후보자와 유권자 간의 직접적 접촉의 기회를 제공하는 새로운 토론문화를 정착시키고 있으며, 정치로부터 무관심하게 등을 돌렸던 유권자들의 관심을 안방의 TV로 끌어모으는 역할을 하였다.

사실 TV는 민주주의의 위기를 가져다 준 주범이라 해도 과언은 아니다. 사회 · 정치적 병리의 주범은 선거에서 투표율의 감소, 정당의 쇠퇴, 저조한 정치참여, 이슈 토론의 무관심, 유권자들의 정치에 대한 냉소주의 등인데, TV가 그 중심에 자리잡고 있다고 해도 과언은 아니다. 따라서 TV토론에 공론의 역할과 기대는 합리적 이성을 가진 유권자들로부터 기대가 높아졌으며, 또한 정치구조를 개선하고 새로운 토론문화를 형성해야 할 당위성에 의해서 요청되어 왔다.

선거과정에서 TV토론은 후보자 상호 간의 지적 수준, 정치적 문제의 대응능력 및 인간적 면모 등을 비교할 수 있을 뿐만 아니라, 이에 대한 유권자의 의식형성과 판단을 유도할 수 있는 결정요인으로 작용한다. TV토론은 후보자 간에 공정한 기회와 상호 간의 차이점을 부각시킬 수 있으며, 유권자에게 합리적 판단의 기준을 제공해 준다.

이와 같이 TV토론은 선거운동의 방식에서 새로운 정치풍토를 개선하는 데 기여할 수 있는 충분조건을 갖추고 있으며, 정치비용의 절감효과도 이룩할 수 있다. 정치기능의 상호 보완적인 측면에서 선거의 공정성과 기회의 균등을 보장하는 공영제적 장치를 보완한다면 TV토론은 고비용 선거운동 방식을 대체할 순기능적 요인이 많다. 따라서 이제는 선거공영제라는 논의 속에서 미디어 선거운동을 새롭게 바라보고 선거운동의 바람직한 발전방향을 모색해야 한다.

그러나 새로운 통합 선거법은 TV토론과 방송연설만이 민주적 선거를 치르는 방안으로 고려되기에는 충분하지 않다. 통합 선거법은 선거에서 인지도와 지명도가 낮은 후보자와 정당이 공정한 방식으로 선거를 치르고 유권자의 알권리를 충족시키기에는 한계가 있다. 또한 선거공영이라는 미명 하에 상대적으로 지명도가 낮은 후보자 또는 정당에게 불리하게 작용하는 또 다른 행태의 선거관리가 불공정 시비를 내포하고 있다.

불공정 시비는 토론자 초청대상의 기준설정과 실시 시기, 횟수, 토론 주최기관, 토론위원회 설치와 인적 구성, 상설화 등의 문제들로 대별하여 볼 수 있다. TV토론이 각 후보자 간의 이해관계와 정당 간의 입장차이가 첨예하게 대립되는 문제이기 때문에 TV토론의 성사는 그리 쉬운 문제는 아니다. 따라서 TV토론 정치는 제도적인 법체계와 선거법 차원에서 바람직한 개선방안을 모색해 보고 그 대안을 찾아보는 것이 그 무엇보다도 중요하다.

한국에서 선거 관련 TV토론은 1995년 지방자치 선거인 서울시장 후보 초청토론회에서 선을 처음 보였다. 그 이후 1997년 15대 대통령 선거를 앞두고 TV토론은 더욱 활성화되었고, 후보자의 당락을 결정지을 만큼 영향력이 커졌다. 이후 대통령 선거는 TV토론과 TV연설 및 TV광고에 의해 주도된 선거였으며, TV토론은 유권자들이 후보자를 선택하는 중요 요인으로 자리잡고 있다.

대부분의 유권자들은 후보자의 인물이나 정책과 선거공약을 비교 · 평가하는 데 그 한계가 적지 않다. 따라서 TV토론은 각당의 후보자들이 얼굴을 맞대고 토론하는 모습을 통해 비교하기를 원하는 욕구를 충족시켜 줄 만한 가치를 갖고 있다.

Ⅱ. TV토론의 정치적 의의와 영향력

1. TV토론의 정치적 의의

TV토론은 유권자를 대상으로 언론의 해석 없이 후보자가 자신의 정책과 비전, 타후보와의 차별성을 부각시킬 수 있는 기회를 제공한다. 또한 유권자에게 선거의 중요 쟁점과 후보자에 대한 정보를 제공하고 후보자들을 상호 비교할 수 있게 해준다(Trent & Friedenberg 2000).

TV토론은 후보자의 개인적 자질과 후보자의 이미지와 감정적 차원의 인지변화에 많은 영향을 미치고 있다. 이때 유권자는 후보자에 대한 지식을 증가시키고, 후보자는 유권자에 대한 설득적 효과를 높일 수 있다. 또한 TV토론은 후보자에 대한 인지학습 효과와 이슈를 강화하고 유권자의 투표행위에 영향을 미치고 있다(Yawn, EIlworth, Beatty, & Kahn 1998).

즉 후보자는 TV토론 과정에서 자신의 정책을 알리고 타후보자와의 차별성을 부각시켜 유권자로 하여금 합리적 선택을 유도할 수 있다. 유권자는 후보자의 자격과 자질을 검증하고 누가 정치적 신념과 비전을 갖고 있는지 평가할 수 있다. 또한 후보자의 선거공약과 정책비교를 통하여 당선 이후의 직무수행 능력을 사전에 평가할 수 있는 계기가 된다. 후보자의 자질은 정책을 수립하고 추진하는 원동력이 되고 후보자의 이념이나 비전 또는 철학은 당선 이후의 주요 정책의 방향이나 선거공약 사업을 시행하는 자원이 되기 때문에 유권자의 TV토론 시청은 후보자 결정의 원인이 된다.

TV토론은 시청자들이나 유권자의 선거참여에 영향을 미치고, 나아가 토론과정에서 유권자의 투표의향에 변화를 유도하기도 한다. 정성호(2003)는 TV토론이 유권자의 인지변화에 미치는 영향에 관한 연구에서 TV토론에서 나타나는 메시지는 유권자 해석과정을 거쳐 후보자의 태도에 상당한 영향을 미치고 있다고 한다. 유권자

인지변화의 연구내용을 보면 첫째, TV토론이 후보자의 개인적 자질유형 및 이슈 관련 중요도와 인지변화를 가져오고 있다. 둘째, 단순히 TV토론으로 형성된 이미지는 후보자의 호감도에 상당한 영향을 미치고 있는 것으로 나타났다. 셋째, TV토론으로 형성된 이미지와 호감도는 선호도에도 영향을 미치고 있다는 연구결과이다.

또한 TV토론 과정에서 낮게 평가된 후보자도 토론과정이 반복되면서 후보자의 친숙도가 상당히 높아지고 있으며, 이러한 인식은 후보자의 호감도에 많은 영향을 미치고 있다(정성호 2003, 245). TV토론의 주요 내용은 이슈와 후보자 개인적 자질과 요인이 유권자에 어떻게 인지되고 학습되는가, 그리고 유권자에게 얼마나 영향을 미치는가에 관심을 두었다. 나아가 TV토론은 후보자가 제시하는 정치적 쟁점과 이슈가 유권자와 상호작용한다고 본다.

한국에서 대통령 선거과정을 보면 TV토론은 유권자의 투표행태에 많은 영향을 미치는 정도이고, 선거수단으로 그 유용성이 커졌다(김환열 1998). 또한 TV토론은 유권자의 인지변화에 매우 영향력 있는 수단이라는 것이 밝혀졌으며, 유권자의 태도형성에도 직접적인 영향을 미치고 있는 것으로 본다(정성호 2003). 그러나 TV토론이 유권자 후보 결정에 미치는 효과에 대해서는 유권자들이 놓여 있는 정치환경에 의해 영향을 받는다. 특히 정당에 대한 태도 강도가 높은 유권자들은 낮은 유권자들에 비해 TV토론을 덜 시청한다는 사실을 밝히고 있다(이강형 외 2004).

그러나 대부분의 유권자들은 TV토론을 통하여 후보자의 정보를 얻고 선거공약과 정치적 비전을 한눈으로 비교할 수 있는 기회로 삼는다. 대체로 유권자들의 후보자 선택기준은 다양한 측면에서 논의되겠지만, TV토론을 통해서 주목해 봐야 할 내용은 후보자의 자격과 자질문제, 정치적 비전과 철학, 그리고 자신이 내세우는 선거공약을 실천할 수 있는 능력을 검증하는 기회로 삼아야 한다. 또한 TV토론은 이러한 논의를 유권자들에게 제공할 충분조건을 갖추고 있고 보다 더 세분적인 문제에 이르기까지 후보자를 비교 · 검증할 기회를 제공해 주고 있다.

2. TV토론과 정치적 영향력

미디어의 정치적 기능은 그 영향력이나 효과 면에서 다양한 기능을 가지고 있다. 정치적 기능의 하나인 TV토론은 후보자의 정책이나 정당의 선거공약보다는 후보자의 인격이나 성품으로 개인화(personalization)를 부추기는 효과가 있다. 유권자의 선택기준도 개인적 차원에서 이미지 중심으로 바뀌는 경향이 있다. 전통적인 선거과정에서 정당대회나 대중연설, 그리고 기자회견 등의 선거방식은 그 의미가 축소되거나 퇴색되어 가고 있다. 선거는 새로운 매체를 중심으로 변모해 가고 있으며, 그 중심에 TV토론이 자리잡고 있다.

예전의 선거방법이 상대 후보에 대한 비난이나 인신공격적인 흑색선전 또는 유언비어 등과 같은 부정적 선거운동이 주를 이루었다면, TV토론은 후보자의 정책이나 선거공약에 대한 올바른 인지를 하도록 돕는다. TV토론은 유일하게 후보자에 대한 상호적인 논쟁일 뿐만 아니라 정책문제에 초점을 맞추는 경향이 강하다.

TV토론을 통한 정치변화의 중심에는 정치비용 절감효과를 거둘 수 있다는 장점이 있다. 선거과정이 TV토론을 중심으로 이루지고 있을 뿐만 아니라 정당의 구조나 선거양태가 달라지고 있다. 과거에는 청중동원이나 선거운동원을 동원하여 대중집회 장소 또는 길거리에서 유권자를 쫓아다니며 선거를 치렀다면, TV토론 정치는 유권자들의 관심을 TV 수상기가 있는 안방으로 정치적 관심사를 옮겨주었다. 이제 더 이상의 청중동원이나 금품살포를 통하여 유권자들의 표를 얻으려는 구태의연한 방식은 유권자들의 냉소를 자아내게 만들 뿐이며, 설득력도 떨어지는 추세이다.

따라서 후보자나 정당은 정당조직이나 당원의 활동에 의한 선거운동 방식보다는 TV를 통한 토론방식이 효과적임을 인지하고 TV토론에 많은 심혈을 기울이고 있다. 유권자는 TV토론 과정을 지켜보면서 후보자와 직접적 대면을 할 수 있으며, 토론과정에서 논의되는 후보자들의 생생한 토론내용을 직접적으로 전달받을 수 있다. 일반 국민들의 TV토론에 대한 관심의 증대는 정치적 참여를 고양하고 간접민주주의 정치의 한계를 극복하기 위한 하나의 대안으로 작용하고 있다.

또한 TV토론 정치는 국민들의 합리적 이성에 호소하는 이성정치를 실현할 수 있다. 종전의 선거과정이 대중들의 감성이나 감정을 자극하는 방법을 동원하여 지지를 호소하였다면, TV토론 정치는 후보자들의 정치적 소신이나 정책을 토론하면서 유권자인 대중에게 자신들의 지지를 호소하는 방법을 택하기 때문에 차분하게 후보자들을 비교 · 분석할 수 있을 뿐만 아니라, 합리적 이성을 가지고 후보자 상호 간의 차이점과 유의점을 한눈으로 알아볼 수 있다.

Ⅲ. TV토론과 구성요소

TV토론의 주요 관심은 선거의 당락을 결정하기 때문만은 아니다. TV토론이 후보자들에게 큰 영향을 미칠 뿐만 아니라 좋은 토론이 되는 데는 그만큼 고려해야 할 점이 많기 때문이다. 따라서 TV토론의 구성요인은 그 무엇보다도 중요하다. 선거를 치르는 후보자 진영에서는 자신들에게 조금이라도 유리한 조건을 내세우고 상대 후보자에 대해 비교우위의 조건을 내세우기를 주저하지 않는다.

TV토론의 구성요인은 미국에서 1984년 공화당의 부시 후보와 민주당의 듀카키스 후보가 TV 토론회를 위한 양해각서(Memorandum of Understanding)를 작성하면서 구성되었다(Hellweg, Pfau & Brydon 1992).[29)]

29) TV토론을 위한 양해각서는 1) 토론 횟수, 2) 토론의 날짜, 장소, 시간, 3) 주최자(처음 두 번은 위원회, 세 번째는 여성유권자연맹), 4) 사회자와 패널리스트의 선정과 역할, 5) 구체적인 질문유형과 종결(closing) 멘트의 사용, 6) 시간제한, 7) 후보자 발언형식, 8) 원고(notes)의 사용, 9) 무대장치(카메라 위치), 10) 마이크, 11) 연단의 높이, 12) 카메라 샷의 제한, 13) 탤리(tally, 계산) 등(light)의 사용과 배경색, 14) 녹황색 신호등의 사용, 15) 청중 통제, 16) 입장권 배포와 좌석 할당, 17) 분장(make up) 전문가의 활용, 18) 후보자에 대한 기술적 설명 기회, 19) 드레싱 룸(dressing room)과 홀딩 룸(holding room)의 이용, 20) 보조원과 안전요원의 활용 등이다.

토론을 주관하는 주최측은 보다 알찬 프로그램으로 후보자 간 차별성과 정책대결을 유도하기 위해 심혈을 기울인다. 정책대결을 유도하기 위해 고려해야 할 구성요소는 토론의 주최자, 토론참여 후보자의 범위, 토론의 사회자와 패널리스트 선정과 역할, 토론의 주제 · 횟수 · 일정 · 방영, 토론의 방식과 세부절차 등이다.

1. 토론회 주최자 및 개최자

TV토론 주최자는 공공기관, 방송사, 시민단체 그리고 토론회 전담 전문기구 등이 될 수 있다. 먼저, 공공기관은 정부의 통제와 지원을 받는 기구로, 이들이 주최하는 토론회가 불공정성 논란의 문제가 대두되므로 이들 기구는 선거 관련 업무와 선거방송에서 공정성을 유지하는 데 주력하는 것이 바람직하다(권호영 외 1997, 76).

다음으로 방송사는 1960년 케네디와 닉슨의 네 차례 대통령 선거 후보자 토론회를 비롯해 다양한 예비선거 토론회를 개최한 데서 고려할 수 있다. 방송사는 기술적 전문성과 충분한 재정능력을 갖추고 있으나 시청자들의 편견에 좌우될 수 있다(권호영 외 1997, 75).

시민단체는 시청률 제고를 위한 흥미 위주 편성의 유혹과 편파성 우려로부터 자유로울 수 없다. 미국의 경우 '여성유권자연맹(The League Women Voters)'에서 시민들이 충분한 정보를 바탕으로 투표에 임하도록 하는 비정당 시민단체로서 9회의 대통령 선거 후보자 토론회(1976 ; 1980 ; 1984)를 성공적으로 개최했고, 부통령 후보자 토론회(1976 ; 1984)의 제도화와 1980년 다수정당 대표(레이건)

와 소수정당 대표(앤더슨)의 토론회 개최로 높은 평가를 받았다(Hellweg, Pfau & Brydon 1992, 16-17). 그러나 여성유권자연맹이 정직한 중개자 역할을 수행하면서 텔레비전 토론회의 발전에 크게 기여했으나 1988년 취약한 권위와 운영비 모금문제를 노출하면서 토론회 전문기구에게 그 역할을 맡기게 되었다(이진로 2002).

토론회 전담 전문기구는 미국에서 운영되면서 긍정적 평가를 받았다. 미국의 경우 1988년부터 대통령 선거토론위원회(The Commission on Presidential Debates)가 TV토론회를 담당하고 방송사는 이를 중계하는 형식을 취한다. 한국의 경우 지난 15대 대선을 앞두고 국회의 정치특위가 1997년 10월 8일 여야합의로 공영방송사로 하여금 '대통령 선거방송토론위원회'(이하 대선방송토론위)[30]를 구성하는 데 합의하고 운영한 바 있다.

2. TV토론 초청 대상자 선정기준

TV토론에 참여하는 후보자 선정범위를 결정하는 선정기준은 공정성과 형평성, 그리고 토론진행상의 효율성을 고려하여 선정된다. TV토론이 정책토론을 유도하고 후보자 간의 상호 비교를 통하여 유권자의 투표행위를 유도해야 한다는 당위성을 고려한다면 적지

30) 대선위원회는 방송법인, 방송학계, 대한변호사회, 언론인단체, 시민단체 등의 추천자와 국회의석 보유 정당이 추천한 각 1인 포함 11인 이내로 구성하되 토론위원을 추천하는 방송법인, 방송학계, 언론인단체, 시민단체 등의 범위와 추천절차 등은 공영방송사가 협의하여 결정한다.

않게 중요한 문제임에는 틀림없다.

토론자 선정문제는 후보자 간의 토론대상에 선정되는 후보와 배제되는 후보와의 공정성 문제와 기회균등의 시비를 안고 있다. 그런가 하면 소수 후보자 중에는 자신을 알리는 기회로 삼아 TV토론에 참가하려는 후보자와 TV토론을 통하여 자신의 인지도를 높이기 위해서 참여하려는 후보자도 있다. 선거에 출마한 모든 후보자가 TV토론에 참여한다면 지나친 지상파 방송의 낭비라는 비난을 면하기 어렵다. 또한 중요 시간대에 시청자들의 관심을 유도하여 정책토론을 이끌어야 할 TV토론이 군소 후보자까지 모두 참석하여 난상토론이 이루어진다면 시청자들이나 유권자들은 TV토론을 외면하거나 방관할 것이 명확하다.

따라서 TV토론의 후보자 선정기준은 복잡한 문제이면서 매우 중요하다. 토론 후보자 선정인원은 2-4명으로 국한하되 원내교섭단체를 구성한 당의 후보를 모두 참여시킬 필요가 있다(이효성 1997, 119). 또한 TV토론 개최 10일 전을 기준으로 군소정당이나 무소속 후보의 경우 여론조사에서 원내교섭단체 소속 후보 중에서 지지율을 상회할 경우 허용하는 방안(권호영 외 1997, 78)과, 처음 토론회에서 두 주요 정당 후보만 참석시키고 나중에 제3당 후보자를 다음 토론에 참석시키고 군소 후보자 간의 토론회에서 인지도를 높인 후 주요 시간대 토론에 등장시키는 방법(이종수 1997, 63)이 있다. 그런가 하면 정책토론이 효율적이고 심도 있게 이뤄지기 위해서는 토론 참여 후보자를 3인 이하로 제한할 필요가 있고, 4인의 경우에는 2인씩 2개조로 운영하는 방안(5인의 경우 2인과 3인으로 구분 배정)을 고려하는 방안(이진로 2002)이 있다.

TV토론 선정대상자의 선정기준은 원내교섭단체를 구성하고 있는 정당의 후보자와 전체 유권자의 지지율을 고려하여 선정하되 1차 선정기준은 2인에서 3인 이내로 선정하는 것이 바람직하다. TV토론 과정이 3차 과정을 거치면서 이루어진다는 점을 고려한다면 선정기준에 따라 운영방식이 변화할 수 있는 여지의 제도적 장치를 만들어야 한다.

한국에서 처음으로 실시된 제15대 대통령 후보 초청 합동토론회는 3회에 걸쳐 실시되었다. TV토론에는 법적으로 정당한 모든 후보의 참가가 가능해야 한다. 그러나 후보자 간 합리적인 토론의 진행과 정책토론을 유도하기 위해서는 후보자 모두가 토론에 초청대상자로 선정되는 것은 문제가 적지 않다.

대선방송토론위원회에서 발표한 후보자 초청기준은 원내교섭단체의 후보이거나 5개 이상의 중앙 종합일간지와 3개 TV방송사가 후보등록일 10일간 실시한 여론조사에서 평균 10% 이상의 지지도를 나타낸 후보를 초청하였다. 이 경우 후보자들의 공평성에 문제가 제기될 수 있다. 그러나 너무 많은 후보자가 난립하면 토론회 자체를 진행할 수가 없다.

미국의 경우 1980년 선거에서 여성유권자연맹은 국민의 지지도 15%가 넘는 무소속의 앤더슨(Anderson) 후보를 토론대상자에 포함시켰으나 당시 현직 대통령인 카터(Carter)의 거절로 인해 레이건(Reagan)과 앤더슨이 토론에 참여했고, 그후 앤더슨의 지지율이 15% 이하로 떨어지면서 제외되자 카터와 레이건 둘만이 토론을 진행한 바 있다. 또한 1992년 선거에서 대통령 토론위원회는 후보자의 전국적 조직 보유, 뉴스 가치와 경쟁력 보유, 그리고 국민적 관심도를 기준으로 공화당의 현직 대통령 부시(Bush)와 민주당의 클린턴(Clinton), 페로(Perot) 후보가 토론회에 참여하였다(이효성 1997, 119).

TV토론 후보자 선정문제는 TV토론을 원만하게 진행해야 하는 기술적인 문제이지 당위적인 문제는 아니다. 다만 TV토론을 시청하는 유권자의 이해와 합리적 판단을 유도할 수 있는 방법론이 최우선적으로 고려되어야 하겠다.

3. 사회자 선정과 패널리스트 구성

TV토론에 있어서 사회자와 패널리스트들의 역할은 매우 중요하다. 사회자의 진행방식의 객관성과 역할에 따라 토론의 질적 수준이 결정된다고 해도 과언은 아니다. 사회자는 특히 선거쟁점이나 이슈, 또는 공약을 후보자 간의 차이점을 부각시키고 경쟁을 유도해야 한다는 측면에서 중립적인 인사 가운데 선정되어야 한다. 특히 특정 정당이나 후보자가 기피하는 인물이 아니어야 하고, 정치 · 사회와 경제 등의 각 분야에 전문적인 지식을 갖추고 있는 교수나 언론인, 시민운동가 중에서 지명도가 있고 비정파적인 인물이어야 한다.

TV토론의 사회자는 특정 후보나 정당에 편향되지 않고 방송진행 능력을 갖추어야 한다. 사회자는 원만한 진행을 위해서 폭넓은 주제의 질문을 제기하고, 답변에 대한 이해를 바탕으로 하여 후속 논의를 이끌어 가야 한다. 사회자는 토론이 정책대결을 지향할 수 있도록 의제를 통제 · 조정하고 중재하는 권한을 부여받는다(이진로

2002).

2002년 대통령 선거 사회자는 후보자의 답변순서나 시간을 알려주는 타이머 역할 이외에는 아무 것도 하지 못했다는 지적을 받았다. 사회자가 후보자들에게 발언순서나 알려주고 타이머 역할만 하고 있는 현재의 제도에서는 사회자의 역할은 지극히 제한될 수밖에 없다. 사회자에게 좀더 많은 권한을 부여하여 선거쟁점을 이끌 수 있도록 사회자의 자율성을 어느 정도 확보하는 것이 시급하다. 좀더 깊이 있는 토론회가 될 수 있도록 하기 위해서는 후보자들도 대승적 차원에서 토론회에 임해야 함은 물론이고, 상대 후보의 개인 신상에 대한 공격이나 일삼는 토론회는 국민들의 정치의식이 허용하지 않을 것이다.

다음으로 패널리스트의 역할이다. 패널리스트는 각각의 후보자가 정책에 관한 구체적인 의견을 제시할 수 있도록 토론을 유도하고, 후보자들의 책임 있는 답변을 종용하며, 일반 유권자들의 궁금한 사항을 대신하여 질문할 수 있어야 한다. 후보자가 핵심을 회피하거나 동문서답하는 식의 나 홀로 답변을 하는 경우 보충질문을 해서 구체적인 답변을 유도함은 물론이고, 사변적이고 지나치게 선정적인 언쟁으로 빠지는 상황을 사전에 조율할 수 있는 전체적 안목을 갖춘 사람이어야 한다.

패널리스트들의 이러한 속성은 토론진행의 중립 선고와 객관성을 지향해야 한다는 당위성 때문에 어느 후보도 이기지 않는 이슈를 다루게 된다. 따라서 후보자 간 정책의 차별성을 부각시키지 못하고 유사성만을 증가시켜 토론이 하나의 무의미한 말잔치에 공중파 방송의 낭비만을 자초하게 되는 우려가 크다.

이와 같은 우려를 고려하여 패널리스트 선정은 중요한 과제가 아닐 수 없는데, 권호영 외(1997)는 사회 각계각층의 대표인사를 선정하는 경우, 사회자가 대행하는 경우, 청중이 담당하거나 아니면 앞의 세 층의 동시 참여 등 네 가지 구성방안을 제안하고 있다.

먼저 패널리스트가 분야별 전문가일 경우에는 전문적인 지식을 바탕으로 후보자의 구체적이고 깊이 있는 정책대안을 토론주제로 이끌 수 있지만 일반 유권자나 공중의 의제와 무관할 우려가 있다. 다음으로 언론인 출신일 경우에는 폭넓은 관심사항과 해박한 지식으로 인해 부드러운 토론진행과 흥미있는 논쟁이 가능하지만 역시 유권자의 질문내용과 무관할 수 있고, 지나치게 여론에 치중한 선정적인 토론으로 진행될 가능성이 있다. 마지막으로 시민이나 시민대표 중에서 선정할 경우에는 시민의 공중의제를 곧바로 후보자에게 전달할 수 있는 반면, 정책에 대한 전문성이 부재하여 지속적인 질문과 토론이 곤란하다. 또 특정 후보자에게 유리하거나 불리한 질문을 제기할 경우 편파성 시비로부터 자유스럽지 못하다는 지적이 있다.

패널리스트의 선정문제는 이와 같은 여러 문제점이 대두되는데, 이러한 현상의 후보자의 당선 가능성과 토론 진행과정에서 유 · 불리의 문제와 맞물려 TV토론이 어렵게 하는 요인으로 작용한다. 따라서 패널리스트 선정은 각계의 전문가와 언론인 그리고 시민대표가 함께 구성되는 제도방안이 모색되어야 한다.

Ⅳ. 세계 각국의 TV토론 정치

1. 미국의 TV토론 정치 도입과 발전

미국의 TV토론은 1960년 케네디(Kennedy)와 닉슨(Nixon) 선거전에서 신기원을 이루면서 시작되었다. 당시 정치적으로 신인이었던 케네디는 당시 부통령으로 정치적 거물이었던 닉슨을 상대로 TV토론한 결과 패기에 찬 케네디를 유권자에게 알리는 데 주효했다. 케네디는 TV를 통해 전국적인 인물로 부각되었고, TV를 통한 이미지 창출에 성공함으로써 거물 정치인 닉슨을 물리치고 선거에 승리할 수 있었다.

이후 TV토론회는 16년 뒤인 1976년에 다시 부활되어 2004년 부시(Bush) 대통령과 케리(Kerry) 후보의 선거까지 정기적으로 TV토론이 개최되었다. 이전에는 후보자측의 상호 신경전 때문에 3번의 대선과정에서 후보 토론회는 열리지 않았다. 오랜만에 재개된 1976년 토론회와 뒤이은 2번(1980, 1984)의 토론회는 언론사가 아닌 여성유권자연맹(The League of Women Voters)이 주관하였다.

미국의 대통령 TV토론은 언론사나 시민단체가 토론을 주관하기 때문에 후보자들에게 참여를 강요할 수 없다는 문제가 자주 제기되었지만 1987년에는 마침내 대통령 후보 토론을 전담하는 위원회(Commission on Presidential Debates : CPD)가 탄생하였다. 이 위원회는 비영리, 초당파 법인으로 1988년부터 미국 대통령 후보 토론회를 주관해 왔다. 이 위원회는 정부나 공공기관의 재정보조를 일체 받지 않고 사적인 단체의 후원에만 의존한다.

토론위원회가 진행한 대통령 선거에서 1988년의 부시(Bush)와 먼데일(Mondale), 1992년의 클린턴(Clinton)과 부시 등의 선거전에서 승리자는 모두 선거전의 우세 유지 혹은 열세 만회에 TV토론 정치의 덕을 보았다고 할 수 있다. 당시 예외적으로 제3의 후보인 페로(Perot)가 참석하는 3자간 토론이 이루어졌다.

1996년 미국 대통령 선거 때 클린턴(Clinton)과 돌(Dole) 후보도 TV토론을 통해 선거전을 치렀다. 2회에 걸쳐 실시된 토론회에서 9천만 명의 시청자가 본 것으로 조사되었다. 이 토론회에서는 '미스터 공정성(Mr. Fairness)'이라는 별명을 가진 레러(Lehrer)가 진행을 했다. 또한 부통령 후보인 고어(Gore)-캠프(Kamph)도 한 차례 토론회를 가졌다. 이와 같이 미국에서는 TV토론 정치가 보편화되어 있다. TV에 대한 정치 의존도가 증가하면서 TV가 각종 선거에서 결정적인 영향을 미칠 정도가 되었지만 그에 따른 역기능이 나타나는 것은 부인할 수 없다.

미국 토론위원회는 법적 기구가 아니고 양당이 합의해서 만든 특별기구이다. 이 토론위원회에서는 구체적 시행에 관하여 법에 의거한 결정을 내리지 못한다. 토론위원회의 안은 권고형식으로 후보자에게 제시되며, 후보들이 동의해야 최종안으로 확정된다. 정부나 특정 단체의 지원을 받지 않기 때문에 초당적으로 운영되고 있으며, 토론진행 문제에 관해서는 후보자들과 협의해서 최종안을 확정하기 때문에 형평성 시비는 비교적 없는 편이다.

미국의 TV토론의 진행은 사회자 또는 앵커가 맡는다. 토론회는

TV토론이 어떤 형식으로든 좀더 자유롭고 유권자의 관심을 끌기 위해서 고심한 끝에 2000년도 토론회 포맷을 발표하였다.[31] 토론위원회는 토론진행 과정에서 좀더 자유롭고 숨김 없는 관점의 교환을 촉진하기 위한 방안을 제시한 것이다. 토론위원회의 공동의장을 맡고 있는 커크(Kirk)와 파렌코프(Fahrenkopf)는 딱딱함을 피하고 주요 안건에 대하여 충분한 토의를 할 수 있도록 사회자와 토론자가 한 테이블에 앉아 대화하는 새로운 포맷을 선보였다.

국민들이나 유권자들은 각 정당의 후보자들이 선거쟁점이나 공약에 대한 국가 중대사를 놓고 심층적인 논의를 하고 설전하는 모습을 한눈으로 볼 수 있는 기회를 갖게 되었다. 후보자들 또한 자유로운 분위기에서 선거쟁점 사항에 대한 심층적인 논의를 할 수 있는 계기를 만들었다.

사회자는 각 후보자들에게 질의할 질문을 선정하고 후보들 사이에 반박의 기회를 주며 후보자들의 제한 발언시간을 준수하게 하는 등 토론진행에서의 기술적 주인으로서의 역할을 담당한다. 후보자들은 일반적으로 별도로 발언시간을 제한받게 되며, 상대 후보의 반격에 대해 재반론할 기회를 가진다.

2. 프랑스의 TV토론과 정치적 특성

프랑스 대통령 선거는 결선투표 방식을 취하는데, 1차 투표에서

31) www.debates.org/

가장 득표를 많이 얻은 두 후보를 대상으로 2주 뒤에 다시 투표하여 최다 득표자가 당선된다.

프랑스의 TV토론은 1974년 대통령 선거에서부터 시작되어 매 7년마다 치러진 대통령 선거에서 유권자들의 의사결정에 중요한 역할을 담당하였다. 프랑스 대통령 TV토론은 최종 두 후보 사이에서 치러진다는 점과 한번만 토론회를 갖는다는 점에서 유권자 및 언론으로부터 관심을 받고 있다.

토론방식은 미국과 상당히 차이가 있다. 미국은 앵커가 후보자들을 마주보고 있고 후보자들끼리는 서로 평행하게 좌석이 배치되는 반면, 프랑스의 경우는 두 후보자가 서로 한 테이블을 사이에 두고 정면으로 마주 앉는다. 결국 미국의 무대배치가 상대적으로 중립적인 성격을 띤다면, 프랑스의 배치는 상당히 갈등적이면서 긴장감을 줄 수 있는 가까운 거리를 유지하여 토론에 임한다.

사회자의 역할도 다르다. 프랑스의 사회자는 보통 2명이 사회를 보는데, 미국과 비교할 때 거의 아무런 역할도 하지 않는다. 사회자는 방송사측이 제시한 언론인 가운데 각 후보 진영에서 합의한 두 명이 공동으로 진행한다. TV토론 시작에 각 후보를 소개하고, 토론진행 방식에 대한 간략한 소개를 할 뿐이다. 그들은 TV토론이 자신들이 후보자들을 인터뷰하는 자리가 아님을 확실히 언급한다. 진행측은 각 후보자가 3분 안에 질문에 답변하고, 상대 후보의 말을 존중하며, 대통령 후보로서 품위와 자격을 보전한다는 것을 미리 주지시킨다. 토론회는 주제별로 분류하여 국내정치, 경제, 사회, 유럽 및 국제관계로 설정하여 토론을 진행하되 토론 중간에 간단한 내용에 대한 질문을 하거나 한 테마에서 다른 테마로 이동한다.

실제 토론은 후보자들 사이에서 직접 이루어지게 된다. 후보자는 한 테마 내에서 자신에게 할당된 시간을 자신이 원하는 방식대로 사용할 수 있다. 상대 후보에게 직접 질문을 하고, 공격을 하기도 하며, 그 역시 상대 후보자의 질문에 직접 답변하고 응수한다. 이는 후보 사이의 직접적인 질문이 금지되어 있는 미국 토론방식과 가장 확연히 구별되는 프랑스 토론방식이다.

3. 한국의 TV토론 정치

한국은 1995년 서울시장 선거에서 후보자 TV 합동토론이 처음 도입된 이후 2006년 광역자치 선거까지 후보자 TV토론이 선거제도로 매우 중요한 역할을 하고 있다. 미디어를 이용한 TV토론이 미치는 영향력은 무시할 수 없을 만큼 매우 크다. 유권자 입장에서 보면, 후보자 간의 직접적으로 비교평가가 가능하고 유권자에게 실질적인 정보를 제공하는 수단이 되고 있다.

한국은 1997년 선거법에 의해 대통령 선거 후보자 TV토론을 의무화했다. 2000년에는 선거법 개정을 통해 대통령 선거는 물론 도지사 선거에서도 TV토론을 하도록 법적으로 명문화했다. 미국과 프랑스는 사회제도적 차원에서 TV토론을 정착시켜 가는 반면, 한국은 법적 장치를 통하여 TV토론을 실시하고 있다.

한국은 첫 토론회부터 선거법에 기초한 대통령선거방송토론위원회가 토론을 주관하였다. 이 토론위원회는 KBS와 MBC가 공동

출자한 '공영방송사'에 의해 후원되고 조직되며, 위원회는 "방송법인, 언론학계, 대한변호사협회, 언론인단체, 시민단체, 국회에 의석을 가진 정당이 추천한 각 1인"으로 구성된다.

선거관리위원회는 2002년 대통령 선거를 거치면서 선거방송토론위원회의 상설화를 준비해 왔다. 선거관리위원회가 TV토론을 선거운동 방식으로 도입한 것은 TV토론의 가진 긍정적인 면을 적극 활용하여 돈이 들지 않는 선거풍토를 조성하여 새로운 선거문화를 정착시키겠다는 의지에서이다. 사실 선거과정에서 이루어지는 TV토론에 대한 평가는 매우 이중적이다. 즉 긍정적인 면과 부정적인 면이 동시에 존재한다.

이번 17대 국회의원 선거는 획기적으로 미디어 선거시대에 걸맞도록 제도를 도입했음에도 불구하고 선거법 개정이 투표일 불과 37일을 앞두고 성급하게 이루어졌기에 참다운 의미의 미디어 선거시대 혜택을 유권자나 후보자 모두 누릴 수 없었다. 선거법 개정에 따라 선거방송 토론을 운영할 선거방송토론위원회 역시 성급하게 구성되었고, 선거방송토론위원회가 주최하는 TV토론 개최 역시 여러 가지 문제점을 가질 수밖에 없었다. 그러나 시간적으로 촉박했음이 이번 선거에서 모든 문제에 대해 면죄부를 줄 수는 없을 것이다.

V. 선거방송토론위원회 구성과 운영방식

1. 토론위원회 구성

공직선거 및 선거부정방지법(이하 선거법)에 따르면 공영방송사가 선거방송토론위원회를 구성하고 TV토론을 주최하던 방식에서 개정된 선거법은 각급 선거관리위원회가 선거방송토론위원회를 구성해야 한다고 명시하고 있다. 이에 따라 중앙선거방송토론위원회가 구성되고 사무국이 설치되었다. 시·도 선거방송토론위원회와 전국 243개 지역구에도 지역선거방송토론위원회가 해당 선거관리위원회에 의해 구성되었다.

선거방송토론위원회는 중앙선거방송위원회와 각급 선거방송토론위원회 구성방식을 제시하고 있다. 국회에 교섭단체를 구성하는 정당 및 공영방송사가 추천하는 각 1인과 방송위원회, 학계, 법조계, 시민단체가 추천하는 자, 기타 학식과 덕망 있는 자를 포함하여 각급 선거관리위원회에서 위촉하는 9인(중앙선거방송토론위원회에 있어서는 11인[32]) 이내의 위원으로 구성하며, 위원의 임기는 3년으로 한다. 3개

32) 제17대 국회의원 선거 중앙선거방송토론위원회의 위원장은 이성춘(언론인, 선거관리위원회 추천), 상임위원은 김호열(중앙선거관리위원회 선거관리실장), 위원들은 김용호(인하대, 한국정치학회), 김주원(변호사, 대한변협), 배귀섭(MBC), 신대근(방송인, 한나라당 추천), 신호창(서강대, 새천년민주당 추천), 윤종보(방송위원, 방송위원회 추천), 이명회(시민운

지역구에서도 9인 이내의 위원들로 토론위원회가 구성되었다.

각급 선거방송토론위원회의 위원장은 위원 중에서 1인을 호선한다. 중앙선거방송토론위원회에는 1인의 상임위원(1급 공무원 신분)을 두는데, 중앙선거관리위원회가 위원 중 1인을 지명한다. 이번 선거에서는 10인의 토론위원이 위촉되었는데, 중앙선거관리위원회 소속 공무원이 토론위원으로 추천되고 상임위원을 겸직하고 있다.

TV토론은 대선 3회 이상, 시도지사 선거 1회 이상을 공영방송사(KBS와 MBC)가 개최하도록 했다. 그리고 토론회에 관한 자세한 사항은 새롭게 만들어진 '토론위원회'에서 정하도록 규정했다. 토론위원회는 원내교섭단체를 구성한 정당, 방송사, 방송학회, 변호사협회, 시민단체 등에서 추천하는 인사로 구성하도록 규정했다. 한시적 기구로 마련된 토론위원회는 토론에 초청할 후보의 선정기준으로 다음의 두 가지 조건 중 하나 이상을 충족시키는 경우로 하였다. 첫째, 원내교섭단체를 구성한 정당의 후보, 둘째, 3개 이상의 종합일간지와 두 공영방송사가 조사하여 보도한 후보 등록 이전 20일간의 여론조사 결과 평균 5% 이상의 지지를 받은 후보. 이런 기준에 해당되지 않는 후보자에 대해서는 별도의 대담이나 토론의 기회를 부여하도록 의무화했다. 대통령 선거 TV토론은 지지율 10%로 해야 한다는 주장에 대해서는 일부의 불만이 있다.[33]

동가, 시민단체 공선협 추천), 이성완(KBS), 이순영(한세정책연구원, 열린우리당 추천)이다.

33) 민주노동당의 경우 지난 지자체 선거에서 8%의 지지를 얻었으나 TV토론에는 초대되지 못했다. 토론회가 마련한 5% 기준으로 본다면 당연히 TV토론에 초대됐어야 했으나 그렇지 못했다. 이런 지지율의 결과를 예측하

미국의 TV토론은 1975년 아스펜 규정(Aspen Ruling)이 만들어지면서 군소정당 후보를 배제할 수 있는 법적 근거를 만들었다. 만약 비방송업체들에 의해 주최되거나 완전히 생방송으로 보도된다면 군소정당의 입후보자에게 동등시간을 할애하지 않아도 된다.

주요 정당의 후보자나 군소정당의 후보자 또는 무소속 등이 동등하게 토론을 하기 위해서는 객관적 선정기준이 마련되어야 한다. 현행 TV토론 참여기준은 원내교섭단체를 구성한 정당, 혹은 여론조사 결과 10% 이상의 지지율을 나타내는 후보자에 한하여 명시하고 있다.

2. TV토론 방송 운영방식

TV토론 참여기준은 당해 정당의 대표자가 지정하는 1인 또는 수인을 초청하여 2회 이상 TV토론을 개최하도록 규정하고 있다. 구 · 시 · 군 선거방송토론위원회는 지역구 국회의원 선거의 후보

지 못했기 때문이다. 이에 앞서 민노당 서울시장 이문옥 후보는 KBS를 상대로 '토론회 개최 금지 가처분 신청'을 요구하기까지 했다. 방송의 공익성과 공정성에 문제를 제기하며 헌법상 선거운동의 기회균등권(헌법 제116조 1항)과 평등권(헌법 11조) 및 공무담임권(헌법 제25조)을 침해당했다고 주장한 것이다. 이에 대해 법원은 기각을 통보했다. TV토론에 참여자의 기준수치를 5%로 할 것이냐 10%로 할 것이냐는 정치적으로 중요한 문제다. 인지도가 낮은 정치후보자들에게는 TV토론이 자신의 입지를 강화할 주요 수단으로 작용하지만, 그렇지 않는 상대 후보자들에게는 지명도가 낮은 후보자와의 토론은 오히려 토론의 질적 문제와 토론의 수준이 저하되는 방향으로 흐르는 것을 경계하고 있다.

자를 초청하여 1회 이상의 대담 · 토론회 또는 합동방송연설회를 개최하여야 한다.

비례대표 국회의원 선거의 경우, 국회에 5인 이상 소속의원을 가진 정당의 대표자가 지정한 후보자, 중앙선거관리위원회 규칙이 정하는 바에 따라 언론기관이 선거기간 개시일 전 30일부터 선거기간 개시일 전일까지의 사이에 실시하여 공표한 여론조사 결과를 평균한 지지율이 100분의 5% 이상 지지를 얻은 정당의 대표자가 지정한 후보자로 규정하고 있다. 지역구 국회의원 선거에서는 입후보하여 유효 투표수의 100분의 10% 이상을 득표한 후보자를 TV토론 참여자로 규정하고 있다.

토론진행은 각급 선거방송토론위원회 위원장 또는 그가 미리 지명한 위원이 대담 · 토론회에서 후보자가 이 법에 위반되는 내용을 발표하거나 배정된 시간을 초과하여 발언하는 때에는 이를 제지하거나 자막 안내하는 등 필요한 조치를 할 수 있다. 또한 대담 · 토론회장에서 진행을 방해하거나 질서를 문란하게 하는 자가 있는 때에는 그 중지를 명하고, 그 명령에 불응하는 때에는 대담 · 토론회장 밖으로 퇴장시킬 수 있다.

Ⅵ. TV토론의 정치적 역기능과 그 한계

TV토론은 매체 속성상 정치에 무관심했던 유권자의 관심을 높이고 투표결정에 중요한 역할을 수행하는 기능을 갖는다. 또 과거 많은 돈으로 청중을 동원하는 대규모 세몰이 선거풍토의 폐해를 차단하고 저비용 고효율의 선거문화를 개선하는 데도 기대치가 높다. 그러나 그 기대치와는 달리 수행역할에 따라 역기능적 요소와 그 한계 또한 만만치 않다.

1. 의제설정과 이슈화의 문제

선거에서 쟁점은 정치적으로 무관심한 유권자의 흥미를 유발하는 주요 사항이다. 쟁점이 없는 선거는 유권자의 등을 돌리게 하거나 냉소를 자아내게 만든다. 그러나 선거쟁점에 관한 사항들은 후보자들에게 귀속되는 문제이다. 패널의 질문에 달변으로 둘러대기식 임기응변의 답변으로 일관한다든지 토론주제와 상관없이 상대방의 사적인 문제를 들추거나 후보자들의 과거 행적을 비방하는 토론은 선거쟁점을 형성하기 힘들다.

후보자들이 시간이 제한돼 있다는 점을 악용해 토론의 흐름과 상관없이 자기 주장만 일방적으로 늘어놓거나 말꼬리만 잡고 늘어져 논점을 흐리게 할 수 있다. 후보자들은 유권자들의 눈과 귀가 쏠려 있다는 점을 무겁게 받아들여 토론규칙을 지키는 알맹이 있는 정책공방을 해야 한다.

또한 사회자의 역할이 중요하다. 토론자들에게 발언순서나 알려주고 타이머 역할만 하는 현행 TV토론 방식은 선거쟁점을 이루거나 이슈화하기 힘들다. 게다가 3자 간의 토론은 기술적으로도 한계가 있다. 3자 간 토론이 이루어질 경우 상대와 주적이 불분명하다.

양당제도가 확립된 미국에서도 3인의 후보가 토론을 벌인 예가 있었다. 당시 3인 토론은 퀴즈식, 나열식이었다는 비난을 피할 수 없었다. 3자 대결의 토론은 대결의 초점이 분산되고 혼란스러움마저 준다. 양강 구도의 대결은 집중력과 긴박감을 주지만 3인 토론은 이슈를 분산시키고 주제를 희석하게 되어 토론의 의미를 잃을 가능성이 높다. 초기의 토론에서 인신공격형 상호 비방식 공격이 과거에 비해 거의 없어 진일보한 측면을 보였지만 선거에서 흑색선전 폭로전은 유권자의 올바른 판단에 공해로 작용한다.

유권자는 누가 국가경영의 적임자인지, 정책공약의 차이, 비전 제시, 국정운영 능력과 자질 등을 면밀히 검토 · 분석하여 이성적 판단을 해야 한다. 사회자 또는 패널은 의제선정에 있어 개방성은 기본이며, 특화된 주제를 제시하여 집중 토론을 유도하는 것이 바람직하다. 여기에 후보자 간 건전한 정책대결이 이뤄질 수 있도록 상호 비방 금지조항이 있어야 한다.

과거의 한국 대통령 후보의 TV토론은 토론의 주제가 지나치게 광범위하거나 정치적으로 민감한 문제에 대해서 원만한 토론이 이루어지지 못했다. 예를 들어 상호 토론의 주제가 '정치 · 외교 · 안보 · 통일', '정치개혁과 부패방지' 등 너무 포괄적이어서 후보들의 답변이 모호하거나 '부패방지법', '특검제' 등 정치적으로 민감한 문제는 쟁점을 부각시키기 어려웠고 후보자 간 차별화를 이룰 수도 없었다. 또한 토론의 이점을 최대한 끌어내려면 유권자들도 준비하지 않으면 안 된다. 미리 후보들의 기본 정책 차이를 숙지하고 그 내용이 제대로 소화된 것인지, 달라졌다면 왜 달라졌는지, 저질 공격은 없었는지를 면면히 살펴보는 지혜가 필요하다.

2. 진행상 문제

TV토론의 가장 핵심은 공정성과 형평성이다. 만약 진행자, 패널의 주관적 발언과 불공정한 진행 또는 전문성과 다양성이 결여된 진행이 이루진다면 이는 비판을 면하기 어렵다.

지금까지 TV토론은 엄격한 시간제약과 판에 박힌 틀, 빨간불과 노란불의 진행 등 마치 퀴즈 프로그램을 연상시켰다. 공정성 확보로 불가피하다고는 하겠으나 1분 질문에 1분 30초 답변으로 심도 있는 충분한 토론이 없어 유권자의 후보 검증 판단에는 역부족이다. 또한 잦은 횟수의 초청토론으로 매체 채널별로 차별화되지 않은 비슷비슷한 천편일률식 형식과 내용은 선거과열과 방송파 매체 낭비를 부추기는 결과를 초래한다. 예를 들어 2002대선에서 1월부터 시작된 양당 후보 경선 TV토론만 35회 치렀다. 선거일 전 120일부터 자율적으로 개최할 수 있는 초청토론이 무려 87회나 이뤄져 중앙과 지역 매체 채널별 특성과 기능이 비록 다르다 해도 과히 과열경쟁으로 남발된 양상이다.

후보자 입장에서도 방송과 매체를 선별할 수 없는 입장이다. 한 후보가 1주일에 몇 번씩 토론에 참여하다 보니 되풀이되는 내용에 유권자는 식상하기 마련이다. 이는 선거토론의 남용이요, 유권자에게 도움보다는 오히려 전파 낭비만을 부추길 수도 있다.

TV토론의 진행상 경직성 때문에 유권자의 선택에 도움을 주지 못한다. 토론회란 상대방의 입장을 존중하면서 자신의 견해와 정책적 대안을 제시하는 비교의 장이 되어야 함에도 불구하고 경직된 규칙과 시간제한에 막혀 차별성이 부각되기보다는 도토리 키재기식의 말잔치가 된다면 유권자를 안방으로 유도한 TV토론의 참의미를 상실하게 되는 것이다.

TV토론을 맡은 진행자와 방송사가 지나치게 '공정성'이라는 형식적 틀에 얽매여 발언시간과 기회를 지나치게 제약하다 보니 토론의 흐름이 끊겨 결과적으로 맥 빠진 토론이 되었다는 비난을 면키 어렵다. 후보들의 발언시간과 순서에 기계적으로 공정성의 잣대를 갖다대 토론이 원활하지 못했다. 특히 A후보가 B후보에게 물었는데도 순서상 다른 후보가 먼저 대답해서 흐름이 끊기는 경우가 많았다. 유권자들은 양자 대결을 원하는데 이를 반영할 방법이 필요하다. 발언 후보 외에 다른 후보의 표정도 카메라가 잡을 수 있도록 관련 규정을 바꿨는데 전혀 반영되지 않아 아쉬웠다. 다른 후보가 말할 때 듣는 표정도 의미가 크다.

후보자들이 대부분 적극적 공격보다 '지지 않는' 전략을 쓰고 있기 때문에 논쟁보다 자기 할 말만 하는 경우가 많다. 특히 사회자가 준비해 온 6개의 질문은 추첨을 통해 질문할 후보가 결정돼 맥이 빠졌고, 특정 후보에 맞는 쟁점을 질문해야 자세한 검증이 이루어질 수 있을 것이다.

특히 새로 도입된 1대 1 토론은 실패였다. 박진감 넘치는 면도 있었으나 전반적으로 정책검증이 아닌 정치공방으로 흘렀다. 1분 30초 안에 '통일방안을 설명해달라'는 요구가 어떻게 가능한가. '정치개혁과 부패척결'을 주제로 한 상호 토론에서는 주제가 있었는

데도 정책토론이 이뤄지지 않았다. 사회자가 단순히 시간과 순서를 잴 것이 아니라 소주제와 논점까지 준비해 와 정책대결을 이끌어야 한다. 시청자 참여가 제한돼 있는 가운데 패널 · 질문 선정 등이 닫힌 구조에서 이뤄지고 있는 것이 큰 문제이다.

3. 이미지 조작과 대중화 문제

TV토론은 이성보다는 감성으로 후보자의 외향적 모습인 제스처, 표정, 스피치 등 이미지 선거 경향으로 흐르기 쉽다. 즉 유권자의 합리적 선택을 유도하기 위한 토론보다는 TV 화면에 비춰진 '만들어진 이미지' 에 의해 후보를 평가하게 되고 투표로 연결되는 경향이 강하다. 즉 다시 말하면 TV토론은 토론이라기보다 상호 "정치선전의 장"으로 전락하고 후보자의 차별화보다는 상대 후보를 격하시키는 토론이 문제이다.

또한 당선만 되고 보자는 선거공약의 남발 문제라든가 아니면 당대 후보와 차별 없는 똑같은 선거공약을 제시하여 유권자들을 현혹시키는 문제 등 TV토론 과정에서 검증되지 않는 후보자 토론의 질적 문제가 대두된다. TV토론은 공약을 비교하고 검증하는 장치이기도 하지만 이와 같이 역기능도 적지 않다. TV는 본질보다 이미지를 전달하기 때문이다. 사람들은 특정의 자질(대통령의 자질 또는 광역자치단체장의 능력)과는 별 관계가 없는 말솜씨와 제스처, 용모, 의상, 임기응변 등을 통해 후보자를 판단하고 있다. 곧 후보자의 포장과 디자인이 이미지를 좌우한다.

TV토론은 영상매체의 특성상 이성보다 감성에 호소하고 정책내용보다 이미지 전달로 흐를 위험성이 있다. 시간에 쫓겨 후보들이 자신의 뜻을 충분히 펴지 못하는 폐단도 지적된다. 유권자 처지에서도 후보 간 정책 차이가 분명히 드러나지 않아 미흡한 느낌을 갖게 된다. 이런 아쉬움은 토론진행의 공정성과 후보자 간 형평성에 역점을 둬 엄격히 짠 규칙 탓도 있을 터이다. 틀에 얽매여 토론의 흐름이 끊기고 긴장감이 떨어지는 측면도 있었다.

4. 법 · 제도상 문제

그동안 선거법에도 없는 탈법적 TV토론인 당내 경선과 양당 후보 단일화 여론조사를 위한 토론이 선관위의 취재보도 차원의 유권해석으로 이뤄졌다. 헌정사상 유례없는 단일화의 경우 국민적 관심사라 해도 TV토론 주최, 내용 면에서 여타 후보와 공정성에서 문제점을 남겼다. 돈 안 드는 선거공영제나 미디어 정치 개혁안이 국회에서 맴돌고 말았다. 토론기간과 횟수, 독립적 토론 주최, 토론위원회 설치, 초청자 기준 등 선거법에서 재정비되어야 할 사항이 한두 가지가 아니다. 올바른 선거문화 정착을 위해 국민의 여망을 직시하고 국회부터 나서야 한다.

Ⅵ. 맺음말

현대사회에서 민주주의는 그 위기에 직면하고 있다. 이러한 징후는 미디어가 발달한 현대사회에서 더욱 두드러지는 특징으로 나타난다. 이미 국민들은 정치에 대해 무관심하고, 나아가 냉소적이며, 이는 정치인과 정치권에 대한 불신과 부정적 관점, 여기에 따른 정치참여의 부족에서 잘 나타나고 있다. 선거 때만 되면 정치권과 언론은 으레 국민들에게 선거과정과 투표에 참여할 것을 강조한다. 그러나 실제 일반 대중이 선거과정에 참여하기란 쉽지가 않다.

그러나 TV의 보급 확산은 TV를 정치의 중심에 자리잡도록 영향력을 발휘하고 있다. TV가 갖는 친화력은 정치적 문제에 대한 유권자들의 흥미와 관심을 유도할 뿐만 아니라 참여기회의 장이 되기도 한다. 또한 TV는 국민들의 중요한 정보를 제공해 주는 가장 믿을 수 있는 매체로 자리하고 있다. 일반인들의 TV에 대한 의존도가 높아지면서 TV의 정치적 영향력 또한 커지고 있다. TV토론 정치는 대중연설이나 길거리 선거를 안방선거로 바꿔놓을 만큼 막강한 힘을 갖고 있다. 정치로부터 소외되어 왔던 계층이나 유권자들의 관심을 집중시키고 정치참여의 기대효과를 상승시키는 역할을 다하여 왔다.

TV토론 정치는 TV의 강점을 최대한 발휘하여 선거과정에서 후보자들을 직접 비교할 수 있는 기회를 제공해 준다. 다른 사람에 의해서 형성된 여론보다는 TV토론에 직접 출연한 후보자들을 직접 대면할 수 있고, 무엇보다도 유권자 입장에서는 다양한 선택의 기회를 제공해 주고 있다. 즉 TV토론은 후보자들의 정책과 정치적 능력 그리고 인물을 안방에서 TV를 통해서 한눈으로 비교 · 평가할 수 있다. 나아가 선거운동 과정에서 고비용 저효율의 선거문화를 획기적으로 개선시킬 충분조건을 갖추고 있다.

그러나 TV토론 정치가 활성화되고 순기능적으로 발전하기 위해서는 해결해야 할 문제들이 적지 않다. 먼저 토론 후보자 선정문제에서부터 토론과정에서의 공성성과 형평성 문제에 이르기까지 다양하다. TV토론 진행과정에서 사회자의 역할과 후보자 간 기회균등과 정책토론이 이루어지도록 진행과정의 기술적 부문이 개선되도록 노력해야 한다. 또한 지나친 TV토론의 잦은 횟수와 비슷한 토론진행 방식은 오히려 전파낭비라는 비난을 면키 어렵다. 방송국의 지나친 상업주의와 정치홍보 차원의 이벤트가 성행한다면 진정한 TV토론의 정착은 요원한 문제가 될 것이다. 다만 정치권이나 유권자들이 TV토론의 주체가 된다는 사실을 환기시켜서 바람직한 활용방안을 강구해야만 TV토론의 긍정적 가치를 극대화할 수 있을 것이다.

참고문헌

권호영 외. (1997). 『대선 텔레비전 토론방송 연구』 한국방송개발원.

이강형 · 김춘식 · 양승찬 · 권혁남. (2004). "후보결정에 대한 TV토론의 영향력에 있어서 정치 환경의 역할 : 제17대 국회의원 선거 캐페인," 『한국방송학보』 통권 18. 3.

이진로. (2002). "한국 대통령 선거 TV토론 포맷 연구," 『한국언론학회』 가을 정기학회대회.

이종수. (1997). "선거 TV토론과 시민저널리즘," 한국언론연구원.

이효성. (1997). 『대통령 선거와 텔레비전 토론』 서울 : 나남출판.

김환열. (1998). "한국의 선거 TV토론과 투표행태," 경북대학교 박사학위 논문.

정성호. (2003). "TV토론이 유권자의 인지변화에 미치는 영향에 관한 연구," 『한국언론학보』 한국언론학회, 통권 47호 6호.

Hellweg, S. A. Pfau, M. and Brydon, S. R. (1992). *Televised Presidential Debates : Advocacy in Contemporary America*. New Yark : Praeger.

Trent, J. S. & Friedenberg, R. V. (2000). *Political Campaign communication : Principles and practices*(3ed.), Westport, CT, Praeger.

Yawn, M., EIlworth, K. Beatty, B. & Kahn, K. F. (1998). I How . presidential primary debate changed attitudes of audience members, *Political Behavior*, 20.

chap. 7

정치광고의 미디어 활용과 효과성

Ⅰ. 들어가는 말

민주사회에서 국민의 대표자를 선출하는 선거는 정치과정에서 가장 핵심이다. 선거의 목적은 유권자의 지지를 얻어 상대를 제압하고 승리를 거두어 당선되는 것이다. 국민들의 지지를 받는다는 것은 여러 가지 요인에 의해서 가능하겠지만 그 주요 수단의 하나로써 정치광고가 있다.

정치광고의 연원은 오래되지 않았다. 정치사적 경험에 비추어 보면 선거제도가 도입된 이후 효과적인 선거를 치르고 승리를 하기 위한 하나의 정치과정으로 발전해 왔기 때문에 정치광고는 최근에 이르러 논의되었다. 특히 전자매체의 발달과 선거의 과학화는 단순한 국민들의 지지만을 바라던 과거의 정치행태와는 전혀 다른 모습으로 정치광고의 필요성이 요청된 것이다.

정치인들이 그들의 유권자들에게 자신을 알리는 가장 유효한 방법으로 정치광고를 사용한다. 선거과정에서 정치광고는 그 파급효과뿐만 아니라 선거의 승패를 결정할 만큼 영향력이 크다. 정치광고는 후보자와 유권자를 상대로 메시지를 통제한다는 특징을 갖고 있기 때문에 미디어를 통해 과학적이며 체계적으로 홍보할 수 있는 수단으로 작용하고, 미디어의 발달은 이러한 가능성을 앞당겨 주고 있는 실정이다.

또한 정치광고는 메시지를 전달하고자 하는 광고주가 광고의 대상인 유권자들에게 다양한 정보를 제공할 뿐만 아니라, 정책을 제시하고 후보자의 이미지를 유권자에게 전달하여 선거결과에 긍정적 영향을 극대화하기 위해 사용되어 왔다. 특히 선거기간 중에 행해지는 정치광고는 정당의 선거운동의 일환으로 유권자를 대상으로 하는 정강정책, 선거 후보자의 공약 등의 광고와 입후보자의 이미지 창출을 위한 이미지 광고, 선거 입후보자의 정견발표를 위한 정견 광고나 정치적 이슈에 대한 이슈 광고 등으로 세분하여 시행하고 있다. 그런가 하면 소구방법에 있어서 공격광고(부정광고)와 긍정광고, 정책(이슈)광고와 이미지 광고로 나뉘어 발전하여 왔다.

선거과정에서 광고주가 당선을 위해서 최종적으로 선택하는 광고는 공격적 또는 부정적 정치광고가 주를 이룬다. 공격적 정치광고의 기대효과는 논란의 대상이 되기도 하지만 유권자로부터 지지효과를 거둘 수 있다는 기대심리 때문에 가장 많이 사용되고 있다. 물론 공격적 정치광고가 정치적 의사결정과 행동에 영향을 미친다는 논의는 유권자의 정치적 관여도와 상황에 따라 달리 나타나기 때문에 그 기대효과를 속단하기는 어려우나 유권자에게 미치는 영향력이 가장 크다는 이유로 많이 사용되고 있고, 선거과정에서 계

속해서 증가추세에 있다.

공격적 정치광고는 유권자로 하여금 정치에 대한 부정적 이미지를 형성하게 되어 투표율의 하락과 정치적 무관심 또는 냉소주의에 빠지게 한다는 비난의 주장이 있다. 그러나 긍정적 정치광고에 비해 유권자의 태도와 행동을 결정한다는 이유로 선거과정에서 주로 사용되고 있다. 공격적 정치광고는 선거가 이성적 정책대결과 인물평가보다는 유권자의 감성을 유발시키고, 이러한 유권자의 감성은 유권자의 올바른 판단을 저해한다는 비난이 있지만 공격적 정치광고는 계속되고 있다. 그러나 공격적 정치광고가 후보자의 차별화된 태도의 양극화뿐만 아니라 유권자의 기억에 오랫동안 남아 있어 유권자의 합리적 선택을 돕는다는 주장도 있다.

무엇보다도 선거과정에서 정치광고는 점차로 증가추세에 있다. 특히 TV 정치광고의 효과는 극대화되는 추세에 있다. 모든 선거의 초점이 TV를 통하여 보여지는 후보자의 이미지에 연결되어 후보자와 유권자 간에 일체감이 선거의 결과로 결정되기 때문에 후보자들은 TV 정치광고에 사활을 건다. 지난 2004년 미국의 대통령 선거기간에도 정치광고의 비용이 3배 이상 들어가고 한국의 현실에도 TV의 정치광고는 급증하는 형편이다.

대통령 선거를 중심으로 정치광고에 대한 연구는 다양한 방법과 시각에서 연구되어지고 있으나 과연 정치광고의 얼마나 선거과정에서 그 효과가 검증되는가는 관심의 대상이다. 정치광고의 효과는 유권자들의 객관적 인식태도보다는 주관적 인식의 태도에 의해 결정된다. 따라서 정치광고의 연구도 유권자에게 어떠한 영향을 미치는가보다는 유권자가 정치광고를 어떻게 대하는가에 초점을 두고 연구되고 있다.

Ⅱ. 정치광고의 개념과 그 기능

1. 정치광고의 개념과 다의성

정치광고[34]의 개념은 다양하다. 정치광고는 정치라는 개념과 상업적인 목적이 담긴 광고가 혼합된 용어이다. 따라서 정치광고는 어떤 의미를 갖는지, 어느 영역까지가 정치광고이고 그 효과는 어느 정도인지를 한마디로 규정하기는 어렵다. 또한 정치커뮤니케이션 차원에서 정치광고는 정치선전이나 정치 PR, 또는 정치교육과는 개념규정을 달리하고 있다.

다만, 코틀러(Kotler 1982)는 정치 마케팅 차원에서 "정치후보자도 하나의 상품이다"라고 정의하고, 정치인과 선거 그리고 유권자 간에 형성되는 마케팅을 체계적으로 서술하고 있다. 코틀러는 선거에 입

---

34) 정치광고는 정치학에서 도입하여 사용하고 있는 것으로 여원은 오래되지 않았다. 그래서 정치광고는 광고학의 일부로 마케팅(Marking) 차원에서 연구되고 후에 신문방송의 커뮤니케이션의 일부로 논의되어 발전하였다. TV나 미디어의 발달은 선거과정에서 광고의 중요성을 강조하게 되었고, 정치학에서 최근 관심이 많아지고 있는 추세이며, 모든 선거에 당락을 결정짓는 주요 수단으로 작용하고 있다.

후보한 정치인이 대중들에게 자신의 긍정적인 이미지를 가질 수 있도록 상품처럼 포장을 하여 유권자에게 호소하여야 한다는 것이다.

볼렌(Bolen 1984)은 정치적 범주와 특성을 강조하는 차원에서 정치광고의 개념을 정의하고 있다. 그는 "정치광고는 의사결정자가 바람직한 방향으로 행동하도록 어떤 주장을 통하여 후보자 또는 이양자를 호의적인 방향으로 제시하기 위한 것이다"라고 한다(Bolen 1984, 569). 즉 볼렌이 말하는 정치광고는 정치인과 유권자의 관계 속에서 정책이나 정치적 주장을 유권자의 지지로 유도하는 정치적 행위인 것이다.

좀더 구체적으로, 정치학적 측면에서 케이드(Kaid 1981)는 "정치광고란 정당이나 정치적 후보자들의 정치적 신념, 태도, 행동 등에 영향을 미치려는 의도를 가지고 자신의 정치적 메시지를 직접 전달하는 커뮤니케이션 과정"이라고 한다. 민주주의 체제 하에서 정치광고란 '선거기간 동안 선거에 입후보한 정당이나 후보자들이 대중매체를 통하여 자신들을 홍보하기 위해 다양한 메시지를 통하여 유권자들의 지지를 호소하는 행위' 로 표현할 수 있을 것이다.

권혁남(2000)은 정치광고란 후보자나 정당이 정치수용자의 태도나 행동에 영향을 주기 위해 돈을 지불하고 신문이나 TV와 같은 대중매체를 통해 전달하는 정치적 메시지나 혹은 정치적 커뮤니케이션이라고 한다. 박성호(2000)는 정치광고란 후보자나 정당이 다양한 매체를 통해 비용이 드는 커뮤니케이션 방법으로 유권자를 설득하거나 영향을 미치기 위해 행하는 정치선전 행위의 한 형태라고 정의하고 있다. 오늘날 각종 선거과정에서 선거 후보자들은 자신을 홍보하는 인터넷 홈페이지를 제작하거나 배너광고를 인터넷 사이트에 띄우고 자신이 직접 통제하고 있는 실정이기 때문에 정치광고의 정치적 커뮤니케이션은 더욱 더 증가하고 있다.

결국, 정치광고란 특정 정치권이나 정당 또는 정치인이 자신의 지지를 위하여 국민이나 유권자에게 정치적 설득을 목적으로 다양한 수단을 동원하여 홍보하고 특정의 목표를 달성하기 위한 광고행위이다. 즉 정치광고는 특정의 정치적 목적을 상품화하여 의도한 피대상자에게 기대효과를 얻기 위한 행위로서, 유권자의 태도나 신념, 후보자의 이미지 등 유권자들의 표출적 또는 내재적 행위에 대해 영향력을 행사하는 방법이다. 다만 정치적 선전이나 홍보와 다른 점은 정치광고는 적지 않은 광고비용이 들어간다는 이유에서 다르다. 정치광고의 기대효과는 정당이나 후보자가 자신들의 정책이나 이미지를 형성하여 유권자인 대중의 지지를 획득하고 타정당이나 후보자와 차별화를 이루어 정치적 목적을 달성하는 행위이다.

2. 정치광고의 기능과 그 중요성

정치광고는 순기능적 차원에서 본다면 광고주가 다양한 정보를 제공해 줌으로써 유권자에게 알권리를 충족시켜 주는 역할을 한다. 예를 들면 정당의 정강이나 정책을 국민들에게 홍보하고 후보자의 이미지를 국민들에게 제공함으로써 자신을 알리거나 유권자의 지지를 유도할 수 있는 역할을 한다.

데블린(Devlin 1986)은 선거 후보자가 정치광고를 통하여 자신의 존재를 유권자에게 알리고, 유용한 정보를 제공하며, 지지의 정도를 강화시키고, 경쟁자를 공격하고, 이슈를 개발하고, 설명하며, 후보자의 이미지를 구성하고, 특정 집단을 겨냥할 수 있으며, 정치자금을 모금할 수 있다고 한다. 데블린(Devlin)이 말하는 정치광고의 다양한 기능들은 선거과정에서 가장 핵심적인 논의가 되고 있지만, 중복적이고 명확하게 그 기능수행에 여러 가지 복합적인 현상이 대두된다. 정치자금을 모금하기 위해서는 특정 정책에 대한 경쟁 후보의 입장을 비판하거나 지도자로서의 자질 부족을 거론함으로써 차별화를 시도해야 하기 때문이다.

보웬(Bowen 1994)은 투표행위의 의사결정과 정치광고 이용 간의 문제에서 선거에 임박해서 방송되는 정치광고는 마지막 의사결정을 내리는 유권자에 가장 많은 영향력을 미친다고 주장한다. 특히 선거 막바지까지 투표의사 결정을 내리지 못하는 유권자들이 정치광고의 영향을 가장 많이 받는다는 것을 입증했다.

베노이트(Benoit 1999)는 정치광고의 기본적인 기능으로 주장(acclaims), 공격(attacks), 방어(defenses) 세 가지를 제안하고 있다. 주장의 유형은 객관적으로 검증 가능한 사실적 주장, 주관적 판단이 개입되는 가치적 주장, 당위적 결론을 내리는 방침적 주장 세 가지로 나눌 수 있다(김광수 1995). 공격은 상대 후보가 대통령에 적합하지 않은 인물이라는 것을 강조한다. 이러한 공격은 객관적 사실에 근거하지 않은 흑색선전(비방), 감정적으로 상대방을 평가하는 주관적 공격, 사실이나 근거를 제시하여 객관적으로 상대방을 공격하는 사실적 공격으로 구분할 수 있다(김광수 1995). 방어는 구체적인 증거를 제시하거나 혹은 제시하지 않은 상태에서 상대 후보의 공격을 반박하거나 자신을 방어하는 것을 의미한다.

정치광고의 기능에 대한 효과가 항상 긍정적 측면만 있는 것은 아니다. 정치광고의 부정적 효과로는 상대방에 대한 비방, 공격적 내용을 담은 저질 정치선전의 도구화로 인하여 정치적 냉소주의, 무관심 등을 조장하여 투표율을 감소시키는 등 유권자를 정치과정에서 소외시키는 결과를 낳는다는 점을 들수 있다. 웨스트(West 1994-1995)는 1972년에서 1990년까지 미국 TV 정치광고를 대상으로 효과의 정도와 규범적인 문제에 대하여 여론조사 결과 정치광고가 후보자의 인지도, 호감, 당선 가능성에 중요한 역할을 담당함을 입증했다. 그러나 정치광고는 후보자의 자질에 대한 유권자의 시각을 왜곡시키고 선거과정의 연계역할을 제대로 하지 못하는 등의 대의민주주의 측면에서 항상 긍정적인 역할만을 수행하는 것은 아님을 지적하였다.

정치광고는 정치 후보자를 일반 상업이나 제품처럼 소비재로 인식하게 만든다. 정치인으로서 인격과 정치수행 능력보다는 단순히 화려한 포장을 통하여 후보자를 광고함으로써 유권자들로 하여금 투표행동 결정을 유도하는 행위를 하고 있다는 비판이 따른다. 특히 TV의 정치광고는 광고연출이나 조작된 후보자의 이미지가 유권자로 하여금 후보자의 외면상 모습만을 가지고 선택의 기준으로 삼을 소지가 적지 않다. 정치광고가 정치적 이슈나 새로운 정책의 제시를 통하여 국민들의 지지를 유도하기보다는 새로운 이미지 창출에만 의존하게 될 때 잘못된 정치광고만을 남발할 가능성이 크다

정치광고의 중요성은 미디어로부터 주목받지 못하는 군소정당이나 정치인의 기회균등의 실현차원에서 이루어져야 한다. 유권자

들은 선거 후보자로부터의 선거공약이나 정책을 균등하게 들어야 할 권리가 있지만 언론이나 미디어로부터 소외된 군소정당과 무소속 정치인들에게는 자신을 알릴 기회가 제한되어 있는 것이 현실이다.

미디어의 발달로 인해 선거행태마저 미디어 선거를 중심으로 이루어지고 있다. 이제 길거리 유세나 대중집회는 막대한 정치비용과 인력동원의 한계로 선거과정에 지양되고 있다. 미디어의 활용은 점차 증가추세에 있고, TV나 인터넷과 같은 전자매체의 활용도 증가추세에 있다. 따라서 선거 후보자는 자신을 알리는 차원에서 정치광고가 일정부분 균등하게 이루어져야 한다. 특히 고비용 저효율의 정치구조를 개선하고 고질적인 지방색 선거를 청산하기 위해서는 정치광고를 통하여 후보자 바로 알리기와 유권자의 올바른 선택을 독려하는 차원에서 정치광고는 그 중요성이 그 어느 때보다도 요구되는 시점이다.

정치광고의 올바른 시행은 유권자의 입장에서 후보자 간의 정책을 상호 비교할 수 있고, 미디어나 언론의 왜곡과 편향된 정보로부터 유권자의 판단을 합리적으로 유도할 수 있다. 또한 정책 중심의 정치를 이끌어내어 생산적인 정치, 정치비용이 들어가지 않는 정치를 이룰 수 있다. 정치광고는 정치로부터 무관심한 계층을 정치에 참여하도록 이끌 수 있다. 정치에 냉소적이고 식상한 대다수의 유권자를 정치에 관심을 갖게 이끌 수 있으며, 생활정치를 이룰 수 있다. 나아가 정치광고는 후보자의 지지자를 규합하고 선거쟁점을 개발하여 정당원들을 고무시키고 결속력을 강화시키는 효과가 있다.

하지만 현행 선거법에서는 정치광고를 대통령과 시도지사 선거에만 허용하고 국회의원 선거를 비롯하여 자치단체 등에는 선거법으로 금지하고 있다. 대체로 대통령의 선거는 미디어를 통하여 유권자에게 알려져 있지만 국회의원의 경우는 관심 있는 지역을 제외하고는 유권자의 관심을 유도하지 못하게 된다. 따라서 국회의원 선거는 정당별 또는 지역별 정치광고가 정치비용 한계 내에서 부분적으로 필요하겠다.

Ⅲ. 정치광고의 유형과 그 내용

1. 공격적(부정적) 정치광고

대부분의 정치광고의 기능적 측면에서 본다면 상대방의 입장이나 후보자의 부정적인 이미지를 공격하는 부정적 광고(opposition-negative)와 스폰서인 후보자에 대한 지지를 촉진하기 위한 긍정적 광고(candidate-positive)로 나누어 논의할 수 있다.

부정적 광고, 즉 공격적 광고[35]는 광고주가 그의 상대방인 후보자나 정당에게 부정적인 인상을 심어주기 위해 광고주가 자신이 지

---

35) 공격적 정치광고란 광고주가 상대 후보나 정당에 부정적 인상을 심어주기 위해서 상대 후보나 정당의 약점을 강조하는 광고를 말한다(Merritt 1984 ; Shapiro & Rieger 1992). 공격적 정치광고는 목표 후보의 이미지에 대한 수용자의 평가를 저하시키려는 광고주의 의도가 깊게 개연되어 있다.

지하는 후보나 정당의 장점보다는 피공격 후보자나 정당의 약점을 강조하는 광고를 말한다. 공격적 정치광고가 선거과정에서 높은 관심을 받는 이유는 무엇보다도 유권자에게 미치는 영향력이 크다는 점에 있다(McNair 1999).

공격적 광고(부정광고)가 긍정적 광고보다 더 효과가 있는 이유는 부정효과 이론[36]에서 찾는다. 그러나 공격적 광고가 목표 후보자에 대한 태도를 부정적으로 변화시킨다는 점에서는 효과적이지만, 광고주 후보에 대한 태도 또한 부정적으로 변화시킬 수 있다. 공격적 광고의 광고주가 광고목표를 달성하기 위해서는 상대방에 대한 공격 메시지 뿐만 아니라 유권자의 다양한 선유경향 광고에 대한 태도 등 여러 변인들을 복합적으로 고려하여야 한다.

공격적 광고는 목표 후보자에 대한 태도를 부정적으로 변화시키는 데 효과를 발휘하고 있다.[37] 메리트(Merritt 1984)는 공격적 광고

---

36) 부정성 효과 이론(negativity effect theory)은 정치광고의 부정적 내용이 긍정적 내용에 비해서 강한 메시지를 가지며 더 효과적이라고 본다. 라우(Lau 1985)는 부정성 효과를 전경 가설(figure-ground hypothesis)과 손실회피정향 가설(cost orientation hypothesis)로 설명하고 있다. 전경 가설에 따르면, 부정성은 인간이 자신이나 주변의 일에 대해 생각할 때 대부분 긍정적인 기대를 가지고 생각한다는 긍정적 편향으로 인해 발생한다. 즉 인간은 자신의 일, 이웃, 주변 사람들, 자신의 삶 등을 대체로 긍정적으로 생각하기 때문에 부정적 정보는 상대적으로 드문 것이고, 따라서 부정적 정치광고가 쉽게 눈에 띈다는 것이다. 여기에 손실회피정향 가설은 사람들은 보상을 얻기보다는 손실을 회피하고자 하는 경향이 보다 강하다는 것이다. 다시 말해서 잠재적 손실(부정적 속성)이 잠재적 보상(긍정적 속성)보다 큰 비중을 차지한다고 본다. 인지적 평가에 관한 전경 가설과는 달리 이 가설은 부정성에 관한 동기적 설명을 제공한다.

가 목표 후보뿐만 아니라 광고주 후보에 대한 태도도 부정적으로 변화시키는 양자부정 효과(double impairment effect)도 발생한다고 말한다. 즉 공격적 광고가 '의도한 효과(intended effect)' 외에 '의도하지 않은 효과(unintended effect)'도 발생할 수 있다. 이러한 의도하지 않은 효과는 김광수(1997) 연구에서도 부정적 이미지 광고에 노출된 집단에서 광고주 후보에 대한 의도하지 않은 효과가 나타난다고 보았다. 그에 따르면 정치적 관여도가 낮은 집단의 유권자들에게는 부정적 이슈 광고보다는 이미지 광고가 효과적인 반면, 고관여 집단에게는 이슈 광고가 효과적이라고 본다.

가나모네(Garramone 1985)는 공격적 광고가 광고의 대상이 되는 후보(목표 후보)보다는 광고주에게 부정적 효과를 나타내는 이른바 부메랑 효과(boomerang effect)를 가져온다고 한다. 또한 그는 유권자에게 불공정하다고 인식되는 공격적 광고가 상대 후보(목표 후보)에게 더 우호적인 감정을 낳게 하는 희생자 신드롬(victim syndrome)을 발생시킨다고 한다. 즉 공격적 광고 역효과를 발생시킬 수 있다는 것이다.

공격적 광고의 역효과의 이유는 유권자가 공격적 광고를 인정하

37) 1964년 민주당 후보였던 존슨 후보가 공화당 후보인 골드워터를 핵문제에 초점을 맞추어 공격한 '데이지 소녀(Daisy Girl) 광고', 1986년 듀카키스 후보의 죄수에 대한 주말석방을 다루었던 윌리 호턴(Willie Horton)', 1998년 빌 클린턴 후보의 코카인 흡입 문제'에 대한 광고 등은 공격적 광고에 대한 도덕적 논의를 불러일으켰으나, 또 동시에 그 효과에 대한 신뢰를 강화시키면서 이후 공격적 광고를 대통령 선거 캠페인의 불가결한 요소로 정착시키는 계기가 되었다(탁진영 1999).

지 않으므로 그런 광고를 내는 후보에게는 부정적인 반응이 생긴다는 것이다. 유권자는 공격적 광고를 유권자의 결정권을 침해하는 것으로 생각하므로 광고주가 의도하는 반응과 상반되는 반응을 보인다는 것이다.

또한 김무곤(2003)은 공격적 광고가 후보자의 이미지에 미치는 영향의 연구에서 목표 후보자의 부정적인 태도변화를 야기하지만, 광고주에 대한 태도도 부정적으로 변화시킨다는 양자부정 효과를 검증하고 있다. 또한 공격적 광고는 다른 변인들을 통제하고도 유권자의 후보에 대한 태도를 변화시키는 데 기여하고 있음을 밝히고 있다. 공격적 정치광고가 수용자의 후보자 이미지에 미치는 영향력은 크다. 이러한 현상은 부정적 정보가 긍정적 정보에 비해서 우수하다는 부정성 효과가 수용자의 후보자 평가에 영향을 미치고 있음을 알 수 있다.

그런가 하면 긍정적 정치광고 또는 지지광고는 광고주가 자신 또는 자신이 지지하는 후보나 정당의 장점을 부각시킴으로써 자신에 대한 호의적인 감정을 유발시키는 것을 목적으로 광고하는 것을 말한다. 긍정적 정치광고는 광고하는 후보자의 장점을 내세워 유권자들에게 광고주 후보에게 호의적인 태도를 유발하는 것을 목적으로 한다(Basil, Schooler & Reeves 1991).

긍정적 정치광고에 대한 기대효과는 일반 사람들이 자신의 긍정적 생각이나 기대에 대한 정보를 선호하기 때문에 광고주는 후보자에 대한 긍정의 기대효과를 극대화하기 위해 긍정적 정치광고를 사용한다. 긍정적 정치광고는 후보자의 이미지나 정책 또는 이슈를 이성적 소구형태로 구성하며 합리적 의사소통의 과정이라는 신뢰성에 바탕을 둔다. 정치광고의 이성적 소구는 유권자를 설득하기 위한 단편적 사실이나 논리적 주장 또는 객관적 통계수치를 제시하면서 후보자의 인식을 사실적으로 묘사함으로써 유권자의 이성적 판단을 유도하는 효과가 크게 작용한다.

그러나 대부분의 광고주는 짧은 선거기간 동안에 광고효과를 극대화하기 위해 긍정적 정치광고보다는 상대 후보에 대한 부정적 정치광고를 많이 사용한다. 정치광고 효과가 다양한 방식으로 검증되고 있지만, 공격적 정치광고가 긍정적 정치광고보다 효과적이라는 사실은 여러 연구논문에 의해 검증된 것은 주지의 사실이다. 따라서 광고주는 긍정적 정치광고보다는 상대 후보에 대한 공격적 정치광고에 심혈을 기울이는 것은 광고효과를 극대화하기 위한 선거전략이다.

2. 이슈(정책) 광고와 이미지 광고

전통적 의미에서 정치광고의 내용이나 주제에 따라서 이슈와 이미지 광고로 구분하여 볼 수 있다. 이슈 광고는 정당 또는 정치인의 정책이나 정강을 광고하고, 이미지 광고는 후보자 특성이나 개성에 초점을 맞추는 광고로 분류하여 볼 수 있다.

이슈 광고는 광고내용에서 특정한 정책을 들고 후보자의 입장을 설명하는 형식의 광고이다. 즉 이슈 광고는 후보 또는 정당의 정책에 대한 입장 내지는 정책수행 능력을 비판 또는 선전하기 위한 광고이다. 정치적 이슈에는 자신의 정책수행 능력이나 평가를 위한 방법과 상대방의 정책수행 능력의 평가를 저하시키는 행위로 나누어 볼 수 있다. 이슈 광고는 쟁점을 다룬 광고를 뜻한다.

1972년 미국 대통령 선거에서 정치광고가 유권자에게 후보자들의 이슈에 관한 지식을 제공함에 있어 TV의 뉴스 보도보다도 더 많은 관심을 보였다. 1972년 미국 대통령 선거에서 제공된 TV광고 가운데 42%가 주로 이슈 지향적이었으며, 또 다른 28%가 본질적으로 이슈 정보 중심의 내용이었다. 다른 연구들도 각 후보자들의 TV광고의 85%가 이슈에 관한 정보라고 오히려 더 높은 비율을 제시했다. 정치광고는 정책적인 정보를 제공하고 쟁점 제시를 통해서 유권자들의 욕구를 충족시켜야 한다는 것이다.

이슈에 관한 광고는 후보자에 대한 높은 평가결과를 초래했으며, 이미지에 관한 광고는 광고에 나타난 정보를 더 많이 기억하게 만들었다는 것이다.

어떤 정치적 이슈나 정책에 관한 정치광고는 정당이나 후보자의 특성, 즉 후보자의 경험 리더십, 정직성, 능력 등을 주요 주제로 유권자의 이성에 호소한다. 그러나 이미지 광고는 대체로 상대의 후보자에 이미지 손상을 입히고 자신의 이미지를 상징물이나 감정이입시켜 수용자의 태도에 영향을 미치는 방법이다. 이때 광고자는 수용자의 이성보다는 감정에 호소함으로써 자신의 이미지를 고양시키고 상대방의 이미지를 공격하는 방법을 사용한다. 후보자의 이미지는 유권자의 선택에 매우 중요한 요소이다. 정치광고의 시각적 표현은 후보자의 이미지 광고에 따라 유권자의 평가에 차이를 가져오며, 이는 투표결과에 영향을 미친다.

이미지 광고는 감정적 영향과 관련하여 후보자의 호감을 유발한다. 또한 후보자의 이미지는 당선 이후 선거직 공무를 수행하는 적합한 인물인가를 결정하는 데 유권자의 인식에 영향을 미치는 것으로 연구되었다. 정치광고의 내용이 점차로 이미지 지향적으로 되면서 광고의 내용에 대해서 문제점이 제기되고 있다. 정치광고의 내용이 후보자의 이미지 지향적이라면 유권자에게 정치광고가 비효율적이라고 평가된다.

이미지 광고는 보다 많은 정보를 기억하는 데 긍정적인 영향을 미치는 것으로 나타나고 있다. 개인의 투표행동에 영향을 미치는 요인 중에는 후보자의 이미지 요인이 포함되어 있다(Newman & Sheth 1985). 유권자들은 특정 정치인이나 후보자에 대해 모든 정보를 습득할 수는 없다. 따라서 정치광고에 관련된 전문가들은 효율적인 지지획득을 위해, 그들이 광고하는 후보자들에 대하여 가장 호의적인 태도를 유발시킬 수 있는 이미지 창조를 위해 긍정적인 후보자의 퍼스낼리티(personality)[38] 발견 및 포장을 위해 노력하게 된다. 정치광고의 이미지는 인지도가 높은 선거 후보자보다 인지도가 낮은 후보자가 이미지를 더욱 강조하는 경향이 있고, 군소정당의 후보가 상대적으로 이미지를 강조하는 경향을 갖고 있다.

일반적으로 이슈에 관한 인지와 이미지 형성문제에 있어서는

---

38) 선거 후보자의 이미지 창출이 선거전략의 가장 중요한 요소로 자리잡고 있다. 영국의 대처 수상은 1979년 선거에서 공격적인 슬로건을 표방한 광고 대행사인 Saatchi & Saatchi의 정치광고로 인해 선거에서 승리를 거두었다. 또한 프랑스의 미테랑 대통령도 Roux Seguela Cayzac & Gaudard의 광고 대행사가 만든 광고전략으로 선거에서 승리하여 프랑스 연합정권 수립을 가능게 한 요인으로 작용했다.

TV는 후보자들의 이슈보다는 후보자들의 이미지와 관련하여 영향을 많이 미치는 것으로 인식되어 왔다. 그리고 광고의 내용에 있어서 이슈보다는 이미지 형성에 주력하고 있다. 조슬리(Josly 1980)은 미국의 TV광고 156개의 표본을 연구조사한 결과 57.7%가 이슈에 관한 내용들이었으며, 47.4%는 후보자의 이미지에 관한 광고였다는 사실을 밝혀냈다.

정치광고의 TV 이미지가 유권자 인식에 미치는 효과는 유권자의 인지구조에 영향을 미친다. 조작된 이미지 광고는 유권자의 인지과정에 영향을 미치게 되며, 또한 유권자의 태도형성에 영향을 미친다.

Ⅳ. 미디어의 정치광고 방법과 활용

일반적으로 신문과 잡지를 인쇄매체 광고라 하고 TV와 라디오를 전파매체 광고라 하여 이들의 광고를 4대 매체광고라고 말한다. 여기에 인터넷 보급 확산에 따른 인터넷의 활용이 증가하면서 인터넷 광고는 또 하나의 광고수단으로 자리잡고 있다. 종전까지만 해도 TV가 다른 매체에 비해 그 비중이 커서 효과적인 광고수단으로 각광을 받았다. 최근까지의 정치광고 분야에서 TV의 역할은 후보자의 선택기준으로 퍼스낼리티 이미지의 중요성을 부각시키게 되고 유권자들의 중요한 판단의 기준을 제공해 주고 있다. 특히 TV 매체를 통한 정치광고는 전달범위의 확장에 기여했을 뿐만 아니라,

전달속도는 물론 비록 일반적인 전달의 대면이지만 시청자의 대면적 커뮤니케이션의 특성을 일부 반영시킴으로써 정치적 메시지의 전달자와 수신자를 대면하는 효과를 보이고 있다.

1. 인쇄매체의 정치광고

인쇄매체[39)]는 이성적이고 논리적인 설득을 하는 데 유용하고, 전파매체는 감성적이고 감각적인 사고를 유도해 대상을 좋고 싫음으로 판단하여 즉흥적으로 결정을 유도하는 효과가 있다. 또한 인쇄매체는 인간의 감성보다는 이성에 호소한다는 측면에서 설득력이 있다. 신문광고는 주로 문자나 화보로 구성되어 있기 때문에 어느 정도 지적 능력 수준이 있어야 한다. 신문광고는 상당한 사고력을 필요로 하기 때문에 심층적인 분석을 요하는 정책문제나 정치쟁점에 효과적이다. 정치적 정보를 제공한다는 측면에서 인쇄매체는 논리적이고 정확성을 요한다. 또한 단기적 효과보다는 장기적인 효과에 기대할 수 있고, 정치적 · 지적 수준이 높은 지도층 내지는 학식 있는 일반 시민들에게 설득력을 갖는다.

또한 인쇄매체는 광고비용이 저렴하다는 장점이 있고, 언제든지 보관과 저장이 용이하다. 그래서 퀄터(Qualter 1972)는 문자 해독률

39) 인쇄매체 유형은 신문, 잡지, 당보, 벽보, 책자, 공보물, 전단 등 주로 인쇄된 매체를 이용해 제작되는 정치광고를 말한다. 인쇄매체는 주로 문자로 구성되어 있다.

이 높은 경우에 정치광고를 위한 커뮤니케이션 수단으로 신문의 위치는 흔들릴 것 같지 않다고 말한다. 기타 출판물 광고는 후보자들이 자서전이나 수필 등의 서적을 출간하여 출판물을 통해 자신의 의도하는 이미지를 부각시킬 수 있다. 또한 출판기념회 등의 이벤트를 통해 언론의 관심을 끌 수 있고, 사회 유명인사들을 초청하여 유권자들을 조직화할 수 있다는 장점이 있다.

2. 전자 · 영상매체의 정치광고

미디어 발달은 선거 후보자의 이미지 효과를 증대시킨다. 전자 · 영상매체의 정치광고는 감성적인 이미지 효과를 많이 사용한다. 전자매체는 그 전달속도나 범위에 있어서 인쇄매체에 비해서 정보의 전달속도가 빠르다는 장점을 가지고 있다. 특히 빠르게 변하는 현대사회에서 대중들의 즉흥적이고 감동적인 정치적 메시지를 대량으로 제공할 수 있는 장점이 있다. 특히 라디오나 TV를 통한 정치광고가 매우 중요시되고 있다. 또한 영상이나 영화를 제작하여 필름(film)과 비디오로 제작하고 특정한 장소에서 방영함으로써 유권자를 움직이는 방법이 있다.

전화 정치광고는 700번 ARS 서비스를 통해 유권자가 궁금해 하는 내용을 전달하는 전화 인터뷰를 통해 유권자에게 직접적으로 지지를 호소하는 방법이다. 선거 때는 여론조사를 빙자하여 후보자 자신의 유리한 정보를 전달하거나 타후보자에 대한 좋지 않은 정보를 전파하는 Push Poll이 있다. 전화 ARS의 정치광고는 이슈가 생길 때 신속하게 이슈에 대한 여론의 반응을 알아볼 수 있고, 여론의 반응에 따라 대응광고를 보낼 수 있다.

정치광고의 막강한 영향력은 TV가 지닌 강력한 매체의 특성에 힘입어 발전하였다. TV 정치광고는 유권자에게 정치적 지식 · 정보를 제공하고 정치에 대한 관심을 불러일으킴으로써 올바른 투표 의사결정을 내리게 하여 진정한 민주주의 실현에 일조하는 긍정적 효과가 발생한다. TV 정치광고의 긍정적 효과는 짧은 시간에 후보자 및 정당에 대한 인지도를 제고하는 데 유용하다. 유권자뿐만 아니라 모든 국민에게 정치에 대해 관심을 갖도록 유도하고 정치적 정보를 얻는 데 다른 어느 채널보다도 효율적인 수단을 제공한다. TV 정치광고가 활성화된 미국의 경우 다양한 길이, 포맷, 스타일, 소구방식 등이 등장함으로써 그 각각의 차이에 따라 효과가 어떻게 다르게 나타나며, 이를 매개하는 요인에 대해서 관심이 증대되고 있다.

정치광고가 가장 발전한 미국은 1948년 미국 대통령 선거에서 트루만 후보에 의해 시작된 이래로 활발히 전개되었다. 미국은 TV 정치광고가 선거 막바지의 공격적 정치광고로 활용되면서 1980년 이후에는 35% 이상씩 증가하는 추세이다.[40] 당시의 정치광고는 선거 막바지에 공격적 정치광고가 주를 이루어졌으나 오늘날에는 정

40) 카이드와 존스톤(Kaid & Johnston 1991)이 1961년에서 1988년까지의 미국 대통령 후보의 정치광고를 분석한 결과는 정치광고가 1960년에는 전체 정치광고의 7% 정도였으나 이후 계속 증가하여 1968년에는 22%, 1972년에는 28%, 1980년에는 36%, 1988년에는 37%로 증가하고 있다고 분석하였다.

치광고의 의존도가 높아지면서 선거전 내내 TV 정치광고가 주를 이루고 있다.

패터슨과 맥클루(Patterson & McClure 1976)는 TV 정치광고가 유권자에 대한 정치적 정보제공 면에서 보다 유용한 수단임을 밝히고 있다. TV 정치광고는 뉴스보다도 유권자의 태도 및 인지도에 더 큰 영향을 미친다. TV 정치광고의 효과는 1972년 닉슨 대 맥거번의 미국 대통령 선거전에서 TV 뉴스보다 유권자에게 정치적 정보를 제공하는 데 있어 유용한 수단이며, 유권자의 태도와 인지도 제고에 보다 큰 영향을 미쳤다.

미국에서 2000년 선거의 해에 TV 정치광고는 모두 97만 410건이 방송됐다. 이는 미전역 상위 75개 미디어 시장을 대상으로 한 것으로 상위 75개 미디어 시장은 전체 미국민의 80%를 포괄한다. 이들 광고에는 특정 정당이나 후보 지지 여부보다는 특정 쟁점에 대한 정책적 입장 등을 밝히는 의견광고도 포함됐다. 물론 이들 의견광고는 전체의 7%(6만 2,302) 정도였다. 이들 TV 정치광고 가운데 지방선거용을 제외한 연방선거용이 83%(78만 3,937)이며, 이 가운데 대통령 선거 광고가 39%였다. 또 대통령 선거 광고 30만 2,450회 가운데 대부분(24만 7,224)은 예비선거가 끝난 7월 이후에 집중적으로 집행됐다.

지난 2000년 미국 선거에서는 1996년 선거의 약 두 배에 달하는 7억 7,100만 달러(약 1조 원)가 TV 정치광고에 사용된 것으로 나타났다(동향과 분석, 2001. 3. 31). 그리고 미국 의회 선거에서도 상하원 모두 선거비용을 많이 쓴 후보가 승리하였다. 미국의 연방선거관리위원회(FEC) 자료를 분석한 결과 상원의원 당선자의 81%와 하원의원 당선자의 96%가 상대 후보들보다 더 많은 선거비용을 쓴 것으로 드러났다. 즉 상원의원 32석 중 26석, 하원의원 433석 중 417석이 해당 선거구에서 가장 많은 돈을 뿌린 후보가 당선된 것이다 (www.debates.com).

지난 선거에서 가장 많이 돈을 쓴 정치인으로는 공화당의 밥 프랭크 후보를 누르고 뉴저지 주 연방 상원의원에 당선된 민주당 존 코자인 후보였다. 코자인 후보는 총 6,500만 달러(약 738억 원를 선거비용으로 돈을 써서 가장 비싼 선거를 치른 것으로 기록됐다)의 선거비용을 쓴 것으로 드러났다.

독일에서도 선거 캠페인 기간 동안 TV 정치광고가 후보자에 대한 호의적인 이미지 창출에 효과가 있었다(Kaid & Holtz-Bacha, 1993). 그들은 기독민주당 후보(콜)와 사회민주당 후보 라폰테의 광고를 보여준 후보자의 이미지가 응답자에 의해 어떻게 달라지는가를 연구한 결과 TV 정치광고가 정당에게는 원하는 이미지를 창출할 수 있도록 도와주며 유권자에게는 가장 효율적인 정보제공 수단으로 인식되고 있다고 보았다. 또한 이들은 TV 정치광고가 문화 간 비교연구를 위한 서방 6개국, 즉 미국, 프랑스, 이탈리아, 독일, 영국, 이스라엘 등의 TV 정치광고의 내용분석을 통해 문화 간에 나타나는 공통점과 차이점을 분석하였다. 이들의 연구는 TV 정치광고가 후보자에 대한 이미지 평가에 영향을 미치고 있다고 결론을 내린다(Kaid & Holtz-Bacha 1995).

3. 인터넷 정치광고

인터넷 광고는 인터넷 홈페이지를 통한 정치광고와 인터넷 배너광고로 나누어지는데, 일반적으로 배너광고는 대부분 인터넷 홈페이지와 연결되어 있다. 인터넷 정치광고는 대중매체의 일방적인 커뮤니케이션에 비해 쌍방향 커뮤니케이션을 한다는 유권자에 대한 정보 전달뿐만 아니라 유권자와 직접 대화를 나눌 수 있다는 점이 큰 장점이다. 또한 인터넷 정치광고는 운영비용이 적게 들어간다. 인터넷 정치광고는 관심 있는 유권자에게만 접근할 수 있으나 특정 정당이나 후보자에 무관심하거나 인터넷을 이용하지 못하는 계층을 끌어들이는 데 한계가 있다.

인터넷 정치광고는 단순히 정치인을 홍보 · 선전하는 대행업을 온라인까지 확대하는 것은 아니다. 인터넷을 통해 정치권의 생생한 움직임을 전달하고 각종 선거출마 예정자와 자치단체장, 지방의원 등을 상대로 리더십과 인성, 선거실무 교육을 진행한다.

미국의 대통령 선거에서 인터넷 정치광고는 적은 돈으로 기대효과가 크다는 이유로 많이 사용하는 편이다. 특히 부정적인 정치광고는 인터넷 광고를 사용하는 것으로 나타나고 있다. 정치에 무관심한 젊은층을 상대로 이들을 설득하고 지지를 호소하는 데 인터넷 광고만한 매체가 없기 때문에 강력한 네거티브 광고를 하고 있다.[41)]

인터넷 정치광고는 강력한 정보제공의 수단이 되었다. 비교적

---

41) www.georgebush.com

정치에 관심이 적은 젊은층에 흥미를 유도하여 정치적 지지를 호소하는 매력적인 표현의 수단으로 인터넷 정치광고를 시도하고 있다. 앞으로는 인터넷 정치광고의 전성기가 예측되기에 충분조건을 갖추고 있다고 본다.

한국의 정치광고도 2002년 대통령 선거를 기점으로 인터넷 정치광고에 집중하고 있는 실정이다. 과거의 선거행태가 정당의 합동연설이나 가두연설을 중점으로 대중집회나 TV · 라디오 등에 집중되었다면 인원동원과 선거법상의 제약 때문에 인터넷 정치광고에 집중하고 있다. 이들의 정치광고의 유형과 행태는 다양하게 전개되어 있다. 홈페이지 동영상, 에니메이션 관리 및 e-mail, 정치 패러디, 블러그 카페, 미니홈피 등 다양한 방법으로 정치광고를 시도하고 있다.[42)]

2000년 총선 때는 인터넷 정치광고가 걸음마 수준이었다면, 2002년 대통령 선거와 2004 총선은 인터넷 정치광고가 본격적으로 등장한 전환점이었다. 이렇게 인터넷 정치광고에 초점을 두고 있는 것은 통합 선거법 개정결과 선거후보 진영의 선거운동원이 3명 이상 모여 선거운동을 할 수 없을 정도로 엄격한 선거법 적용에 원인이기도 하고 금품이나 향음을 금지하는 선거문화와 위반시 엄격한 선거법 적용 때문이라고 할 수 있다.

42) 대체로 한국의 인터넷 정치광고는 흥미 위주의 게임을 하는 방식을 택하고 있다. 한나라당 웹사이트는 박근혜 대표의 얼굴을 소재로 한 패러디물을 활용하고, 열린우리당은 '0415게임마당'을 마련해 '정동영 DDR', '김근태 방울 터트리기', '정동영 슈팅게임' 등 게임을 중심으로 정치광고를 하였다.

Ⅴ. 정치광고의 효과와 적실성

1. 정치광고 소구방식과 그 효과

정치광고는 광고매체에 나타난 후보자(혹은 등장인물)의 발언이나 자막, 그리고 신문광고의 경우 문장이나 단어의 조합, 문장의 형식이나 크기, 표제, 슬로건 등 광고효과를 극대화하기 위한 수단으로 사용한다. 특히 정치광고는 광고에 나타나는 정책과 인간적 특성에 관한 구체적인 후보자의 이미지를 대다수 유권자에게 전달하도록 상품처럼 포장하여 광고한다.

2002년 대통령 정치광고 분석결과 분석에 사용된 TV 광고의 대부분이 이슈에 대한 입장보다는 후보자의 이미지를 강조했다. 세부적으로 한나라당은 이회창 후보의 긍정적 이미지를 강조하는(candidate-positive) 광고와 노무현 후보의 부정적 이미지를 비난하는(opponent-negative) 광고의 사용 비율이 같았다. 하지만 민주당은 다섯 편 모두 노무현 후보의 이미지를 긍정적으로 표현하는 포지티브 이미지 메이킹 전략에 중점을 둔 것으로 나타났다.

TV 광고의 경우 민주당은 선거운동 기간에 방영한 광고 여섯 편 모두 행복감이나 희망 등 유권자의 감성에 어필하는 감성적 기법을 사용했다. 특히 수채화톤의 '겨울서정'과 흑백 필름 및 스틸 사진 형식을 사용한 '눈물', '노무현의 편지' 편은 감성적 기법을 사용한 대표적인 사례이다. 한나라당은 감성적 기법 이외에도 구체적인 사례를 사용하는 논리적 기법, 평범한 인물을 사용하여 후보자의 능력과 경력을 강조하는 윤리적 기법 등 다양한 표현기법을 사용했다.

신문광고는 TV 광고와 달리 주로 논리적 기법이 사용되었다. 세부적으로 한나라당은 논리적 기법을, 민주당은 감성적 기법을 상대적으로 더 많이 사용한 것으로 분석되었다. 국민연합21이 집행한 정강정책 광고는 모두 논리적 기법을 사용했다.

미국에서도 대통령 선거 관련 TV 정치광고는 4년 전인 클린턴과 밥돌의 대결 때보다 크게 늘어났다. 1996년 대선 때는 총 16만 2,160건의 TV 광고가 나갔지만 2000년에는 29만 3,942건으로 82%가 증가했다. 상하 양원 선거 때 방영된 TV 정치광고는 총 48만 1,487건으로 전체의 62%를 차지했다. 이는 1998년 선거 때의 30만 2,377건보다 59%가 늘어난 것이다.

2000년 선거에서 TV 정치광고 방영건수나 그 내용 등은 지역별로 큰 차이가 났다. 결과적으로 지역별로 유권자들은 전혀 다른 선거운동을 경험한 셈이다. 가령 산 안토니오 주민들은 상대 후보나 당을 비방하는 광고는 물론 정치광고 자체를 아예 구경하기 힘들었다. 알라모 같은 지역은 모두 531건의 TV 정치광고만 방송됐다. 오클라호마나 볼티모어도 사정은 크게 다르지 않았다. 이들 지역은 대부분 고어나 부시가 절대적으로 우세한 지역이었으며, 상원선거가 없다는 공통점이 있다.

우리나라 대선 선거과정에서 TV 광고에는 정책(47%)과 인간적 특성(53%)에 관한 내용이 비슷하게 언급되었지만, 신문광고에는 정책(76.7%)에 관한 내용이 훨씬 더 많이 담겨 있는 것으로 나타났다. 신문광고의 경우 한나라당은 민주당보다 정책(81.4% 대 69.1%)에 관한 내용을, 민주당은 한나라당보다 후보의 인간적 특성(30.9% 대 18.6%)에 관한 내용을 상대적으로 더 많이 다루었다.

한나라당은 TV 광고를 통해 이회창 후보의 긍정적인 이미지와 더불어 노무현 후보의 부정적인 이미지를 전달하는 전략을 사용한 것으로 판단된다. 민주당은 한나라당과 달리 노무현 후보가 따스한 마음씨를 가진 인간적이고 깨끗한 정치인이라는 것을 강조하는 데 주안점을 두었다.

선거운동 기간에 집행된 신문광고는 상대 후보를 비난하는 데 주로 사용된 것으로 나타났다. 특히, 한나라당은 민주당과 노무현 후보의 이슈에 관한 입장을 부정적으로 표현하기 위해, 그리고 민주당은 한나라당과 이회창 후보의 부정적인 이미지를 공격하기 위해 신문광고를 주로 사용했다. 후보자 등록을 기점으로 부정광고의 사용이 급증했음은 주지의 사실이다. TV 광고에서 한나라당은 미래의 계획을, 민주당과 민노당은 과거의 행위나 업적을 상대적으로 더 언급하였다. 신문광고의 경우 한나라당, 민노당, 국민연합21은 미래의 계획을, 민주당은 일반적 목표에 관한 내용이 상대적으로 더 많았다.

2002년 제16대 대통령 선거에서 노무현 후보가 승리했다. 선거 승리에 영향을 미친 요인에 관해서는 과학적인 검증이 이루어져야 하겠지만 언론은 주요 원인의 하나로 미디어를 이용한 이미지 캠페인 전략을 들고 있다. 즉 이회창 후보는 돈과 조직, 부정적 캠페인 등 낡은 패러다임에 의존한 선거 캠페인을 추구한 반면, 노무현 후보는 인간적 매력을 강조한 이미지 홍보전략으로 20-30대는 물론

40-50대 유권자의 공감을 얻어 선거에 승리할 수 있었다는 것이다.

2. 정치광고의 적용과 그 한계

오늘날 부정적 정치광고가 선거과정에서 높은 관심을 받는 이유로 유권자에게 미치는 영향력이 크다는 점을 들고 있다(McNair 1999). 2000년 미국 대통령 선거의 경우 2억 4천만 달러의 선거비용 중에서 상당량의 비용이 부정적 정치광고에 소비되었다(Devlin 2001). 한국의 경우 1997년 15대 대통령 선거에 시행된 정치광고에서도 50% 이상이 부정적 정치광고 비용으로 들어갔다.

그러나 김춘식(2003)은 2002년 대통령 선거 정책광고 내용분석에서 상대방의 공격보다는 후원자의 긍정적 측면을 강조하고, 과거의 행위보다는 미래의 계획을 주로 언급했다는 결과를 통해 포지티브 광고가 지배적이었다고 한다. 김정현(1998)은 TV 정치광고가 후보자에 대한 평가에 영향을 미치는가에 관한 연구에서 TV 정치광고는 후보자에 대한 평가에 영향을 미치지만, TV 정치광고의 효과는 수용자의 인지욕구와 정치적 관여수준에 따라 다르게 나타나는가에 대해서는 결론을 얻지 못하고 있다.

이수범(2003)은 2002 대통령 선거 신문광고에 관한 연구에서 이회창 후보가 이슈 광고를 노무현 후보에 비해 상대적으로 많이 사용한 것으로 파악하고 있다. 이미지의 세부 항목과 관련해서는 노무현 후보는 정책과 비전의 제시에 초점을 맞춘 반면에, 이회창 후보의 광고는 정권의 부패 비리상을 고발하고 정권교체의 당위성을 주장하였다. 이회창 후보는 부정적 광고가 지배적이었으며, 노무현 후보는 긍정광고를 많이 사용한 것으로 나타났으나 통계적으로 유의미한 차이를 보이지 않는다. 노무현 후보와 이회창 후보 모두 감성적 소구기법을 선호한 것으로 조사되었으나 양 후보자 간에 유의미한 소구기법의 경우 후보자 간에 차이가 존재하는 것으로 평가할 수 있다. 즉 이회창 후보는 감성적 소구와 이성적 소구를 균형 있게 사용한 데 비해 노무현 후보는 감성적 소구가 절대적이었다.

심성욱(2003)은 네거티브 정치광고 비교유형에서 미국의 대학생을 중심으로 연구한 결과에 의하면, 부정적(네거티브) 정치광고는 공격 후보자의 좋지 않은 결과를 유도한다. 즉 부정적 정치광고의 응답자는 네거티브 정치광고를 좋아하지 않고, 이러한 광고는 후보자에 부정적인 영향을 미친다고 한다.

그러나 김무곤(2003)은 공격적 정치광고가 후보자 이미지에 미치는 영향에서 공격적 정치광고는 목표 후보자에 대한 태도를 부정적으로 변화시키는 데 효과를 발휘하고 있다고 밝힌다. 또한 공격적 광고는 목표 후보뿐만 아니라 광고주 후보에 대한 태도도 부정적으로 변화시킨다는 양자부정 효과도 확인하는 연구를 하였다. 정치광고의 후보자 이미지 효과도 부정적 정보가 긍정적 정보보다 부정성의 효과가 크게 미치고 있다고 설명한다.

권혁남(2006)은 부정적 정치광고가 투표율 하락에 일조하고 있으며, 국민의 정치적 냉소주의를 조장하는 데 책임이 있다는 주장을 한다. 즉 부정적 정치광고는 유권자의 이성보다는 감성에 소구하기 쉬우며, 민주주의가 갖는 근본 가정 중 하나인 합리적 선택을 저해한다는 비판이 그것이다(권혁남 2006). 정치광고가 유권자의 태도에 미치는 중요한 논쟁점은 부정적 정치광고가 민주주의의 기본 원칙의 하나인 시민 유권자의 '합리적 선택'을 저해할 수 있다는 것이다. 불필요한 정보나 편향된 정보가 유권자의 합리적 선택에 오히려 장애요인으로 작용되어 민주주의의 근간을 위협할 수 있다.

그러나 부정적 정치광고가 유권자들의 합리적 선택을 도와준다는 주장이 있다(Ansolabehere & Iyengar 1995). 이들은 유권자들이 정치광고에 노출된다는 것은 높은 정치적 학습경험이라고 말한다. 정치광고는 유권자들로 하여금 후보자들의 정치적 입장이나 주요한 이슈에 대한 지식을 얻을 수 있도록 도와줄 수 있다는 것이다.

부정적 정치광고를 주장하는 이유는 유권자에게 정치적 정보를 제공하는 기능이 뛰어나고, 보다 높은 기억효과가 있으며, 나아가 후보자나 이슈에 대한 차별화와 태도의 양극화를 도울 수 있다는 이유로 민주주의 정치과정에 긍정적 영향을 줄 수 있다.

Ⅵ. 맺음말

최근에 이르러 정치학 분야에서 정치광고에 대한 많은 관심이 고조되고 있다. 이는 정보기술의 발달과 미디어 매체의 확산에 기인한 것으로 분석된다. 현대사회는 그 어느 때보다도 미디어의 홍수 속에 살아가고 있다고 해도 과언은 아니다. 한국의 2002년 대통령 선거와 2004년 국회의원 총선과정은 미디어가 선거에 미치는 효과가 얼마나 증대하였는가를 반증하는 사례이며, 그만큼 정치광고의 영향력이 적지 않다는 연구분석의 결과이다. 미국의 2004년 대통령 선거에서 정치광고비가 역대 최대의 광고비를 투입하여 선거를 치르는 것만 보아도 이젠 정치광고는 단순한 정치를 홍보하거나 선전하는 차원이 아니라 모든 선거에서 당락을 결정하는 요인으로 작용한다.

특히 오늘날 미디어의 발달은 대다수의 일반 유권자들이 공중파 방송이나 인터넷 등에 노출되어 있어 표심을 잡기 위한 치열한 광고전이 더욱 가속화되어 가고 있다는 사실을 증명한다. 2002년 대통령 선거과정에서 후보자의 정보를 가장 많이 얻는 경로로 TV가 과반수 정도이니 TV의 위력은 선거를 결정할 만큼 크다.

전통적 의미에서 정치광고는 광고주가 자신을 유권자에게 알리고 지지를 호소하는 방법이었지만 오늘날 정치광고는 상대방의 부정적 정치광고를 주로 많이 사용하고 있는 것으로 분석된다. 공격적 정치광고가 유권자의 지지를 유도하는 방법에는 정도의 차이가 있지만 가장 단순하고 유권자의 마음을 흔들어 놓을 수 있기 때문이다.

또한 정치광고가 미디어 매체를 활용하여 광고한다는 특성 때문에 정당의 정책 중심이나 이슈 중심보다는 후보자의 이미지나 지지하는 정당의 인물을 홍보하는 경향이 짙어지고 있다. 정치광고가 어떤 정치적 비전이나 철학을 가지고 대국민들에게 지지를 호소하는 방법을 택해야 함에도 불구하고, 즉흥적이거나 오락 중심의 인기몰이식 정치행태가 만연할 경우 정치발전은 구호에 불과하고 민주주의는 퇴보할 것이다.

특히 유권자의 행동에 결정적인 영향을 준다는 이유로 공격적 정치광고를 지향할 경우 오히려 일반 대중들은 정치에 식상함과 무관심, 또는 냉소주의로 돌아설 가능성이 크다. 선거기간만 되면 상대방을 비방하고 유언비어를 조작하는 혼탁한 선거문화 속에서 공격적 정치광고가 이를 부추긴다면 유권자의 올바른 선택권을 박탈하는 결과를 초래하게 될 것이다. 물론 공격적 정치광고가 선거쟁점의 이슈화나 후보자를 결정하지 못한 유권자에게 선택을 강요하는 결과를 초래하겠지만, 이는 일부의 주장이고 오히려 치유할 수 없는 국민적 갈등을 심화시키고 정치적 불신을 조작할 개연성이 크다는 사실을 경계할 필요가 있겠다.

참고문헌

권혁남. (2000). "국회의원 선거운동 수단으로서의 정치광고 활성화 방안," (한국언론학회 2000 봄철 정치학술발표 대회).

권혁남. (2006).『미디어 선거의 이론과 실재』커뮤니케이션북스.

김광수. (1995). "서울시장 후보의 정치광고 내용분석,"『광고연구』28호.

김광수. (1997). "공격적 정치광고의 효과 : 관여, 지지 그리고 공격내용을 중심으로,"『광고학연구』8(1).

김무곤. (2003). "공격적 정치광고가 후보자 이미지에 미치는 영향,"『광고연구』제58호.

김정현. (1998). "텔레비전 정치광고가 후보자에 대한 평가에 미치는 효과,"『광고연구』1998년(봄).

김춘식. (2002). "2002 대통령선거 정치광고 내용분석,"『동서언론』한국외국어대학교 언론정보연구소 2002. 2.

박성호. (2000). "제16대 총선에서의 정치광고의 역할과 과제," 성대 언론정보연구소 주최 제16대 총선과 언론 세미나 발표논문 2000. 3.

심성욱. (2003). "네거티브 정치광고의 비교유형이 미국 대학생에게 미치는 효과에 관한 연구,"『한국언론학보』제47권 4호.

이수범. (2003). "제16대 대통령 선거의 정치광고에 관한 연구,"『광고연구』제58호.

탁진영. (1999).『정치광고의 이해와 활용』커뮤니케이션북스.

Ansolabehere & Iyengar. (1995). *Going nagative*. Thr Free Press.

Basil, Schooler & Reeves. (1991). Positive and negative effects of Political disaffection on the less experienced voter. *Journal of Broadcasting & Electronic Media*, 39.

Benoit, W. L. (1999). *Seeing spots : A functional analysis of presidential television advertisements*, 1952-1996. Westport, CN : Praeger.

Bolen, W. H. (1984). *Advertising*. New York : John Wiley & Sons Inc.

Bowen L. (1994). "Time of Voting Decision and Use of Political Advertising The Slade Gorton-Block Adams Senatorial Campaign," *Journalism Quarterly*, 71(3).

Devlin, L. P. (200l). Contrast in presidential campaign commercials of 2000. *American Behavioral Scientist*, 44.

Garramone, G. M. (1985). Effects of negative political advertising : the role of sponsor and rebuttal. *Journalism of Broadcasting & Electronic Media*, 29(2).

Josly, R. A. (1980). "The content of political spot ads," *Journalism Quarterly*, 57.

Kaid, L. L. (1981). Political advertising. In Dan. D. Nimmo and Keith, R. Sanders(eds.), *Handbook of Political Communication*. SAGE.

Kaid, L. L. & C. Holtz-Bacha. (1993). "Audience Reactions to Televised Political Programs : An Experimental Study of the 1990 German National Election," *European Journal of Communication*, 8.

Kaid, L. L. & Johnston, A. (200l). *Video style in presidential campaigns : Style and content of televised political advertising*. Westport, NJ : Praeger.

Kotler, Philip. (1982). *Marketing for Non-Profit Organization*. N.Y. : Prentice-Hall,

Lau, R. R. (1985). Two Explanation for Negativity Effects in Political Behavior. *American Journal of Political Science*, 29.

McNair, B. (1999). *An Introduction to Political Communication*(2nd), Routledge.

Merritt, S. (1984). Negative political advertising : Some empirical findings. *Journal of Advertising*, 13.

Newman, B. I. and J. N. Sheth. (1985). "A Model of Primary Voter Behavior," *Journal of Consumer Research*, Vol. 12.

Patterson, R. E. & McClure, R. D. (1976). *The unseeing eye : The myth of television power in national elections*. New York : Putnam.

Qualter, T. 1972. "The Techniques of Propaganda," in Alen Wells(ed.), *Mass Media and Society*. California : National Press Book.

Shapiro, M. A. & Rieger, R. H. (1992). Comparing positive and negative political advertising on radio. *Journalism Quarterly*, 61.

West D. M. (1995). "Television Advertising in Election Campaigns," *Political Science Quarterly*, 109(5).

chap.8

정치적 리더십과 미디어의 활용

I. 들어가는 말

현대사회에서 미디어의 발달과 보급 확산은 현대사회의 각 분야는 물론 정치영역에서 절대적인 영향을 미치고 있다. 미디어 영향력의 증대는 현대 정치에서도 근본적인 변화를 가져왔다. 미디어는 그 속성상 다수의 대중에게 신속하게 정보를 전달할 수 있기 때문에 정치권 또는 정치지도자와 국민과 커뮤니케이션 역할을 한다. 정치지도자는 대중을 선도하고 여론을 형성하기 위한 수단으로 미디어를 활용하고 국민도 정치를 수용하기 위한 방법으로 미디어를 활용하여 왔다.

미디어의 활용은 정치적 리더십이 종래의 카리스마적 리더십에서 대중의 호감을 사고 지지를 받을 수 있는 온화한 리더십으로 변모시켰다. 정치적 리더십은 미디어의 속성을 염두에 두고 국민과 의사소통하려고 한다. 이러한 측면에서 현대 정치과정에서 리더십과 미디어의 관계는 불가분의 관계를 맺고 있다.

이와 같이 정치와 미디어와의 관계는 정치적 리더십의 변화를 새롭게 요구하고 있다. 먼저 정부나 정치지도자들의 국민 간 정치 커뮤니케이션(political communication)의 변화이다. 흔히 하는 말로 "세계를 지배하는 것은 정치인이지만 정치인을 지배하는 것은 미디어이다"라는 말까지 유행하고 있는 실정이다. 미디어가 현대 정치에서 지배적인 현상으로 나타났음을 반증하는 결과이다. 그 누구도 여기에 반론을 달기에는 이미 미디어가 현실정치에 깊이 관여되어 있다.

다음은 대중의식의 전환이다. 과거에 비하여 대중은 정치지도자와 접촉이 용이해졌고, 대중은 미디어를 통해서 보여지는 이미지를 중심으로 믿고 판단한다. 특히 뉴미디어의 발달은 대중과 정치지도자의 관계십마저 바꾸어 놓았다. 산업사회에서는 인간의 행동양식과 패턴이 표준화되어 있고 통제방식도 중앙집권화되어 있었지만 정보사회에서는 비표준화와 분권화 추세이다. 산업사회에서는 인간의 가치관도 검소와 인내였다면 정보사회에서는 지식과 전문성이다. 사회구조의 변화가 새로운 정치적 리더십을 요구하고 있는 것이다. 사회는 전통적 피라미드 구조에서 벗어나서 수평적 네트워크 구조 하에서 전문성과 창의성을 중시하는 사회문화로 변화하였다. 앞으로의 정치환경은 물리적 권력관계보다 인간의 가치가 존중받는 새로운 리더십을 요구하고 있는 것이다.

미디어의 발달은 통치기술에 따른 정치적 리더십의 변화를 유도하고 있다. 정보사회에서 조직과 개인은 다양성을 추구하고 자기 표현과 상호 독립적인 문화를 형성하고 있다. 이들은 권위적이고 폐쇄적인 리더십보다는 민주적이고 개방적인 리더십을 요구하고 있다.

Ⅱ. 정치적 리더십 논의와 그 유형

1. 리더십의 개념과 특성

리더십(leadership)은 인간이 구성하는 사회적 집단에서 지도적 역할을 수행하는 행위를 말한다. 리더십은 지도자와 추종자 사이의 영향력 관계이다. 이러한 관계의 특징은 추종자가 지도자의 지도를 자발적으로 받아들여 동일한 집단적 목적을 달성하기 위하여 서로 협력하는 관계이다[43](이극찬 1990, 253).

리더십은 다의적 개념으로 정의되어 왔다.[44] 번즈(Burn 1978)는 리더십이 행사되는 것은 어떤 동기나 목적을 가진 사람이 다른 사람들과 경쟁이나 갈등상태 속에서 추종자들의 제도적 · 정치적 · 심리적 동기를 유발 · 유도하여 대중들을 만족시키기 위해서라고 한다. 리더십이란 어떤 상황에서 목표달성을 위해 어떤 개인이 다른 개인이나 행동에 영향력을 행사하는 과정이다(Szilagyi & Wallace 1983, 269). 먼저 리더십의 특성에 따라 피거즈(Pigors 1953 ; Davis 1972)는 리더십을 "특정한 성격의 소유자가 공통의 문제를 추구하는 데 있어서 그의 의지, 감정 및 통찰력 등으로 다른 구성원들을 이

---

43) 리더십은 지배 · 복종관계와는 구별되며, 또한 제도화된 지위나 권한에 기인하여 관료적 통제나 행정적 관리를 행하 는 해드십(headship)과도 구별 된다.

44) 리더십은 복합적 의미를 갖는데, 지도적 지위에 있는 지도권, 지도자로서 자질과 능력, 지도관계 등 다의적 개념으로 사용되고 있다.

끌어 가고 다스리는 특성"이라고 한다. 즉 리더십은 타인의 행동을 통제하고 지휘하며 비판하는 능력이다.

리더십의 특성은 다양한 방식에 의해 나타난다. 먼저 리더십의 일반적 특성이다. 모든 인간에게 근본적으로 내재하는 지도성(leadership)과 추종성(followership)이라는 양면성을 갖는다. 리더십의 특성은 다수의 행동이 특정한 방향으로 움직이도록 조직되는 과정으로 집단현상을 가져온다. 이러한 리더십의 특성은 공통의 문제에 대해서 타인을 지도하고 이끈다.

다음으로는 인간관계에 있어 상호작용의 문제이다. 사르젠트(Sargent 1950)는 리더십이란 "집단의 어떤 특정 개인과 성원들과의 사회적 상호작용의 형태이고, 리더와 부하와의 역할행동"이라고 한다. 따라서 리더십은 리더와 부하의 행동방향에 공통성과 이해의 일치, 또는 인간관계와 상호작용의 문제이다.

마지막으로 인간의 자발적 행동 유도이다. 사회적 조건과 정치적 상황에 따라 리더십은 집단목표의 달성이나 집단의 유지를 위하여 집단구성원의 자발적인 행동을 유도해낸다(Terry 1972). 바람직한 리더십은 집단구성원에게 자발적으로 최선의 행동을 하게 함으로써 집단의 목표에 도달할 수 있게 하는 것이다. 즉 리더십은 권위에 의존하지 않고 밑에서 자발적으로 받아들이는 효과적인 영향력이다. 리더십은 한 집단의 공동목표를 향하여 지도성과 추종성을 갖고 상호작용하면서 자발적 행동을 유도하여 효과적으로 집단구성원에게 영향력을 주는 활동이다. 미디어는 인간의 잠재된 유일한 독특성과 개성을 찾아내고 리더십을 발휘하도록 한다. 미디어는 다른 사람들과 구별되는 개성을 대중들에게 전달하고, 대중들은 이를 자기 신념화하게 만든다.

2. 정치적 리더십의 의의

정치적 리더십(political leadership)은 대중의 지지를 받아서 정치적 목적을 실현시켜 나가는 통치기술이다. 정치적 리더십은 좁은 의미의 민주적 지도자만을 지칭하는 것이 아니라, 지배와 조작적인 대중 통치수단을 포함하는 넓은 의미의 정치가의 전반적인 기능을 의미한다(이범준 외 1996, 104).

정치적 리더십에 관한 연구는 일반적으로 규범적(normative) 방법과 서술-분석적(descriptive-analytical) 방법[45]으로 나누어진다(이극찬 1990, 256). 이러한 두 방법은 관점이 다를 뿐 서로 배타적인 것은 아니며, 오히려 상호 보완관계에 있다고 볼 수 있다.

이러한 연구경향을 좀더 내용적으로 파고들어가 보면 대체로 기능론과 구조론의 두 영역으로 나누어서 고찰되고 있음을 알 수 있

---

45) 규범적인 방법은 첫째, 지도자는 과연 어떠한 자질을 가져야 하는가, 즉 어떠한 사람이 지도자가 되어야 하는가이다. 둘째, 지도자는 어떤 사회집단에서 나와야 하며, 리더십은 얼마만큼 널리 분산되어야 하는가, 셋째, 지도자는 어떻게 지도해야 하는가, 즉 지도자는 어떻게 행동해야 하는가에 대해서 주로 논의한다. 이에 대해서 서술-분석적인 방법은 첫째, 누가 지도해야 하는가가 아니라 실제로 누가 지도하고 있는가, 둘째 지도자들은 과연 어떻게 행동해야 하는가가 아니라 실제로 현재 어떻게 행동하고 있는가의 문제를 주로 다룬다.

다. 먼저 기능론은 지도자의 행위가 집단에 어떠한 기능 혹은 역기능을 초래하는가의 문제이다. 기능론은 집단효과에 영향을 미치는 지도자의 기능에 중점을 두는 이론이다. 기능론의 연구 접근법으로는 자질 유형적 접근법(trait or type approach)과 상황적 접근법(situational approach)이 있다. 전자는 리더십을 지도자 개인의 자질의 관점에서 해석하는 입장이며, 후자는 리더십을 지도자와 추종자의 상호관계로 보며 집단이 처한 상황의 성격이 지도자 선택의 결정적 요인이 된다고 해석하는 견해이다.

다음으로 구조론은 지도자의 기능을 낳게 하는 조직체의 구조적인 요인과 리더십의 기능과의 관계에 대한 연구를 의미한다. 지도자란 집단적 관리체계 속에서 그 기능을 수행함으로써 그 관리체계가 과연 어떤 원리원칙에 의하여 구조화되었는가에 따라서 지도자의 기능수행도 달라진다. 구조론에서 리더십은 한 집단에서의 지도자의 역할과 위치가 소속집단뿐만 아니라 사회 전체의 존속 · 유지를 위하여서도 합리적으로 시행하고 있는가의 측면을 강조하는 것이다. 따라서 리더십을 비인격적 개인으로서가 아니라 지도자가 갖추어야 하는 특성 · 성격 · 집단의 기능과 상황, 구성원들의 상호작용과 인간관계 등을 종합한 사회적 단위로 해석하는 입장에 선다.

리더십의 연구에 있어서는 기능론이나 구조론 어느 하나만으로 구체적이고 현실적인 분석을 하기는 어렵다. 실제로 현실의 지도자는 대개 어떤 집단적인 관리체계 속에서 그 기능을 수행하고 있다. 그 체계가 과연 어떠한 원리원칙에 의해서 구조화되어 있는가에 따라서 그 기능의 수행은 영향을 받게 된다.

3. 정치적 리더십과 자질

지도자 자질의 유효성은 상황에 따라 상대적이고 역사적인 상황과 정치제도의 차이에 따라 각기 달라질 수 있다. 대체로 동양의 지도자 자질은 공자의 『논어』나 『대학』 등에서 언급한 '인(仁)'에서 찾을 수 있다. 인(仁)은 인자하고 덕행이 높은 것을 의미한다. 또한 맹자는 패도정치를 반대하고 이른바 천리(天理)에 입각한 왕도정치인 덕치(德治)를 강조하였다. 그리고 손자는 병법에서 장수가 갖추어야 할 다섯 가지 덕목으로 지식, 믿음, 어질음, 용기, 위엄을 내세웠다. 한편, 서양에서는 플라톤(Plato)은 철인 정치론을 주장하고 마키아벨리(Machiavelli)는 군주론에서 권모술수를 정치적 덕목으로 삼았다.

정치학자 미헬스(Michels 1958, 76-83)는 지도자의 자질로 웅변, 의지력, 정열, 지력, 도덕성, 체력을 말하고 있다. 메리엄(Merriam)은 1) 주위에서 전개되는 여러 가지 사태를 지각할 수 있는 고도의 사회적 감수성, 2) 많은 사람들과 직접 접촉할 수 있는 고도의 친근성, 3) 단체교섭에 있어서의 위대한 재능 및 극적인 표현능력, 4) 일정한 방식이나 여러 가지 정책, 이데올로기, 전략 또는 계획 등을 창안해 낼 수 있는 능력, 5) 고도의 용기가 요구됨을 강조하고 있다.

베버(Weber)는 정치를 직업으로 하는 정치가에게는 특별한 자질의 구비가 필요하다고 보고, 그 중요한 자질로서 정열, 책임감, 판단력을 들고 있다. 라스웰(Lasswell)은 정치가의 자질로 일에 대한 비범한 능력, 업무에 대한 집중능력, 체력 및 지식 등에 중점을 두어 정치가로서의 개인적 능력에 더 많은 비중을 두고 있다. 그러나 서구 선진국과 같은 대중 소비문화 사회에서는 정치가도 동료로서 호감을 줄 수 있는 자질이 중요시된다. 이러한 가치기준은 현대적 풍채, 도량, 정직, 신념, 정중, 인내심, 동정심, 진실성, 창안력, 쾌활성, 언변, 친밀감 등에서 기인한다고 보겠다.

우리나라는 역사적으로 권위주의적 왕권지배 하에 있어왔고 외국세력에 의해 반복되는 실제적 및 위협적 침략의 길목이 되어왔으므로 예로부터 정치가의 자질은 권위주의적 지도력을 갖춘 기풍을 강조하였다. 그러나 근래에 산업화와 도시화가 진전되고 대중 소비문화 사회로 이행되면서 정치지도자에 대한 인식이 바뀌고 있다. 또 선거에 의한 정권교체가 몇 차례 이루어지면서 서구 선진사회에서 요구하는 정치가의 자질을 강조하고 민주적이고 청렴한 대중지도자를 요구하는 경향도 강하게 나타나고 있다.

4. 정치적 리더십 유형

미디어의 발달은 과거의 리더십에서 벗어나 새로운 리더십의 유형을 요구하고 있다. 현대 정치에서 리더십의 유형은 선출에 의한 민주주의적 리더십, 전체주의적 리더십, 권력을 독점하는 권위주의적 리더십, 관료주의적 리더십으로 구분하고 있다(이극찬 1989, 272-276).

민주주의적 리더십은 분권화된 권력기반에서 권력행사가 이루어지며, 모든 정책들은 집단토론과 타협과정을 거쳐 결정하고 집행한다. 민주주의 하의 지도자는 자기의 힘을 과시하려는 권력이라든가 초월적 권위와 같은 권력성 위에 자기를 지탱하고 있는 것이 아니라 피지도자와의 윤리적인 인격 교감관계를 그 지주로 삼고 있다. 따라서 대중의 지지와 인기를 바탕으로 리더십의 역량을 강화시킨다.

민주주의적 리더십은 미디어를 통해서 다시 그 역량이 강화된다. 사실 민주주의적 리더십의 강한 힘은 미디어에서 나온다 해도 과언이 아니다. 미디어는 정치적 지도자의 커뮤니케이션 기능의 필수적 요소가 되기 때문에 정치적 지도자는 미디어에 의존하게 된다. 정치지도자는 대중의 지지와 인기를 미디어를 통해서 형성하고 지원받는다. 또한 자신의 정책과 비전을 대중에게 효과적으로 전달하는 주요 수단으로 미디어를 활용한다.

전체주의적 리더십은 민주주의적 리더십과는 전적으로 대조적인 것으로서 파시즘의 경우에서 전형적으로 보여진다. 전체주의적 사회에서 지도자는 피지배자와는 종류가 다른 특권적 존재로 생각되어지며, 책임을 지지 않고 비판을 초월하며, 비밀로 행동하며 그 지위를 고정화시킨다. 전체주의적 리더십은 권력이 미디어를 장악하고 독점한다. 따라서 미디어는 권력의 시녀가 되고 권력의(of the power)', '권력에 의한(by the power)', '권력을 위한(for the power)' 미디어가 되는 것이다. 민주주의적 리더십처럼 권력으로부터 독립된 미디어 본래의 기능을 수하하지 못하고 절대권력의 하수인 역할을 하고 마는 것이다.

권위주의적 리더십 형태는 지도자가 주로 개인적 수준에서 권력을 행사하거나 결정을 주도해 나가는 것을 특징으로 한다. 권위주의적 리더십은 단일한 권력 보유자가 일반 국민으로 하여금 국가의

사를 형성하는 데 효과적으로 참여할 수 없도록 하는 점에서 전체주의적 리더십과 비슷하나 사회의 다원주의 및 정태성을 전제로 하는 점에서 차이가 있다. 그러나 흔히 그 둘이 합하여 권위주의적 전체주의(authoritarian totalitarianism)가 이루어지므로 양자의 차이를 뚜렷이 구별하기가 어려울 때가 있다(김운태 1998, 355).

권위주의적 리더십은 미디어를 독점하거나 지배하지는 않지만 권위적 지배 하에 묵시적으로 종속되는 경향이 강하다. 권위주의 지도자는 권력의 유지와 사회통제의 수단으로 정보를 독점하고 미디어를 회유한다. 따라서 권위주의 체제 하에서 미디어는 수동적 역할만을 수행할 뿐이다. 권위주의 특징이 지도자의 사고나 행동이 융통성이 없고 독단적이기 때문에 자신의 권력의 취약점을 보완하기 위해 미디어를 활용한다. 때에 따라서는 미디어에 의존하고 또는 미디어를 장악함으로써 자신의 권력을 강화하려는 경향을 갖는다.

관료주의적 리더십은 주로 임명된 집행부의 공직자들에 의해 행해진다. 관료주의적 리더십을 행사하는 집행부의 관리들은 정책결정에 있어 그들이 소속한 집단들의 이익을 실현하는 데 관심을 가지며, 자유로운 토론과 타협보다는 위로부터의 명령에 따라 정책을 결정 · 집행해 나간다. 관료주의적 리더십은 자발성이나 창의성이 결여되어 있고, 또한 고도로 경직되어 있거나 비타협적인 성향을 갖는다(신정현 1998, 499).

관료적 리더는 급속하게 변화하는 환경에 적응능력이 떨어진다. 관료주의적 리더십은 초기에는 행태적 관점에서 논의되어 왔으나 이후 변혁적 리더십과 카리스마적 리더십이 등장하였다. 관료의 합리적 과정이 중시되는 때에는 관료 리더들은 부하들에게 자기 희생을 강요하고 이념적 목표에 몰입하게 하고 기대 이상의 성과를 올리는 데 초점을 두고 효율성만을 강조하였다. 따라서 변혁적 리더십의 효과성에 맞춰 리더십을 강조하고 설명하였다. 그러나 변혁적 리더십은 리더의 핵심적 영향력 행사과정이 각 행동유형에 어떻게 영향을 주는가를 설명하는 데 한계를 갖고 있다.

Ⅲ. 뉴미디어와 새로운 리더십

리더십의 유형도 시대와 상황에 따라 달라지게 마련이다. 때론 카리스마적 리더십이 필요하고 때론 섬기는 리더십이 필요하다. 정보기술의 발달과 최첨단화의 지식정보화 사회는 정치적으로는 권력관계의 수평화, 사회적으로는 다원화와 인본주의 가치 중시의 역동적 환경변화가 진행되고 있다. 이러한 변화는 리더십 분야에 있어서도 패러다임의 전환을 요구하기에 충분조건을 갖추고 있다.

1. 정보사회의 새로운 정치적 리더십 요구

과거의 산업사회에서는 사회의 구조적 관점에서 예측과 통제가 가능하였다. 그러나 지식정보화 사회에서는 사회조직의 끊임없는 불확실성과 복잡성이 대두된다. 따라서 변화하는 사회구조와 현상에 따라 새로운 정치적 리더십의 스타일이 필요하다.

산업사회는 사회구조가 위계조직(hierarchy)과 관료제(bureaucracy)로 대표되는 기계적 조직구조였다. 즉 산업화 사회는 피라미드(pyramid)형 조직구조를 근간으로 한다. 따라서 권력은 위계의 상층부에 집중되는 집권화(centralization) 성향을 갖으며, 정치지도자의 권한은 직위권력(position power)을 갖게 되었다.

그러나 정보사회에서는 사회구조가 네트워크(network) 형태를 가지며, 상황에 따라 사회구조가 유연하게 변화하는 시대이다. 사회구조의 변화는 물리적 공간에서만 이루어지는 것은 아니다. 이미 가상공간(cyber space)에서는 더욱 더 빠르게 변화하고 있다. 사회적 활동들이 현실공간 중심에서 가상공간으로 이동하고 있으며, 가상공간에서 활동하는 네티즌들은 네트워크를 통해 전 세계를 상대로 활동이 가능해져 소수의 세계적인 활동가들의 영향력이 증대되고 있다.

정보사회에서 요구되는 새로운 정치지도자의 요건은 다음과 같다. 정치적 리더가 갖추어야 할 첫 번째 덕목은 전문지식을 함양해야 한다. 또한 전문지식을 교육시키고 그들의 지식을 활용할 수 있는 자질을 함양해야 한다. 사회적 지식인을 양성하고 그들이 지식을 많이 생산해낼 수 있도록 하는 방법, 그리고 그들이 내놓은 지식을 최대로 활용할 수 있는 방법을 뜻한다. 둘째로, 정치적 리더는 세대 간 화합하고 사회의 각 성원들을 통합할 수 있는 자질을 갖추어야 한다. 각 사회구성원들을 올바른 방향으로 이끌어 갈 수 있는 혜안을 갖추어야 한다. 사회적 관계의 유기적 작용과 이들을 통제하고 화합시킬 수 있는 덕목이 필요하다. 셋째로, 정보기술을 활용한 네트워크 활용과 인적 네트워크, 업무 네트워크를 활용할 수 있는 능력을 갖추어야 한다.

정보사회의 사회구성원들은 가치의 다양화와 탈권위적 성향이 강하고 감성적 태도를 갖고 있다. 이들은 사이버 공간에서 쉽게 만나고 공동체를 형성하면서 자신만의 문화공간을 만들어 간다. 따라서 이들은 공동체의식이나 사회적 연대의식이 약하며, 항상 새로운 가치에 몰입하는 개별화된 개체들이다. 따라서 사회환경 변화의 혁신을 주도하고 구성원의 가치공유와 사회적 합의를 형성할 수 있는 새로운 정치적 리더십이 필요하다.

정보사회에서 요구되는 새로운 정치적 리더십은 사회구성원들이 갖는 비전을 제시할 수 있어야 한다. 훌륭한 리더는 사회적 비전을 제시하고 전체 국민에게 희망을 주고 대중을 책임질 수 있는 능력이 있어야 한다. 사회적 비전을 제시하기 위해서는 분야별로 알맞은 전략적 리더십을 갖추어야 하겠다.

사회구조가 다변화하고 유기적 기능을 갖추고 네트워크로 연결되어 있기 때문에 이들을 리더하기 위해서는 전략적 리더십이 필요하다. 단순히 국민들에게 팔로우 십(fellowship)만을 강요해서는 안된다. 전략적 리더는 올바른 전략을 세우고 이를 수행하기 위해서는 합리적 사고를 해야 한다. 합리적 사고는 미래의 사회에 경쟁력을 가질 수 있도록 사회적 재원을 정비하고 목표달성을 위한 전략을 수립하고 시행하는 현명함을 갖추어야 한다.

지식사회에서는 사회구조의 변화에 저항하거나 변화에 적응하지 못하는 행위 주체들은 도태될 것이다. 변화를 두려워하거나 꺼려하는 지도자는 정치적 리더십을 발휘하기 어렵다. 변화하는 내용에 있어서도 어떻게 변화할 것인가가 중요하다. 변화는 창조적이어야 한다. 창조적 변화의 가치야말로 21세기 지식사회를 이끌어 갈 원동력이 되고 리더십의 덕목이 될 것이다.

정치적 지도자는 어떠한 역경에서도 사회구성원을 건재해야 하겠다는 강한 의지가 있어야 한다. 따라서 인간의 무한한 잠재능력을 개발할 수 있어야 한다. 그런가 하면 사회구성원들에게 권한과 능력을 배가시킬 수 있는 임파워먼트(empowerment) 리더십이 필요하다. 임파워먼트(empowerment) 리더십은 조직구성원에게 업무와 관련된 자율권을 보장하여 구성원의 잠재력을 극대화시키는 리더십이다(최규현 외 2005, 47). 임파워먼트 리더십은 권한의 공유와 혁신에 있다.

사회구조가 세분화되고 유연하게 바뀌는 지식사회에서는 리더들의 역할이 더욱 주목받는다. 흔히 디지털 시대에 리더의 역할을 강조하고 있다. 디지털 리더는 지식사회를 선도할 수 있어야 하고 디지털 세계를 이끌어 갈 수 있는 지도자가 되어야 한다.

2. 정치적 리더십을 위한 뉴미디어 활용

정보기술의 발달과 함께 정치적 리더십은 개인의 인격이나 행동양식에 따라 상징화하는 경향이 있다. 뉴미디어의 등장으로 인해 정치지도자의 대중성과 인기(popularity)는 리더십의 이미지로 자리잡기에 충분하다. 정보사회에서 정치적 리더십은 정교하고 교묘하게 조작된(manipulated) 이미지(image)에 의존하는 경향이 강화되고 있다. 그래서 현대 정치에서는 리더십의 획득과 확대라는 측면에서 정치적 상징조작(political symbol manipulation)이나 정치선전(propaganda)이 오히려 강화되고 있다(구경서 2001, 118).

먼저 정치적 상징(political symbol)은 단지 지위의 부속물로부터 뿐만 아니라 또한 지도자의 행위와 행태로부터도 발생한다(유영옥 1993, 37). 리더십은 대중과의 상징적 공감대를 형성하여 자신에게 유리한 이미지를 전파하고자 하며, 반대로 상징적 불일치는 가능하면 피하려고 한다. 상징조작이 이처럼 리더십에 있어서 중요한 이유는 상징이 개인적 질서와 사회적 질서 사이의 긴요한 연계를 제공해 주며, 동시에 정당화 과정에서도 중요한 역할을 제시해 주기 때문이다.

상징조작은 리더십에 대한 대중의 동의(consent)의 확대뿐만 아니라 절대적 정치지도자의 약화를 노리는 효과도 있다. 대중의 동의는 꼭 대중의 의지에 따를 것을 요구하지는 않는다. 미디어 정치에 있어서는 대중의 무의식적인 동의가 오히려 합리적인 목표가 될 수도 있기 때문이다. 이와 함께 상징조작은 정치지도자의 리더십이나 정치사회에 대해서 무력감과 불안감에 사로잡힌 대중으로 하여금 그 상징의 암시에 의해서 용이하게 어떤 질서에서 귀속감과 정서적인 공감을 느끼게 한다.

다음으로 정치선전(Propaganda)은 청중의 감정이나 불합리성에 호소하도록 만든 메시지를 통해 청중의 기본 편견에 작용시켜 그들의 행동이나 태도를 조정한다. 미디어는 정치선전을 통하여 일정한 신념이나 가치, 태도 등을 지니고 있는 다른 사람들의 생각이나 행동에 영향을 준다. 나아가 정치적 선전은 상징물을 정치적 리더십과 연관시켜 상징화하고 대중의 태도를 통제한다. 정치지도자의 선전은 대중들의 감각을 마비시키고 열광적 지지자로 만드는 대표적인 수단이다. 또한 정치적 리더십을 강화하는 것으로서 선전은 상징조작의 대표적인 수단이다. 또한 정치지도자는 일정한 신념이나 가치, 태도 등을 지니고 있는 대중들의 생각이나 행동에 대해 선전의 수단을 이용하여 리더십을 강화한다(구경서 2001, 126-127).

정치적 리더십은 미디어를 통해서 전달되는데, 이때 지도자의 공식적인 모습뿐만 아니라 개인으로서 행위와 행태까지도 대중들에게 노출된다. 대체로 대중들의 심리는 합리적 이성보다는 즉흥적 감성에 호소하는 경우가 많다. 대중들은 동정심과 호기심을 유발함으로써 대중에게 직접적인 영향(impact)을 미친다. 미디어는 정치지도자의 정책이나 이미지를 특징화시켜 대중에 노출시킨다.

Ⅵ. 맺음말

미디어는 리더십 변화에 많은 영향을 미치고 있다. 특히 미디어가 정치체계에 대한 강력한 영향력과 정치구조 자체를 변화시키고 있기 때문에 새로운 정치적 리더십을 필요로 하고 있다. 그러나 한편으로는 정치적 리더십의 부정적인 측면도 없지 않다. 미디어는 상징조작을 위해 활용되기도 하고 정치선전을 위한 도구로 이용되기도 하였다. 나아가 뉴미디어의 활용은 정치적 리더십보다는 개인의 퍼스낼리티에 집중되어 이벤트적 수단으로 작용되기도 한다. 정치과정에서 미디어가 수단으로 등장한 것은 정치과정 속에서 커뮤니케이션 역할 때문이다.

정치적 리더십은 대중과 커뮤니케이션 과정에서 대중의 지지와 동의를 유도해야 한다. 미디어는 대중의 지지를 유도해내는 중요 수단으로 작용한다. 대중의 이성과 감성을 유도하여 정치적 목적을 달성하기 위해서는 미디어의 통치기술을 정교화할 필요가 있다. 미디어는 정치지도자의 이러한 요구를 만족시키기에 충분조건을 갖추고 있다.

무엇보다도 바람직한 정치적 리더십은 시대정신을 갖추고 있어야 한다. 또한 정치적 리더십은 사회적 위기를 관리할 수 있는 능력을 함양해야 한다. 특히 외적 충격에 국민적 비전과 희망을 불어넣어 줄 수 있는 비전 제시와 중 · 장기 계획을 수립해야 한다. 사회적 통합의 구심점 역할을 수행해야 하며, 사회 각 구성원들의 이해관계자와 조직체 간의 사회적 합의를 이루어내야 한다.

그러나 미디어는 정치지도자의 긍정적 측면만을 강화하지는 않는다. 오히려 정치적 리더십에 적지 않은 불신을 조작시킨다. 정치지도자의 사생활이나 자극적인 흥미 위주에 관심을 주도한다면 미디어에 의한 정치적 리더십은 심각한 피해를 받을 것이다. 또한 대중의 지지에 의존해야 하는 민감한 사항이나 정책에 대해서 장기적인 계획을 세우기 어렵다. 정치지도자는 미디어의 대중의 감각적 취향에 빠지기 때문에 소신을 갖고 정책을 추진하기 어렵다.

이와 같이 미디어의 정치적 리더십의 활용은 긍정적 측면도 있지만 부정적 측면도 간과할 수 없다. 다만 정치와 미디어의 관계는 시대와 사회적 상황에 따라 달라질 수 있다. 정보사회가 심화될수록 미디어의 활용가치는 더욱 중요해진다. 정치적 리더십은 미디어를 통해서 새로운 변화를 초래하고 있음을 주지해야 한다.

참고문헌

이극찬. (1990). 『정치학』 서울 : 법문사.

구경서. (2001). 『현대미디어 정치』 건국대학교출판부.

김운태. (1998). 『정치학원론』(제3전정판) 서울 : 박영사.

유영옥 (역). (1993). 『상징의 정치적 이용』 서울 : 홍익제.

이범준 · 신승권. (1996). 『정치학』 서울 : 박영사.

선정현. (1994). 『정치학』 서울 : 법문사.

최규현 · 홍동헌. (2005). "지식 정보화시대에서의 바람직한 리더십," 한국세무회계학회 발표논문집.

Burns, Jean M. (1978). *Leadership*. New Yark : Harper & Row Publishers.

Pigors, P. (1953). *Leadership or Domination*. Boston : Houghton-Mifflin Co.

Davis, K. (1972). *Human Behavior at Work*. N. Y. : McGrow-Hill.

Terry, G. R. (1972). *Principle of Management*. Illinois : Richard D. Irwin Inc.

Merriam, Charles E. (1945). *Systematic Politics*. Chicago : The University of Chicago Press.

Weber, M. (1921). "PoIitik aIs Beruf," Gesammelte Politische Schriften (München).

Michels, R. (1958). *Political Parties*. Glencoe : The Free Press.

Sargent, S. S. (1950). *Social Psychology*. N. Y. : The Donald Press Co.

Lasswell, Herold D. (1948). *Power and Personality*. N. Y. : Norton and Company Inc.

Szilagyi, A. D. and Wallace, M. J. (1983). *Organizational Behavior and Performance*. Glenview Illinois : Foreman and Company.

제3편 온라인 저널리즘과 사이버 정치

chap. 9

정치권력과 미디어 권력관계의 구조와 변화

Ⅰ. 들어가는 말

현대 미디어는 정치권에 영향력을 미치고 대중의 마음을 움직이는 힘을 갖고 있다. 정치와 대중을 움직이는 미디어의 힘은 추상적이면서 눈에 잘 보이지 않는다. 또한 그 실체가 분명하게 드러나지 않는다. 미디어의 힘은 스스로가 자신의 힘을 창출하는 것이 아니라 정치권력의 대리인으로 역할하면서 파생된 관계적 힘이다.

미디어의 힘은 타인을 제어하고 통제하는 힘으로써 또 하나의 권력의 실체로서 대두되었다. 다만 미디어의 힘은 언어와 이미지를 통하여 수용자의 의식에 영향을 주고 변화시키는 상호관계 속에서 매개적 속성을 갖는 권력이다. 이러한 매개적 속성의 권력을 미디어 권력이라 말한다. 미디어 권력은 공식적 권력기구를 통하여 발생되는 정치권력과는 다른 하나의 가상적 권력으로, 규범적 권력 또는 가치적 권력이 아니라 상대적 관계 속에서 자신의 논리에 따라 선택적으로 작용되는 파생적 권력이다(최용주 1998).

미디어는 정치권력을 감시하고 견제하는 역할을 수행하고 있다. 그러나 미디어가 언제나 정치권 또는 정부에 대한 감시자로서만 기능하는 것은 아니다. 미디어는 정치와 공생관계에 있다. 정치권력은 통치를 위해서 미디어를 정치권력의 매개수단으로 활용하고, 미디어는 권력의 한 축으로 미디어의 힘을 작용하게 한다.

그런가 하면 정치는 권력을 유지 · 강화하기 위한 주요 수단으로 미디어를 사용하여 왔다. 정치권력은 미디어를 통하여 대중을 조작하고 여론을 선도하였다. 또한 대중조작이 여의치 않을 때 정치권력은 정보를 은폐 · 왜곡 · 과장하거나 한 걸음 나아가 미디어를 통제하고 탄압하게 되었다.

반면에 미디어는 스스로 권력을 창출하면서 권력화하였다. 나아가 미디어 권력은 정치권력을 능가하는 막강한 권력체로 변모하였다. 과거의 대리인 역할을 하던 미디어는 정치권력의 부산물이라기보다는 발달된 전자매체를 활용하는 정보권력이다. 그런가 하면 미디어 권력은 시민사회가 성숙되어 가는 과정에서 정치권력의 쇠퇴와 정치에 대한 불신에서 반대급부적으로 얻어진 권력이라고 해도 과언이 아니다. 즉 미디어 권력의 실체는 정치적 민주화와 시민사회의 성숙과정에서 파생된 권력이다.

뉴미디어 보급 확산은 미디어 권력을 가속화시키고 있다. 특히 한국 사회에서 미디어 권력의 강화는 민주화 과정을 거치면서 권력으로부터 서서히 독립하기 시작하였다. 이러한 미디어의 권력화 이면에는 단순한 사회적 배경만이 작용하는 것이 아니라, 미디어 자체의 속성과 미디어를 지배하는 또 다른 권력의 실체를 노정시키고 있는 실정이다. 그렇다면 미디어의 힘은 어디에서 나오며 그 힘을 어떻게 권력화하는가. 미디어의 힘을 권력화하는 기제는 무엇인가. 따라서 현대사회에서의 미디어의 권력화를 재조명해 볼 필요가 있겠다.

미디어의 권력화는 종전의 미디어에 한정하지 않고 요즘 발달된 전자매체와 인터넷 보급 확산에 따른 뉴미디어의 사회적 파급효과를 정치권력 차원에서 논의해야 할 것이다. 뉴미디어가 정치분야에서 민주주의의 실현과 정치영역에서 차지하는 영역을 새롭게 조명하고 정치과정에서 필수적인 장치로 제도화되어 가는 과정을 논의해 볼 필요가 있겠다. 미디어의 권력형성 과정과 권력화된 미디어가 어떻게 지배권력으로 사회현상에 작용하는가를 규명한다는 것은 매우 의미 있는 일이다.

Ⅱ. 미디어와 정치의 관계 유형화

1. 미디어와 정치의 관계

미디어와 정치는 상호 간에 끊임없이 영향을 미칠 뿐만 아니라 때로는 협력관계와 경쟁관계에 있다. 미디어와 정치는 끊을 수 없는 상관관계에 놓여 있다고 해도 과언은 아니다. 따라서 미디어와 정치는 상호 보완적이면서 또한 상호 배타적인 관계에 놓여 있다.

이러한 미디어와 정치는 복합적 관계에 의해서 두 진영 간의 권력 관계도 여러 가지 형태로 구분된다.

최용주(1996)는 정치와 미디어 사이의 복합적인 관계를 상호 침투(Inter-penetration)라 일컫고, 이는 정치와 미디어 관계를 분석하는 기본이라고 말한다. 나아가 정치와 미디어 관계 분석은 정치와 관련된 미디어 권력을 정치적 의사결정 과정에 영향을 미칠 수 있는 가능성을 말한다. 미디어에 대한 정치권력은 정치체계가 커뮤니케이션 과정에서 메시지 생산을 위한 미디어의 선택성에 영향을 미칠 수 있다는 가능성에서 시작된다(최용주 1998, 219). 이와 같이 정치와 미디어와의 관계 정립은 정치체계의 영향력에 의한 커뮤니케이션 과정의 변화, 그리고 미디어 체계의 영향에 의한 정치과정의 변화 정도를 논의할 수 있다.

<표 1> 미디어와 정치의 상호 영향관계

구분		정치가 미디어에 주는 영향	
		강	약
미디어가 정치에 주는 영향	강	[I 유형] 정치와 미디어의 상호 의존	[II 유형] 미디어에 의한 정치
	약	[III 유형] 미디어의 정치에 대한 종속	[IV 유형] 정치와 미디어의 저발전

▸출처 : 조항제 2003, 22.

그런가 하면 미디어를 정치와 사회의 독립변수로 놓고 일정한 영향력을 행사하고 영향력을 받는 상대적 개념으로 볼 수 있다. 미디어는 정치에 대한 미디어의 상대적 영향력 정도에 따라 그 유형이 각기 달리 나타난다. 미디어 정치의 유형이 매개민주주의(mediated democracy)로 표현되고, 이러한 현상은 미디어와 정치가 주고받는 영향력의 정도와 의존도를 규명할 수 있다. 미디어와 정치가 주고받는 영향에 따라 네 가지 유형으로 분류해 볼 수 있다(조항제 2003, 21-24).

<표 1>에서 보는 바와 같이 정치와 미디어가 상호 주고받는 영향이 강한 [Ⅰ유형]의 경우에는 정치와 미디어가 상호 긴밀한 관계를 유지하면서 영향력을 행사하는 유형이다. 이러한 유형은 다원주의적·적대적-공생적(adversarial-symbiotic) 관계이며, 제도화 경계를 넘어서서 초-제도적(supra-institution) 정치-미디어 복합체 유형이다. 정치와 미디어의 긴밀한 관계를 형성한다는 입장에서 정당과 미디어가 정치적 지향점을 추구하는 정당-미디어 병행관계도 하나의 상호 의존관계라고 볼 수 있다.

반대로 정치와 미디어가 상호 간 영향력이 미약한 정도인 경우 [Ⅳ유형]은 정치와 미디어의 역할이 미분화된 저발전의 형태이다. 정치적 분화도 발달하지 않았지만 미디어의 사회적 역할도 기대할 수 없는 전근대적 정치문화에 속한다.

정치가 미디어에 미치는 영향은 크나 미디어가 정치변화에 미치는 영향이 작은 유형 [Ⅲ유형]은 미디어가 정치논리를 추종한다는 점에서 종속이라고 말할 수 있다. 미디어가 자신의 논리가 없거나 매우 미약한 채로 강력한 정치권력의 통제에 속박되어 있는 경우, 흔히 미디어가 도구화되었다고 부르는 때는 이 범주로 분류된다.

정치가 미디어에 주는 영향은 미미한 반면, 미디어가 정치에 미치는 영향력의 정도가 큰 유형인 [Ⅱ유형]의 경우는 정치의 미디어에 대한 의존도가 높게 나타난다. 이 유형은 정치가 미디어에 대한 적응을 위해 미디어에 의존하는 '미디어 추동 민주주의(media-driven democracy)' 또는 '미디어에 의한 정치'이다. 이 유형은 정치가 미디어에 대한 자율성이 상대적으로 제한되면서 미디어에 의한 정치와의 상호작용 속에서 국민적 여론과 동의를 구한다(조항제 2003, 21-24).

정치가 미디어에 주는 영향과 미디어가 정치에 주는 영향이 모두 큰 경우는 상호 의존관계를 형성한다. 언론과 국가관계에 대한 다원주의자들의 적대적-공생적(adversarial-symbiotic) 관점은 이 상호관계에 해당된다고 볼 수 있다. 미디어 정치가 제도화의 경계를 넘어서서 제도화의 의미 자체를 깨뜨릴 우려마저 있는 초-제도적(supra-institution) 정치-미디어 복합체나 한국 신문의 대북 보도 분석을 통해 실증적으로 증명했던, 정당과 미디어가 같은 정치적 지향점을 추구하는 정당-미디어 병행관계도 이 상호 의존관계의 일종이다(조항제 2003, 23-24).

이 네 가지 유형 중에서 민주화된 국가는 주로 미디어가 정치에 미치는 영향이 강한 경우, 즉 미디어에 의한 정치와 미디어의 상호 의존범주에 해당하며, 미디어 권력 역시 이 범주에서 나타난다.

2. 미디어와 정치과정

미디어는 정치과정에 많은 영향을 미치고 있다. 미디어는 정치과정에 변화와 발전을 가져왔고, 정치발전은 과거보다 강력한 뉴미디어의 활용에서 더욱 가속화되었다. 미디어의 발전은 정치과정이 정치사회화와 정치 커뮤니케이션의 중심으로 전이되면서 기존의 정당의 위상과 역할도 변화하게 되었고 정치행태도 보다 더 과학화되었다.

정권을 창출하고 이데올로기를 대표하던 대중정당은 내부적 결속이 약해지면서 정치인 중심의 개별 이미지가 더욱 더 선거과정에서 많은 영향력을 갖게 되었다. 정치과정에서 미디어가 영향력을 행사하는 것은 미디어의 누적성(Cumulation), 편재성(ubiquity), 그리고 동조성(consonance) 때문이다.[46] 미디어의 영향력은 정치적 기능을 수행하는 충분조건을 갖추고 정치기능의 일부를 담당하게 된다.

페치(Pfetsch 1998)는 미디어가 정당의 기능을 대신하면서 정치체제의 중심으로 자리잡고 정치 및 정부에 있어서 제도의 실천으로 미디어 민주주의를 주장한다. 이미 미디어는 정치과정 전반의 필수적인 장치가 되었다고 한다.

미디어의 발달은 대의기구인 정당의 기능은 쇠퇴시키고 그 기능의 일부를 미디어가 담당하게 되었다. 미디어는 의제선정의 문제에서 정책결정 과정에까지 정치과정에 깊숙이 관여되어 왔고, 정치권력의 투명성을 담보하여 정치발전을 이루는 촉매역할을 하고 있다.

---

46) 미디어의 영향력과 정치적 효과는 미디어가 지속적으로 제공하는 정보들이 오랫동안 누적되어 쌓이면서 강력해지고, 인간이 존재하는 곳에는 어느 곳에나 도달하는 편재성도 그 효과를 강력하게 한다. 그리고 각각의 미디어들은 상이한 정치적 내용을 전달하기보다는 동질적인 내용을 전달하기 때문에 수용자들의 선택적인 노출의 가능성이 배제되고 이에 따라 미디어의 효과도 강력해지는 것이다(구경서 2001, 88).

또한 선거제도의 변화와 선거과정에서의 대국민 지지 유형의 선거 행태로 변모하기에 이르렀다.

오늘날 선거는 특정 정당을 기반으로 한 이데올로기 선거가 아니라 특정 정치인을 중심으로 한 이미지 선거행태로 변모하고 있다. 미디어는 정치적 이슈가 있는 정치인에 초점을 두고 선거 보도를 하고, 선거를 치르는 당사자도 정치적 문제나 정책을 가지고 국민에게 호소하기보다는 정치적 이미지를 부각시키기에 급급하다. 그래서 선거과정에서 정책은 보이지 않고 정치적 이벤트만 난무하고 즉흥적 국민의 감성에만 호소하는 선거문화로 자리잡고 있는 실정이다.

미디어 선거에서 가장 중요한 투표결정 요인은 입후보자의 정치적 쟁점이나 이슈보다 퍼스낼리티(personality)가 대중들의 지지요인으로 작용하게 되었다. 즉 특정한 퍼스낼리티로서의 입후보자에 대한 대중들의 인식이 선거에서 가장 우선적 요인이 되었다. 그 다음이 입후보자들을 중심으로 형성되는 쟁점의 순으로 변화되었다. 정당의 가입 여부나 소속집단 등의 요인은 뒤로 밀렸다(Kessel 1984, 251-253).

이와 같이 미디어가 정치에 많은 영향력을 미치는 이유는 현대 정당기능의 약화 또는 변화현상 때문이다. 사회가 점차 분화되고 전문화되어 감에 따라 이전의 정당의 관료화나 거대정당의 권력화의 한계에 직면하게 되었다. 정치사회화와 정치 커뮤니케이션의 중심으로서의 정당, 특정 이데올로기를 표방하면서 정치적 대표성도 함께 가지는 대중정당(mass party)은 이제 사라지게 될 것이라는 전망이다.

정당의 이데올로기적인 성격은 약화되면서 그 대신에 생겨난 것은 다양한 이익집단의 상충된 이해를 대변하는 '잡동사니 정당(catch-all party)'[47]이나 특정 인물을 중심으로 선거시에 표를 모으기 위해 급조되는 '선거정당(election party)', 내부 결속력이 약해 지지기반이 수시로 바뀌는 '의견정당(opinion party)'들이다. 정당의 이념적 특성이 약하고 내적 갈등은 큰 '잡동사니 정당'이 양당 경쟁의 구조를 취하고 있을 때는 일시적이면서 응변적인 선거전략이 많이 쓰이며, 이에 따라 미디어 역시 정치무대에서 큰 비중을 차지하게 된다.

이러한 정당들의 성격은 이데올로기적 대표로서보다는 각종 이익집단들의 정치적 '대리인(agent)'의 의미가 더 크다고 볼 수 있다. 이 정당들의 공통적 특성은 조직보다는 개별 정치인의 비중이 더 크고, 이데올로기적 정체성보다는 이슈별 정체성이 더 크다. 또한 당원들 간의 인적 커뮤니케이션보다 미디어를 이용한 매스커뮤니케이션에 대한 의존도가 훨씬 높다(Mancini & Swanson 1996).

미디어의 권력화는 정치변화를 가속화하고 정치권력의 구심이 미디어라는 강력한 중간변수에 의해 영향을 받게 되었다. 정치적 대의기구로서의 정당기구의 퇴조는 정치적 이슈를 미디어가 그 일부를 수용하는 행태로 나타나고 있다.

---

47) 서구 정당체계에서 포괄정당은 좌와 우의 이념적 기반의 바탕에서 형성된 정당들이 중앙으로 수렴하는 경향을 의미한다. 이와는 달리 이념적 분화가 없는 매우 협소한 정치적 대표체제 위에서 모든 정당들이 모든 계층의 유권자들로부터 지지와 대표성을 얻으려는 태도를 가리키는 것으로, 사실상 대표하지 않는 사회적 기반이 없는 조직이라는 것을 의미하는 것이기도 하다.

선거제도가 어떤 형태를 취하느냐에 따라 미디어가 선거에 미치는 영향력은 크게 달라진다. 구체적으로 다수대표제냐 비례대표제냐에 따라 미디어가 선거에 미치는 영향은 달라질 수 있다. 비례대표제일 경우 정당의 역할이 커지고 정치의 인격화가 다소 줄어들기 때문이다. 정당경쟁의 구조 역시 마찬가지이다.

정당 간의 경쟁이 이익집단별로 다당제의 형태를 띨 때, 또는 정당체제와 계급, 인종, 지역 등의 사회적 균열선과의 유대가 강할 때 상대적으로 정당의 색깔이 분명해지면서 미디어의 역할은 줄어들게 된다. 선거 캠페인에서 미디어를 이용하는 방식에 대한 제도화도 정치에서 미디어의 비중을 결정하는 중요한 변수다. 예컨대 미디어 정치광고가 금지된 제도에서나 정당별, 후보별로 미디어 시간을 균일하게 할당하는 제도에서 미디어의 비중은 그렇지 않은 경우보다 작아지게 된다.

Ⅲ. 정치권력과 미디어의 권력관계

1. 민주주의와 미디어 권력

현대 정치에서 민주주의와 미디어는 불가분의 관계에 있다. 민주주의를 구현해 나가는 데 있어서 미디어의 힘은 정치체제에 작용하는 어떤 형태의 제도적인 변인보다 영향력이 가장 강력하다. 특히 현대 정치가 민주주의를 표방하면서 직접민주주의가 불가능한 대의민주주의 체제 하에서는 미디어는 직접민주주의를 가능케 하는 커뮤니케이션 역할을 한다. 또한 미디어는 정치권과 국민들 간의 직접 대면할 수 있는 쌍방향적 커뮤니케이션과 상호 의견을 교환하고 여론을 수렴하는 기능을 한다.

스캠멜(Scammell 2000)은 민주주의 체제가 미디어에 부과하는 기능이 교양인을 육성하기 위한 정보교육 기능, 사회 내의 다양한 의견을 반영하는 대표기능, 국가권력을 비롯해 특권적 집단의 권력을 감시하는 감시기능으로 구별하여 논의하고 있다.

비슷한 맥락에서 노리스(Norris 2000)는 시민포럼 기능, 정치적 참여를 제고하는 동원기능, 그리고 자유로운 경쟁을 도모하는 정치적 자유와 권리의 보장, 곧 감시기능 등 세 가지를 규정하고 민주주의를 위한 미디어 기능을 기재하고 있다. 미디어는 정치적 참여의 기회를 확대하고 자유로이 자신의 의견을 주장할 수 있을 뿐만 아니라, 상호 간의 의견을 나누고 공론화하여 여론을 형성하고 국가권력을 비판할 수 있는 기능을 담당한다. 이러한 정치에 대한 참여의 폭을 확대하고 정치적 자유와 인권을 보장받고 국가권력을 감시할 수 있는 기능을 미디어 보급과 확대에서 찾아볼 수 있다.

바넷(Barnett 2000)은 미디어 권력을 매개의 권력으로 정의하면서 정보와 이해, 합리적이고 비판적인 토론, 시민사회의 여러 결사를 포함한 각종 민주주의 제도에 대한 참여, 그리고 대의제에서의 대표와 책임기능의 활성화 등을 들고 있다. 미디어는 건전한 시민토론의 장을 제공해 주고 커뮤니케이션 역할을 담당하게 된다. 사회가 분화되어 감에 따라 유기적 인간관계를 매개하는 미디어의 더욱 더 많은 역할을 기대하면서 정보를 생산하고 제공하는 커뮤니케이션의 주체에 의한 권력의 작용이 확대된다. 따라서 권력은 하나의 실체의 권력이 아니라 매개의 권력이고, 관계권력으로 전이되고 확대될 것이다. 권력의 전이가 빨라지면서 정치변화도 급변하고 민주주의 발전에도 많은 영향을 미친다. 민주주의 발전은 정보의 유통이 확대되고 국민들의 정보에 요구가 더 한층 증가하게 된다.

민주주의 입장에서는 국민의 알권리를 충족시키는 역할을 미디어가 담당하고 국민들의 여론을 정치권이나 정부에 전달하고, 정책결정 과정에서 의사소통뿐만 아니라 국민의 참여를 강화시키는 기능을 하고 있다고 본다. 특히 미디어의 정보생산과 정보전달은 국민 대다수의 정치적 식견을 고양하고 정책에 대한 정보를 적절히 제공함으로써 정책에 대한 선택의 폭을 넓혀주고 있다.

그러나 미디어가 민주주의를 후퇴시킬 수도 있다는 우려의 목소리도 있다. 미디어는 즉흥적이고 오락적인 특성을 갖고 있기 때문에 정치를 단지 오락물로 치부하거나 상업적 유행에 민감하게 작용할 우려가 있다. 미디어가 정치를 지나치게 감각적인 이슈나 문제에 한정하기 쉽다. 따라서 정치적 본질을 간과하게 만들어 사회문제를 둘러싼 정치적 참여자로 이끌기보다는 정치적 무관심으로 만들어 능동적으로 대중을 이끌지 못한다는 것이다.

민주주의와 미디어가 현대사회에서 긍정적이든 부정적이든 미디어가 정치과정에서 일종의 제도화된 '병목(bottle's neck)'이 되는 것을 용인하며, 미디어가 단순한 수단에 머물지 않고 일정한 권력을 갖게 한다(조항재 2003, 51-52). 조항재(2003, 53)는 이러한 미디어의 병목적 권력이 민주주의의 권력구조에 어떻게 기능하고 효과를 발휘하는가에 초점을 맞추어 논의하고 있다. 미디어의 정치적 효과와 관련되어 최근에 등장한 이론은 미디어의 '의제설정' 기능이나 '틀짓기(framing)', '점화(priming)' 효과 등을 예로 들 수 있다. 이들은 미디어가 권력의 여러 측면에서 "어떻게 권력이 행사되는가", "권력의 수준은 어느 정도인가", 그리고 "권력의 방향성은 어떠한가"를 분석 가능케 한다.

전통적인 의미에서 정치권력은 지배수단으로써 미디어를 활용하여 권력을 획득하고 유지한다. 이들은 여론에 의한 정치를 표방하면서 각종 여론에 영향을 미치기 위해서 신문이나 방송을 활용한다. 권위주의 정권일수록 미디어를 통제하고 여론을 조작한다. 권위적인 정권에서 미디어가 정치과정에 필수적인 장치가 되어 권력을 형성하고 제도화하는 것은 미디어가 자신의 논리에 따라 선택적으로 작동하지 못하고 권력에 의존하기 때문이다.

현대 정치에서 미디어를 정치발전의 측면에서 수용하는 데 있어서는 대중들의 의식이 중요하다. 정치발전과 미디어는 밀접한 관계에 있다. 흔히 하는 말로 정치발전이 안 되는 이유를 미디어에서 찾을 수 있다고 한다. 이러한 이유는 정치권력과 미디어가 긴밀한 관계에 있고, 이들의 이익은 상호 밀접하기 때문이다.

미디어가 정치 관련 보도를 객관적으로 하기 위해서는 정치에서 한발 떨어져 정치를 관찰해야 한다. 정치와 거리를 두지 않으면 보도나 논평 그 자체가 정치 속에 함몰되어 정치적 사건에 대한 검증을 제대로 하지 못하게 된다.

정치권과 정치권력은 정보와 여론을 다양하게 조작하여 왔다. 정보조작 방법은 원시적인 탄압이나 매수 · 회유뿐만 아니라 교묘한 은폐, 기술적 양동(陽動) 조작, 간접적 권위조작 등 다양하게 이루어져 왔다.

과거 한국 정치에서는 미디어가 군사독재 정권을 감시하고 견제하는 대신 그들이 국가권력을 획득하고 유지하도록 도왔다. 독재정권은 민주화를 요구하고 정권에 반대하는 민주세력들을 탄압하는데 미디어를 이용하였다. 미디어는 군사독재 권력의 시녀 또는 주구로 전락하고, 그들의 논리에 봉사하고 정치권력 관계에 종속되었다. 나아가 미디어는 스스로가 권력기구로 무장하기도 하고 권력의 기구로 작용하는 등 많은 영향력을 행사하였다.

한국의 미디어는 또 하나의 권력기구로 작용하여 권력을 남용하고 미디어 자신의 이익을 위해 봉사할 수 있는 사회구조를 재생산하도록 헌신하였다. 과거의 군사정권에서는 보도지침이나 언론사의 기관원 출입 등을 통해 미디어를 통제해 왔고, 관변이나 친정치권 인사들을 직·간접적으로 개입시켜 미디어를 통제해 왔다. 문민정부에 들어와서도 협조요청을 가장한 은밀하고 세련된 형태의 미디어 통제는 존속되어 왔다. 또한 미디어에 종사하던 사람들이 직접 정치권력이 뛰어들어 정치권력에 영향력을 행사하는가 하면, 정치권력과 미디어 간의 연결고리를 더욱 더 심화시키는 현상까지 대두되고 있는 실정이다. 심지어 미디어에 종사하던 사람들이 정치권력에 가장 잘 노출되어 왔고, 그들의 정치적 역량은 한국 사회의 또 하나의 사회구조를 왜곡시키기에 충분조건을 갖추고 있다고 해도 과언은 아니다.

2. 정치권력과 미디어 권력의 상관성

현대 민주사회에서 정치권력과 미디어와의 관계를 어떻게 정립하는가는 매우 중요한 문제이다. 과거의 정치에서 미디어는 정치권력의 시녀로서 정치권력에 봉사하고 권력을 매개하는 역할을 하였다. 그러나 미디어가 발달한 현대사회에서 미디어는 스스로가 권력을 창출하고 권력으로 무장하게 이르렀다. 정치적 공론을 제공하는 기능으로서 미디어는 한갓 과거의 허상일 뿐 오늘날에는 미디어 자신에 의한 정치권력이 이루어진다고 본다. 오히려 정치권력보다 더욱 더 강력한 권력을 추구하고 정치권력을 수단화하려는 경향이 있다.

그렇다면 정치권력에 미치는 미디어의 영향력은 어느 정도인가. 미디어의 보이지 않는 힘은 누가 어떻게 사용하여 왔는가, 아니면 미디어 스스로가 권력화되어 권력을 행사하고 작용하여 왔는가를 규명해 볼 필요가 있다.

일반적으로 정치권력은 다의적 개념으로 사용되어 왔다. 베버(Weber)에서부터 다알(Dahl)에 이르기까지 정치권력은 정치학의 핵심적 자리에 위치하고 있다. 대체로 정치권력은 “상대방 마음을 제어할 수 있는 힘” 또는 “상대방 마음을 권력자의 의지대로 움직일 수 있는 힘”이라고 정의하여 왔다. 또는 이스튼(Easton)은 “가치의 권위적 배분”이라고 하고 있으나 미디어 학자들은 정치권력을 상대적 개념으로 이해하려는 노력이 있었다.

룩스(Lukes 1974)는 권력의 형태를 육체에 가해지는 힘인 도구적인 것 외에 의사결정을 포함해 행위에 가해지는 구조적인 것, 그리고 사고나 인지에 영향을 주는 인지적 · 상징적인 것도 포함된다고 말한다. 이러한 권력의 개념 확대는 권력의 실체적 현상보다 권력이 작용하는 관계를 이루는 상호 간의 관계 속에서 권력을 확대하고 있다. 루만(Luhmann 1975, 11)은 권력관계를 피권력자의 커뮤니케이션 관계로 파악하고 권력을 상대방의 선택가능성의 범위를 제한하는 기능을 수행하는 하나의 "상징적으로 일반화된 커뮤니케이션 매체"라고 한다. 루만(Luhmann 1975)은 권력에 대한 일반이론을 상대방의 행위에 선택가능성을 고려하고 그러한 선택에 영향력을 미치는 작용을 권력으로 보았다.

다음으로 미디어 권력의 개념은 정치권력의 개념과 다르게 정의된다. 사실 미디어는 상대방을 강제적으로 제재할 수 있는 실체적 권력은 없다. 따라서 론네베르거(Ronneberger 1983, 262)는 미디어 권력을 미디어 영향력으로 규정할 것을 권하고 있지만 미디어 권력과 미디어 영향력을 동일시하는 것은 문제가 있다. 미디어 권력은 권력의 잠재성이 주어지는 효과에서 찾을 수 있다. 미디어의 효과는 정보, 의제설정, 공신력, 대중의지 등과 같은 여러 가지 복합적 작용에 근거를 두고 있다.

최용주(1998, 216)는 미디어 권력은 규범적인 언론의 공적 과업에 근거를 두고 있는 것이 아니라, 미디어가 권력관계 내에서 실제적으로 상대방의 선택가능성을 제한하는 경우에 기인한다고 본다. 맥퀘일(McQuail 1979)은 미디어의 힘은 어떻게 작동하는가보다 누가 그 힘을 사용하는가에 초점을 두고 있다. 미디어 권력의 실체를 긍정하기보다는 그 권력을 행사하는 사람이 미디어를 통하여 권력

행사를 이루고 작용하는 기제로 인식하기 때문이다. 이미 정치권력은 미디어 권력에 종속되어 있고, 결국은 미디어 권력을 장악하는 개인이나 단체가 권력을 장악하게 된다는 것이다.

한편으로 미디어 권력이 정치에 어떻게 작용하는가를 규정하고, 이러한 미디어 현상을 권력작용 자체로 분석하는 연구들이 늘어나고 있다. 스트리터(Streeter 2001)는 미디어의 권력현상을 대중적 상식이 만들어지는 방식과 연관된 담론적 권력과 특정한 이해, 또는 정체성이 인정되거나 배제되는 접근권력, 그리고 미디어가 정부와 국가의 행위에 영향을 미치는 방식과 연관된 자원권력 등으로 세분하고 있다. 버넷(Bennett 2000)도 매개의 권력으로써 미디어 권력을 권력의 세 가지 측면, 즉 '벌거벗은 폭력' 정부와 같이 '제도화되고 절차화된 권력', 그리고 가치나 사고방식처럼 인간의 의식 속에서 작용하는 '인지적 권력' 등에 맞춰 각각에서 미디어 권력이 작동하는 양상을 보여준다.

그러나 생각해 보면 미디어 권력도 정치권력의 속성을 담고 있으며, 대중적 권력작용과 정부와 국가에 영향력을 행사하는 권력으로 상호 각기 다르게 권력작용을 행사한다. 미디어 권력은 상대적으로 자율성을 유지하며 독자적인 권력을 추구하고 행사함으로써 권력을 확장하고 지속시키고 있다. 자율화된 미디어 권력은 정치제도화에 참여함으로써 권력행위와 권력현상으로 정의되고, 정치행위에 영향력을 행사하고 정치권의 주변이 아니라 정치의 핵심으로 자리잡고 있다.

민주주의의 성숙 정도에 따라 미디어 권력이 제도화된 권력의 참여 정도와 그 수준이 다르게 나타난다. 다원화된 사회가 가속화될수록 미디어의 역할이 증대되고, 미디어의 역할은 미디어 권력으로 변형된다. 정치의 다원화는 정보의 생산과 활용이 확대되면서 정보를 매개로 하는 미디어가 그 역할과 기능에 주목받고 있는 실정이다.

조항제는 미디어 권력을 자율화된 미디어가 권력의 제도화에 참여함으로써 나타나는 권력행위와 권력현상으로 정의되며, 미디어의 영향력 정도가 상대편의 논리를 심각하게 변형시키는 경우라고 지칭한다(조항제 2003, 54). 조항제(2003, 16-17)는 미디어 권력을 관계적 측면에서 제기한다. 권력의 도구, 구조, 상징 등이 모두 관계가 전제된 커뮤니케이션의 수단이기 때문에 권력은 권력자와 피권력자 간에 서로 다른 형태의 권력자 간, 새로운 권력자와 과거의 권력자 간의 여러 관계가 내포되는 상대적 · 상호 의존적(relative interdependent)인 것으로 보고 있다. 이러한 권력은 이전 권력의 자의성을 벗어나 항상 조건(contingency)과 맥락(context)을 통해 행사되는 것이기도 하다. 제도화 또는 합법화는 흔히 권위로 불리면서 권력과 구별되기도 하는 공적 권력의 필요조건이다. 사적 권력은 공적 권력의 이러한 현재성에 비해 잠재성이 크다고 말한다.

권력의 자의적 행사를 고려하여 미디어를 바라볼 때, 미디어도 하나의 권력을 행사하는 권력체라고 볼 수 있다. 다만 권력의 수단으로 언어와 매체를 활용한다는 측면에서 권력의 자의적 행사와는 다르고, 권력을 행사하는 주체가 분명하지 않지만 누구라도 미디어를 활용한 권력의 행사가 이루어질 수 있다. 특히 한국의 정치현실을 감안해 보면 미디어 권력의 실체를 파악한다는 것은 한국 정치의 현실을 똑바로 직시하고 한국 정치가 추구해야 할 가치와 방향을 설정하는 기준이 될 것이다.

현재 정치권에서 추진하고 있는 "언론관계법"과 관련하여 미디어 권력의 속성과 그 실체를 규명한다는 것은 그만큼 시대적 과제이고, 우리가 안고 있는 현실정치의 한계를 노정시키는 것이다. 민주주의 사회에서 미디어의 역할이 그만큼 중요해진 요인이기도 하지만, 민주주의가 올바르게 정립되고 미디어 권력이 정당성을 갖추기 위해서는 미디어를 본질적인 상호 이해관계 속에서 이해해야 한다.

3. 정치과정에서 미디어의 권력화

정치권력과 미디어 권력과의 관계는 협조적이면서 상호 모순적 관계이기 때문에 일정한 유형의 관계설정이 어렵다. 다시 말하면, 정치권력과 미디어 권력과는 상호 보완적 관계이면서 상호 배타적 관계에 있다. 이들은 어느 일방이 권력을 독점하거나 권력을 행사할 수 없다. 여기서 정치권력과 미디어 권력은 치순관계로 대표되며, 상호 영향을 미치며 또한 영향을 받는다는 것을 알 수 있다.

먼저 정치권력 행사에서 미디어는 국민들에게 정보를 전달하기 위한 수단으로 작용하고 여론을 형성한다. 또한 미디어는 정책결정과정에서 정당과 이익집단의 여러 기능을 담당하고 커뮤니케이션 역할을 한다. 대체로 의사결정 과정에서 사회현실에 대한 정보는 미디어를 통하여 정보를 습득하고 국민적 지지 형성을 이어간다. 미디어도 모든 정치과정에 적극적으로 관여하면서 권력화되어 간다. 미디어의 정치과정에서의 침투는 정당과 선거문화 등 정치적 의사결정 과정에서 많은 변화를 야기하고 있다.

다음으로 정치과정에서 정당기능의 약화와 선거문화의 변화이다. 정당은 정치지도자의 충원, 정권획득, 정부조직의 기능을 담당하고 여론을 형성하여 국민들의 지지를 담보한다. 미디어 체계를 도구화하기 위해 정치체계, 정치 PR과 정치 마케팅 등 커뮤니케이션 전략을 도입하고 있다. 정치적 행위가 하나의 정치적 사건이 되기 위해서는 먼저 보도의 대상, 미디어의 주요 관심사가 되어 이슈화되어야 한다. 이러한 이슈화된 이벤트 정치는 국민들의 관심의 초점을 집중시키기에 충분조건을 갖추고, 국민들은 미디어에 의한 정보제공의 일방적 기사내용에 유인된다.

최용주(1998, 223)는 정치권력으로부터 미디어의 도구화를 매스 커뮤니케이션 과정의 투입단계에 집중되어 있다고 말한다. 정치체계는 미디어 체계가 메시지를 생산해내는 데 자신으로부터 많은 정보를 필요로 하고, 정치적 결정과 정치적 행위는 미디어가 정치적 현실을 구성하는 데 없어서는 안 되는 중요한 정보라고 한다.

정치권력과 미디어 권력은 상호 침투되어 정치는 미디어화되고, 반대로 정치체계는 커뮤니케이션 과정에 침투함으로써 미디어는 도구화된다. 이러한 상호 침투를 최용주(1998)은 '정치의 미디어화' 그리고 '언론의 도구화'라고 말한다.

미디어가 권력화되어 가는 현상을 조항제(2002, 18)는 발전된 시민사회의 산물이고 권력이 분산되는 민주주의 사회의 한 단면의 반영이라고 한다. 1987년 이후 권위적 군사정권이 붕괴된 이후 정치 민주화 과정에서 강력한 권력의 자의적 행사의 쇠퇴와 함께 반대급부적으로 한국에서의 미디어의 자율성과 영향력은 점차 신장되었다고 본다(윤영철 1995).

정치적 민주주의 과정에서 과거의 권위적인 정권의 지도력이 약화되면서 권력의 공백이 생기고 그 권력 균열의 틈을 미디어 권력이 여러 정치분파들과 경쟁하면서 자신의 권력을 강화시켰다(박관승 외 2000). 따라서 미디어 권력은 국가권력의 균열의 틈새 속에서 경쟁적 우위를 확보하고, 나아가 국가권력에 버금가는 권력을 공고히 하는가 하면 일부에서는 국가권력을 능가는 독립적 권력기관으로 부상하였다(김민남 1995).

이러한 현상은 한국의 미디어 권력이 과거 국가권력의 틀에서 벗어나 자율적 미디어 단계로 진입하는 과정에서 이전의 권력을 견제하고 국가기관의 감시역할보다는 독자적인 자기 권력의 강화를 추구하는 새로운 권력기관으로 자리매김하였다. 권장원(2002)은 한국 방송과 언론은 언론사 내부의 연고 중심의 관계적 분포의 특성을 보이면서 지배적 영향력을 행사한다고 본다. 나아가 연고에 의한 관계구조가 정치적 권력 감시 및 비판기구로서가 아니라 권력화된 언론사의 조직행위적 특성화가 되어가고 있다고 지적한다(권장원 2004).

미디어의 권력화 조건으로 조항제(2003)는 개별 미디어의 특성과 저널리즘 문화, 상징의 분화 정도와 개별 미디어의 시장 위치, 그리고 내부의 조직문화와 소유의 영향을 말한다. 또한 선진민주주의와 미디어의 권력화 논의를 지배 이데올로기론(위임된 미디어 권력)과 다원주의 · 공공영역 이론(미디어 권력의 자율성과 분산 가능성), 그리고 미디어 민주주의(중개 권력으로서의 미디어론)로 세분하여 논의하고 있다(조항제 2003, 55-56).

먼저 지배 이데올로기론은 서구사회에서의 미디어의 예를 들면서, 미디어의 모습은 사회 내의 지배적 사고 및 행위양식을 추종하면서 이를 확대 재생산한다. 미디어와 사회가 맺는 관계 이전 자유 · 다원주의의 상호 의존이나 견제 · 균형과 달리 계급적 지배의 개념을 적용한다. 이 개념은 미디어가 한편으로는 자본주의 체제의 계급적 권력관계에 의해 지배되면서 다른 한편으로는 그 지배를 통해 위임된 권력으로 수용자의 의미체계를 지배하는 미디어의 이중적 권력관계를 나타낸다.

다음으로 다원주의 · 공공영역 이론은 전통적인 맑스주의와 경험주의 사이의 그람시적 '결정론' 또는 '기능주의'의 거부, 미디어의 자율성 확대로 요약될 수 있다. 미디어의 자율성은 구체적으로 미디어의 계급적 지배 이데올로기로부터의 자율성, 수용자에게 미치는 효과의 미디어 텍스트로부터의 자율성, 미디어의 소유권으로부터의 자율성, 미디어의 다른 사회권력 전반으로부터의 자율성 등이다. 이런 관점에서 볼 때, 미디어 권력은 이전과 달리 미디어가 상당한 자율성을 가지고 정치 · 사회권력과의 관계와 경쟁 미디어와의 관계, 그리고 수용자와의 관계에서 경쟁(합) 또는 공모하면서 미디어 스스로 '만드는' 것이 된다고 본다.

미디어 권력의 자율성은 정치권력(국가)의 민주화와 수용자(시민사회)의 자율성 강화, 공영 미디어(경쟁 미디어)의 활성화가 이루어지면 개별 미디어의 권력 정도와 방향성이 바뀌지 않을 수 없다. 미디어 조직 간 차이와 역할 분담을 통해 시장 미디어에 집중된 권력을 분산시킴으로써 민주주의의 질을 제고하고자 하는 전략이다.

마지막으로 미디어 민주주의이다. 미디어 민주주의는 정치에 대한 미디어의 영향력, 미디어 논리의 정치에 대한 개입으로 인해 나타난 현대 민주주의의 새로운 현상에 주목하면서 이제는 정치현상을 정치논리만으로 설명할 수 없는, 정치와 미디어가 '서로를 구성하는(mutually constituted)' 복합적인 것으로 본다. 이 접근은 대중적 주목을 필요로 하고 자신의 재생산 요구가 큰 자율적 · 상업적 미디어가 정치에 개입하여 정치현상의 상당부분을 변형시키고 있다고 보고 있다.

개별 미디어의 특성과 저널리즘 문화의 특성에 대해서 페치(Pfetch 1998)는 뉴스 관리(News management) 시스템을 예로 들면서 정치적 또는 정당 중심적 뉴스 관리와 미디어 중심적 뉴스 관리의 논리를 든다. 정당 논리는 정당이 정치의 중심이 되어 유권자들을 동원하고 통합하는 논리이다. 그러나 미디어 논리는 미디어 조직에 의해 정치적 이벤트나 의제가 이목을 끌고 대우를 받으며 의미를 얻는, 곧 미디어 포맷과 뉴스 가치 그리고 뉴스 조직의 전략이 정치를 좌우하는 논리이다.

결국 민주주의에서 미디어의 힘이 강해지고 제도적 측면에서 권력화의 길을 밟고 있다는 인식을 공유하고 있다. 지배 이데올로기론이 미디어의 권력을 외부로부터 위임된 것으로 보는 데 비해 다원주의, 공공 정치, 사회권력 등과 경쟁(합)적이면서 때로는 공모적이기도 한 권력을 가지고 있다고 보고 있다. 미디어 민주주의론은 현대 정치 자체가 사적 미디어+공적 정치가 될 수밖에 없음을 지적하고 있다(조항제 2003, 67-68).

시장분화 정도와 개별 미디어의 시장 전제조건은 같은 종류의 미디어라 하더라도 그 미디어의 시장위치가 어떠하냐에 따라 개별 미디어의 권력 정도는 달라진다고 본다. 미디어 시장이 분화되어 있는 사회에서는 전체 시장에 대한 점유(부수, 시청률이나 광고 점유)와는 별 관계없이 부수나 규모가 작더라도 정치적 영향력은 큰 이른바 '권위지'(신문의 경우)가 있다. 그러나 만약 이 시장이 통합되어 있는 경우는 개별 미디어의 상대적 시장 점유치가 그 미디어가 가진 권력의 정도에 가장 크게 작용하는 변수가 된다. 또 그 시장이 독과점으로 과두(寡頭)화되어 있으면 있을수록 기업 간 담합의 정도가 커지고, 하나의 정치적 견해가 다른 견해를 누르고 모든 미디어로 확산되어 가는 공명(consonance) 현상도 커지게 된다.

다음으로 내부의 조직문화와 소유의 영향은 미디어의 자율성이 커지면 커질수록 미디어 내부의 의사결정 과정이 중요해진다. 일반적으로 의사결정이 신속 명료하며 갈등이 없으면 결정된 의사에 대한 구성원 간의 합의가 크거나 어느 한 쪽의 헤게모니가 아주 강하면 강할수록 미디어의 정치적 입장은 일관된다.

마지막으로 언론인의 성향은 최근 나타나고 있는 스핀닥터(spindoctor)[48] 현상을 주목해 볼 필요가 있다. 언론인의 권력성향은 이들을 자신에 대한 나르시시즘에 빠지게 하거나 미디어 내외로부

---

48) 스핀닥터(spindoctor)는 정당이나 기업 등의 미디어 담당 전문인을 가리키는 말이다. 이러한 스핀닥터에는 미디어의 생리를 잘 알아야 되는 그 기능 때문에 주로 언론인 출신이 기용된다. 스핀닥터가 언론인들에게는 일종의 '회전문'이 되는 셈이다. 스핀닥터 현상은 언론인들의 취재관행과 권력성향에 상당한 영향을 미친다. 만약 이러한 현상이 여러 이유들로 보편화되어 있는 사회라면 언론인 개인의 권력추구 성향은 그렇지 않은 사회에 비해 훨씬 더 커진다고 본다.

터 강한 인정욕구 등을 갖게 만든다. 권력 취재원이나 미디어 조직은 이 권력성향을 통제에 이용한다. 일상적 통제가 없다 해도 언론인이 조직의 정책이나 규범을 쉽사리 벗어나기 어려운 이유 중 하나는 바로 이 권력성향 때문이다(조항제 2003, 31-45).

Ⅳ. 한국의 정치권력과 미디어의 권력통제

1. 국가와 언론관계 정립

한국에서 미디어 권력의 생성은 민주화 과정에서 권위주의 체제의 지도력과 장악력이 약화됨으로써 발생한 권력의 빈 공간에 진입하여 이를 선점해 왔다. 과거 군사정권의 언론탄압과 미디어 통제는 1987년 6·29선언에 완화되고 국가권력과 언론과의 새로운 관계 설정이 모색되기에 이르렀다. 이러한 모습은 언론의 자율성 강화와 언론의 질적 변화로 새롭게 부각되었다. 문민정부에 이어 참여정부는 언론의 자유를 위해 관련된 제도와 정책을 가시화했다.

새로운 언론관계의 성립은 '상호 이익교환' 모형에 의존하는 유형으로 국가가 언론을 더 이상 강압적인 수단에 의한 위계적 통제의 대상으로 파악하는 것이 아니다. 언론은 사회지배 체제의 유지를 위한 하나의 중요한 협상 파트너로 인정하는 지배연합의 반영이다(박승관 외 2000, 100-101).

미디어는 국가권력을 견제하면서 독자적인 정책모형을 제시하는가 하면 강력한 발언권을 행사하고 영향력을 미치고 있다. 이미 언론은 지배블록의 여타 주요 분파에 대한 독자적 협상력을 강화해 올 수 있었으며, 그에 따라 국가 – 언론관계도 과거의 '국가주의' 또는 '국가주도적 후견주의' 의 관계에서 점차 벗어나 상호 유착과 이익교환을 바탕으로 하는 '조합주의' 관계로 전환된다(박승관 외 2000, 101).

결국, 한국 언론은 1980년대 후반의 정치 민주화 과정에 사후적으로 무임승차할 수밖에 없었던 것이다. 한국의 민주화 이후 언론이 누리게 된 확장된 자유는 권위주의 국가와의 투쟁을 통하여 언론 스스로 얻어낸 것이 아니라 외부적 상황전개에 의하여 타율적으로 주어진 것이며, 권위주의 국가의 '강한 강압' 의 철회에 따라 수동적으로 획득된 것이었다.

권위주의 국가가 행사하던 '국가 흡수적' 언론통제 방식이 약화되자 노태우 정권은 강제적 수단의 동원에 의한 '강한 통제'보다는 '약한 억압' 과 '강한 유인' 을 통한 포섭적 통제방식을 선호하게 되었다(윤영철, 1995). 이후 김영삼 문민정부에서는 과거의 언론정책을 지속하기에는 내재적 한계가 있었고, 언론을 '타율적 복종' 의 대상으로 파악하는 과거의 언론정책을 더 이상 추구하기 어렵게 되었으며, 국가는 '자발적 협조' 또는 '상호 이익교환' 모형에 기초하는 새로운 형태의 국가와 언론의 연합이라는 모형이 형성되었다. 이들은 상호 대립적이거나 갈등적인 것이 아니라 상호 의존적이며, 나아가 종속적 성격을 띠게 되었다.

그러나 지배체제의 모순과 비민주성이 폭로되면서 언론과의 행동방식은 이전과는 근본적으로 달라졌다. 국가권력과 상호 협조적인 관계에 의존하던 개별 분파 언론들은 자신의 지배체제의 통합 지향적 구속력이 낮아지는 위기국면에서 각자의 자기 중심적 개별 이익을 표명하고 상호 경쟁하는 자율적 행위자로서 자신의 존재방식과 행동목표를 재정의할 수 있었다(박승관 외 2000, 102-103).

이젠 한국의 언론은 국가권력과 실질적 경쟁관계에 있으면서 권력을 행사하는 일종의 '독립적 권력기관' 으로 부상하고 있다. 공정한 언론이 되기 위하여, 또 언론보도의 공정한 시각을 갖기 위하여 요구되는 것은 무엇보다도 언론인의 공정한 자세일 것이다. 언론보도의 공정성은 보도의 공정성은 말할 것도 없이 보도내용과 관련하여 보도자가 특별한 호의나 편견을 갖지 않은 채로 보도하는 것을 의미한다.

2. 국가권력의 미디어 통제

과거의 국가권력은 취재대상이나 정보원이라는 소극적 역할에만 만족하지 않고 적극적으로 정보를 미디어에 제공했다. 국가기관이 미디어에 정보를 제공하는 경우, 국가권력은 권력을 유지하고 확대하기 위하여 여론을 조작하거나 언론에 허위적인 정보를 제공하기도 한다. 이때 국가권력은 미디어를 활용하여 정보를 독점하여 관리하고, 필요에 따라서 정보를 조작하여 언론에 공개된다. 조작된 정보는 국가권력의 목적에 맞게 홍보효과를 극대화하거나 불리한 사항은 변형되거나 왜곡되어 제공된다. 이렇게 될 경우 미디어는 알게 모르게 국가권력의 홍보수단으로 이용되고 권력의 시녀로 전락하게 된다.

한국의 군사독재 정권들은 미디어를 통제하였을 뿐만 아니라 언론사에 기관원을 상주시켜 미디어를 감시하고 탄압하였다. 그들은 물리적 폭력으로 미디어를 통제한 것이다(이효성 2002 116-117). 정치권력에 협조적인 언론인은 정계에 요직으로 발탁되어 권력의 보호막이 되고 권력에 봉사할 뿐만 아니라 권력을 창출하는 데 적지 않은 기여를 해왔다. 특정 언론인들은 자신의 출세를 위해 정치권을 넘나들며 정권을 비호하고 때로는 비판하면서 정치권력과 관계를 형성하여 왔다. 미디어가 권력을 감시하고 비판하기보다는 오히려 권력에 아부하고 권력에 기생하면서 언론활동을 확대해 왔다.

한국의 미디어와 언론인들은 정권의 이러한 공생관계를 유지하면서 비약적인 외적 성장만을 추구하였고, 권력을 지향하는 해바라기식 권력의 시녀역할을 자행해 왔다. 국가권력과 언론 간의 이러한 공생관계를 '권언유착'이라고 부른다. 한국의 정치발전과 언론의 위상은 권언유착 관계를 정치하고 새로운 권언 패러다임을 모색해야 한다는 목소리가 드높았던 이유가 여기에 있다.

그런가 하면 한국 언론은 특정 정치인이나 정치권을 터부시하고 자신의 입지를 강화시킬 수 있는 정치권력과의 관계를 돈독히 하면서 권력을 지향하고 자신의 이익을 대변하였던 것이다. 현재의 언론의 행태는 민주화가 상당히 진행된 오늘의 모습에서도 나타나고 있다.

한국의 군사정권은 정권교체를 이루면서 문민정권에 이어 국민의 정부, 참여정부를 표방하고 발전해 왔지만 미디어와 정권의 관계는 여전히 담보상태에 있다. 새로운 정권의 탄생과 교체가 미디어와 권력관계의 변화를 의미하지는 않는다. 정치권력이 미디어의 통제를 담보하지 않고 미디어의 자율성을 보장하지 않는다면 언론은 정치권력과 대립하게 되고, 자신의 이념이나 노선에 편향된 언론관에 치우치게 된다. 정치권력으로부터의 자율성은 정치권으로부터 언론보도의 독자성을 의미하고 국민의 알권리를 충족시킬 보도의 공정성을 말한다. 그동안의 한국언론이 유사기관으로 권력의 보호 아래 기회주의적 입장을 취하고 사실을 왜곡하며 비민주주의 관행에 치우치게 한 요인은 정치권력과 언론의 쌍무책임이다.

3. 법적 · 제도적 미디어 통제

국가권력은 미디어를 법과 각종 규제를 통하여 통제한다. 국가권력은 미디어 활동과 내용을 규제하는 법률조항으로 형법, 국가보안법, 군사기밀보호법, 각종 선거법을 비롯하여 많은 법들이 미디어의 활동과 내용에 관련된 조항을 갖고 있다. 그런가 하면 매체 관련 법들은 정기간행물 등록 등에 관한 법률, 외국간행물 수입배포에 관한 법률, 방송법, 종합유선방송법, 전파관리법, 저작권법, 출판사 및 인쇄소의 등록에 관한 법률 등이 실정법으로 존재한다(이효성 2000, 116). 이런 법들이 관련 미디어 산업을 보호하고 육성하려는 목적도 있지만 경우에 따라서는 해당 미디어를 통제하는 데도 이용된다. 이들 조항들은 해당되는 사회적 이익을 보호하려는 것이지만 대중매체의 통제에도 활용된다.

또한 국가권력은 각종 미디어 보도내용을 검열한다. 과거에는 미디어가 특정 내용을 공표하지 못하도록 개입하는 적극적인 검열이 있어 왔지만, 오늘날에는 전시와 같은 특수한 경우가 아니면 적극적인 검열방식은 잘 사용되지 않는다. 그보다는 미디어에 공개될 수 없도록 정보를 비밀로 하는 소극적 검열에 더 많이 의존한다. 즉 국가권력이 어떤 사실이나 자료 등을 비밀로 분류함으로써 공개를 원천적으로 봉쇄하는 방법이 대표적인 소극적 검열방식이다. 이런 국가권력의 기밀주의에 의해 미디어는 국민이 알아야 할 공공의 문제를 제대로 알릴 수 없게 된다(이효성 2000, 117).

우리에게는 정보공개법이 있으나 그 법은 공개하지 않을 수 있는 예외조항이 많고, 그나마 정부 담당자의 무지와 비협조적 자세로 정부가 보유하고 정보를 공개토록 하는 데 별 도움을 주지 못한다. 또한 국가권력은 대중매체를 경제적으로 후원한다. 대중매체에 대한 국가권력의 경제적 후원방식에는 여러 가지가 있는데, 매체의 직접적 소유와 운영, 보조금 또는 지원금의 제공, 매체의 구독이나 매입, 정부 광고의 제공, 세제 · 금융상의 특혜, 독점이나 과점의 보장, 불공정 거래의 묵인, 우편 · 통신요금의 할인 등이 경제적 후원의 방식이다. 기자들에 대한 취재비의 면세, 주택자금이나 학자금 융자, 정부기관에서 출입기자들에게 제공하는 촌지, 무료 해외여행, 그밖의 혜택도 일종의 경제적 후원으로 볼 수 있다. 말할 것도 없이 이런 경제적 후원은 대중매체에 대한 통제수단으로 작용하고 활용된다.

과거의 정부는 미디어 통제를 위해 물리적 폭력과 함께 경제적 유인책을 교묘히 활용하였다. 언론사에는 독과점을 허용하고 세무사찰을 하지 않는 등 각종 경제적 혜택을 베풀었다. 언론인에게는 거의 정례화한 촌지를 지급했고, 각종 금융혜택을 주었다. 특히 언론시장 개방으로 인한 매스미디어의 양적 증가는 언론사 간의 시장경쟁을 더욱 심화시켰고, 주요 언론매체인 일간신문의 경우 제한된 광고시장을 놓고 다수의 신문이 경쟁함으로써 많은 신문사가 적자경영에 허덕이고 있는 현실이다.

경제성장과 광고시장의 저변확대로 각 신문사 총매출액은 꾸준히 증가되어 왔으나 당기 순이익은 감소하는 추세를 보이고 있다. 언론이 대기업화할수록 그 운영과 수익을 위해 광고수입에 의존하게 된다. 오늘날의 언론기업의 수입은 대부분이 광고가 차지한다. 따라서 언론기업의 성패는 광고수입의 대소에 달려 있게 된다. 이 때문에 한국의 언론들은 광고를 확보하기 위해 온갖 노력을 경주하게 된다. 그렇게 됨으로써 언론은 자본의 논리에 의해 움직이게 되고, 광고수입을 늘리기 위해 많은 독자나 시청자를 확보해야 하며, 이를 위해 대개 누구에게도 거슬리지 않는 모호한 입장을 취하게 된다. 그리고 이러한 모호한 입장을 중립이나 공정이나 하는 말로 미화하게 된다(구경서 2003, 191-192).

정치민주화 이후 한국 언론이 누리게 된 자율성은 언론의 자본축적 과정과 밀접한 관련이 있다. 한국 언론은 권위주의 국가의 강력한 규제와 억압을 받은 반면, 매우 체계적이고 안정적인 대규모의 특혜와 지원을 함께 받았다. 한국 언론은 이러한 국가적 지원을 바탕으로 자립적 대기업화를 위한 물적 토대의 안정적 부를 축적할 수 있었다.

V. 맺음말

정치권력과 미디어는 치순관계처럼 밀착되어 상호 간에 긴밀한 영향을 미치고 때에 따라서는 대립관계를 형성하기도 한다. 특히 미디어의 발달은 미디어 스스로가 권력화되어 가고 있으며, 과거의 권력의 시녀로서가 아니라 스스로가 권력을 장악해 나가고 있다고 해도 과언이 아니다. 이러한 현상은 그만큼 미디어가 차지하는 대국민 영향력이 적지 않다는 것을 보여준다.

과거의 한국 정치에 있어서 미디어는 정치권력으로부터 독립하지 못하였다. 특히 한국 언론은 스스로가 자율성을 갖추지 못하는 언론의 구조적 취약성을 노정하였다. 즉 언론은 그동안의 정치권력의 시녀나 주구역할을 하면서 사회의 여러 세력으로부터 종속되어 왔으며, 언론 스스로가 성장할 수 있는 자생력을 갖추지 못하였다. 따라서 정치권과 밀착되고 자본으로부터 종속되어 있으며, 사회 지배 이데올로기로부터 해방되지 못하고 있었다.

그러나 한국 사회가 군사정권의 값비싼 희생을 치르고 민주주의를 성취하는 과정에서 권력의 공백기를 미디어 권력이 차지하고 있다. 민주화 과정에서 미디어는 스스로가 권력화하고 있다. 과거의 권위적 군부독재 정권의 몰락과 문민정부의 탄생은 자생적 시민사회를 형성시키지 못하고 사회적 권력의 공백을 미디어에 내어주게 되었다. 대안적 시민사회의 미성숙은 축소된 국가권력의 빈 공간을 채우지 못하고 미디어가 사회세력으로 권력화할 수 있는 계기를 만들어 주었다. 또한 정치권력의 민주화 과정에서 정권별 편향된 언론관은 언론의 정치권력의 유착뿐만 아니라, 정치권력과 대치상황을 만들 뿐만 아니라 정면으로 정치권력과 경쟁관계를 만들어 언론의 권력기구화를 가속화시켰다.

미디어의 권력화는 단순히 미디어의 자생적 힘에 의해서 형성된 것은 아니다. 미디어가 권력을 추구할 수 있었던 요인은 여러 가지로 해석될 수 있다. 무엇보다도 내적으로는 미디어 발달과 보급 확대이다. 뉴미디어로 대표되는 인터넷은 사회구조의 변화를 촉진시킬 뿐만 아니라 사회적 동력을 갖게 되었다. 미디어 보급 확산은 단순한 커뮤니케이션의 기능에서만 머물지 않고 권력을 추구할 수 있는 충분조건을 갖추게 되었다. 이제 권력은 미디어에서 나온다 해도 과언은 아니다.

다음으로 외적으로는 미디어 권력의 정치권력과의 공생관계이면서 자본과의 결탁이다. 민주사회에서 정치권력은 적어도 독자적으로 권력을 생성시키거나 확장하지 못한다. 따라서 정치권력은 미디어의 힘을 필요로 하고 상호 협력관계를 유지할 필요가 있다. 또한 미디어 권력은 지본의 형성을 위하여 이익을 추구하는 기업화가 되었다. 자본의 논리로 이익을 추구하는 미디어는 이젠 자본가의 이익을 대변하는 자본주의 기업으로 변모하였다. 소수의 이익을 대변하고 약자의 권익을 보호하는 언론은 더 이상 기대하기 힘들다.

이제 미디어는 기득권에 안주하여 또 하나의 지배세력을 형성하고 자신의 권익을 보호하는 권력기구로 자리잡고 있는 실정이다. 나아가 미디어의 권력화는 사회의 중심세력으로 정치권력뿐만 아니라 새로운 지배 이데올로기를 창출하고 있고, 자신의 지배권력을 보호하기 위해서 미디어를 활용하는 입장이다.

참고문헌

구경서. (2001). 『현대 미디어 정치』 건국대학교 출판부.

권장원. (2002). "사회적 자본으로서의 연고 속성 변화 경향에 대한 연구," 『언론과 사회』 제10권 2호.

권장원. (2004). "한국 언론사의 관계 권력 구조에 대한 연구," 『한국언론학보』 한국언론학회 제48원 2호.

김민남. (1995). "한국언론의 권력기관화," 방정배 · 김민남(편). 『언론과 현대사회』 서울 : 나남.

박관승 · 장경섭.(2000). "한국의 정치변동과 언론권력: 국가-언론 관계모형 변화," 『한국방송학보』 통권 14-3호.

윤영철. (1995). "사회변동과 언론통제," 유재천(외). 『한국사회변동과 언론』 서울 : 소화.

이효성. (2002). "매스미디어와 국가권력," 『현대사회와 매스커뮤니케이션』 한국언론정보학회.

조항제. (2003). 『한국의 민주화와 미디어 권력』 서울 : 한울.

최용주. (1996). "정치커뮤니케이션 과정에서의 언론과 정치의 상호침투," 『언론과 사회』 1호(봄).

최용주. (1998). "정치와 미디어 권력관계에 관한 이론적 연구," 『한국언론학회보』 한국언론학회 제42-3호.

Bennett, L. (2000). "Media power in the United States," In J. Curran & M-J. Park(eds.), *De-Westernizing media studies*. London : Routledge.

Luhmann, Niklas. (1975). *Macht*. Stuttgart : Enke.

Lukes, S. (1974). *Power : A radical view*. London : Macmillan.

Kessel, J. H. (1984). *Presidential Campaign Politics : Coalition Strategies and Citizen Response*. Homewood Illinois : Dorsey Press.

Mancini, P. & Swanson, D. (1996). "Politics, media, and modern democracy : Introduction," In D. Swanson & P. Mancini(eds.), *Politics, media, and modern democracy*. Westport, Conneticut : Praeger.

McQuail, D. (1979). "The Influence and effects of mass media," In J. Curran, M. Gurevitch, & J. Woollacott (eds.), *Mass communication and Society*. London : Sage.

Norris, P. (2000). *A virtuous cycle : Political communications in postindustrial societies*. NY : Cambridge University Press.

Pfetsch, B. (1998). "Government news management," In D. Graber, D. McQuail, & P. Norris (eds.), *The Politics of news : The news of politics*. Washington D.C. : Congressional Quarterly lnc.

Ronneberger, Franz, (1983). Das Syndrom der Unregjerbarkeit und die Macht der Medien," *Publizistk*, 28.

Scammell, M. (2000). "Democracy and the media," In M. Scammell & H. Semetko (eds.), *The media, journalism and democracy*. Dartmouth : Ashgate, xx–xlix.

Streeter, J. (2001). *Mass media, politics and democracy*. NY : Palgrave.

chap.10

온라인 저널리즘과 민주주의

Ⅰ. 들어가는 말

정보기술의 발달과 인터넷 보급 확산은 저널리즘(언론) 환경과 민주주의 기본 양식을 바꾸어 놓았다. 특히 미디어 저널리즘 경우에는 뉴미디어의 등장으로 저널리즘 영역의 체계적 분화와 환경적 변화를 초래하고 있다. 초기의 온라인 저널리즘은 활자매체나 방송 저널리즘을 보완하는 매체로 여겨졌으나 인터넷을 이용한 뉴스 사이트의 등장은 미디어 공공영역의 확장으로 이어져 미디어 저널리즘의 새 영역으로 자리잡았다.

미디어 공공영역의 확장은 민주주의의 참여양태를 변화시키고 있다. 하버마스(Habermas 1992)의 주장처럼 자발적 결사체인 시민사회가 공론영역에서 영향력을 확대하고 미디어를 통해 표출될 때 바람직한 민주주의의 의사소통적 질서가 구축된다.

온라인 저널리즘은 기존의 언론인 신문이나 TV보다 더 빠른 공론영역의 변화를 가져왔다. 즉 온라인 저널리즘은 기존의 신문 및 TV 뉴스 보도와 충돌 또는 조화하면서 과거와는 질적으로 다른 저널리즘 패러다임을 구축하고 있다. 디지털 매체환경은 쌍방향적이며 탈중심화된 미디어가 주체 구성의 메커니즘을 재구축할 수 있는 새로운 기회를 제공한다는 점에서 제2미디어 시대라고도 불린다 (Poster, 이미옥 · 김준기 역, 1998, 34-40).

온라인 저널리즘의 새로운 기회의 제공은 온라인 저널리스트의 역할과 변모, 그리고 저널리즘의 수용자 측면에서 이용방식, 이용행태, 그리고 저널리즘의 기사 및 컨텐츠 분석을 중심으로 활발하게 이루어져 왔다. 온라인 저널리즘은 자체의 의미에 대한 분석뿐만 아니라 기존 매체에 미치는 파급효과와 상호 간 관계설정에 이르기까지 충분한 고려를 해야 한다(윤호진 2002). 온라인 저널리즘은 그 양식이 기존 매체와 다른 성격을 갖는다. 온라인 저널리즘이 만들어내는 새로운 형태의 뉴스 양식과 구성방식은 저널리즘의 환경변화에 따라 다양한 특성을 갖는다.

새로운 형태의 온라인 저널리즘은 뉴스의 내용(contents)이나 형식(forms)을 바꾸어 놓았다. 특히 저널리즘의 취재보도 환경, 기사 구성 방식, 뉴스 구독, 소비방식과 뉴스 개념 등 취재방식과 뉴스 환경의 변화가 이루어져 왔다.

그러나 온라인 저널이라고 해서 기존 저널리즘과 별반 내용상 다를 것도 없고, 오히려 종이신문에 난 기사가 반복해서 온라인상에 고정적으로 보도되어 식상함을 가중시키고 있다는 견해도 있다. 온라인 저널리즘의 경우, 인터넷 매체의 정보전달 방식이나 내용은 기존 매체와 유사성이 높거나 별반 차이가 없음을 지적하고 있다

(최낙진 외 2001). 이러한 이유는 온라인 저널의 뉴스가 생산단계에서 분배단계에 이르기까지 전 과정에 있어서 게이트 키핑(gate keeping)[49] 과정이 종이신문과 동일한 과정을 거치다 보니 종이신문의 뉴스 가치나 인터넷 신문의 뉴스 가치나 대동소이한 결과를 낳게 되는 것이다.

무엇보다도 온라인 저널리즘은 익명성, 확장성, 시 · 공간 초월성 및 중앙 통제자 또는 문지기(gate keeper) 부재라는 인터넷의 특성에 힘입어 인간의 호기심을 자극하는 사건들이 손쉽게 발굴되거나 만들어지고 재생산되고 확산되어 전 세계 네티즌들에게 보도되었다(안동근 2001). 그러나 이러한 특정은 종이매체를 경영하지 않고 있는 독립 인터넷 매체에서나 볼 수 있는 현상이다(권만우 2003, 591-592).

우리가 간과해서는 안 되는 것은 인터넷의 특성이다. 온라인 저널리즘이 정치 · 사회적 영향을 미치는 정도에 따라 민주주의의 발전을 이룩할 것인가에 초점을 모으고 있다. 대체로 온라인 민주주의에 대한 기대는 정치적 잠재력(Morris 2001)을 제공하는 수준에서부터 정치구조나 체계에 대한 변화를 예측하면서 그 변화의 폭이 그리 크지 않아 기존의 매체를 의존하는 수준(Davis 1999)일 것이라

49) 게이트키핑(gatekeeping)이란 뉴스 미디어 조직 내에서 기자나 편집자와 같은 뉴스 결정권자에 의해 뉴스가 취사선택되는 과정을 의미한다. 제한된 지면으로 인해 필연적으로 어떤 메시지는 선택되고 어떤 메시지는 거부되는 과정이 따르기 때문에 게이트키핑은 필요불가결한 것이다(코래드광고전략연구소 1996, 24).

고 한다. 그러나 온라인 저널리즘의 영향력은 더욱 증가하는 추세에 있다. 온라인 커뮤니케이션의 방법이 변화하고 공개된 토론을 통하여 여론을 형성하며 정치적 관심과 참여의 기회를 제공하는 수준이다.

Ⅱ. 온라인 저널리즘의 개념과 민주주의의 발전

1. 온라인 저널리즘의 개념 및 특성

1) 온라인 저널리즘의 개념과 성격

온라인(on-line)[50] 저널리즘이란 디지털 저널리즘(digital journalism) 혹은 사이버 저널리즘(cyber journalism)이라고 한다.[51] 그런가 하면 인터넷 언론이라는 개념을 사용하기도 한다(황용석 2004). 황용석(2004)은 인터넷 언론의 적용범위는 인터넷을 통한 취재, 뉴스

50) 온라인(on-line)은 컴퓨터의 단말기가 중앙처리장치와 통신회선으로 연결되어 정보를 전송하고 중앙처리장치의 직접적인 제어를 받는 상태이다.

51) 온라인 저널리즘(on-line Journalism)은 '인터넷 신문(Internet Newspaper)', '웹 신문(Web Newspaper)', '전자신문(Electronic Newspaper)', '디지털 신문(Digital Newspaper)', '온라인 신문(Online newspaper)', '인터넷 언론(Internet Journal)' 등의 다양한 용어로 사용되고 있다.

서비스, 게시판, 그리고 공공문제를 다루는 토론방 등의 정보공간에서 일어나는 교환행위를 포괄하는 우산적 개념(umbrella concept)이라고 한다.

온라인 저널(on-line journal)은 개인적 또는 집단적 차원에서 온라인 담론을 펼치거나 또는 글을 쓰는 행위를 지칭하고 있다. 여기에 온라인 저널리즘(on-line journalism)은 보다 포괄적인 개념으로 전문적 저널리즘으로 가상공간에서 이루어지는 담론영역의 총체이다. 즉 온라인 저널리즘은 인터넷상에서 제공되는 뉴스 그룹 서비스, 블로그, 전자 게시판, 담론형성을 위한 토론, 댓글 등을 포괄하는 전체적 의미의 포괄적 저널을 말한다.

윤영철(2001a)은 온라인 저널리즘을 '온라인에서 이루어지는 저널리즘 활동'이라 하며 온라인 신문[52)]은 웹상에서 단순한 정보 서비스 제공보다는 여론을 전파할 목적으로 텍스트, 동영상, 관련 사이트 링크 등 다양한 형식의 기사를 통해 발행되는 새로운 언론매체를 의미한다. 나아가 인터넷상의 게시판 토론방 채팅 혹은 뉴스 그룹까지 온라인 저널리즘의 일부로 보기도 한다.

온라인 저널리즘은 공공 저널리즘의 성격을 갖고 많은 사람들이 공공의 토론장에 나오게 만들고 그들의 목소리를 언론에 반영하고 있다. 공공 저널리즘은 공공문제에 대한 시민들의 토론을 활성화시

52) 온라인 신문은 정보의 1차적 뉴스 제공자가 웹상에서 하루 1회 이상 정보 내용을 갱신하여 여론을 전달할 목적으로 발행하는 전자적 형태의 신문이다. 여기서 인터넷 신문과 개념상 차이를 두고 있지는 않으나 인터넷 신문은 기존 매체의 신문을 인터넷 사이트를 받아들여 뉴스를 제공하는 신문을 말한다.

키고 언론과 시민들을 연결시키는 데 가교역할을 한다. 즉 공공 저널리즘은 언론과 시민, 시민과 시민, 엘리트와 시민사회 구성원들 간의 활발한 상호작용의 필요성을 강조하는 것이다. 공공 저널리즘은 기존 엘리트 중심적이고 사회분화적인 언론관행을 지양하고 사회의 엘리트들과 일반 시민들 간의 대화와 공동의 문제에 대한 토론을 지향한다.

온라인 저널리즘은 그 주체의 성격에 따라 다양한 형식과 내용을 보이기도 한다. 온라인 저널리즘은 인터넷의 기술적 속성을 최대한 활용하면서 그 환경에 적절한 형식과 내용을 추구하는 새로운 형태의 저널리즘이라고 한다(윤태진 외 2001, 4). 온라인 저널리즘은 상호작용의 극대화와 공공의 이슈를 공공의 담론으로 토론의 장을 형성하여 민주주의를 활성화시킬 충분조건을 갖추고 있다.

2) 온라인 저널리즘의 특성

인터넷의 속성은 온라인 저널리즘의 성격[53]을 규정하는 동시에 여러 특성을 갖는다. 무엇보다도 인터넷의 기술적 특성은 하이퍼미디어(hypermedia)와 상호작용성(interactivity)이다. 하이퍼미디어

---

53) 온라인 저널의 기본적인 특성은 PC통신에서 이어받았다. 4대 PC통신인 하이텔, 천리안, 나우누리, 유니텔 등은 여론을 생성할 대안적 미디어로 주목받았다. 특히 하이텔의 '큰마을', 천리안의 '천리안 플라자', 나우누리의 '열린 광장', 유니텔의 '플라자' 등은 주로 사회적인 문제의식이 표출되는 정치적 공간으로 작용하였다(홍성구 2003, 240).

(hypermedia)는 하이퍼텍스트(hyper-text)와 멀티미디어(multimedia) 기능을 동시에 가지고 있다. 먼저 하이퍼텍스트는 월드 와이드 웹(World Wide Web)의 텍스트이며, 노드(node)라 불리우는 텍스트 링크(link)로 연결되는 망구조를 말한다. 다음으로 멀티미디어(multimedia)는 다매체 기능을 가지고 있다.

하이퍼텍스트 내용의 구성방식 특성으로는 비선형성(nonlinearity), 다연결성(seamlessness), 무경계성(borderlessness)이다. 하이퍼텍스트는 한 노드에 여러 개의 노드가 연결되어 뉴스텍스트를 구성하여 오는데, 이러한 경향은 하이퍼미디어(하이퍼텍스트+멀티미디어)로 발전하여 왔다.

하이퍼미디어의 특성은 이미지, 사운드, 동영상 등을 연결할 수 있다(권상희 2004, 311-312). 하이퍼텍스트를 읽는 독자는 기자가 설정해 놓은 텍스트만을 고집하지 않고 독자의 정보추구 욕구에 따라 유목민처럼 수시로 다른 사이트로 옮겨다니며 정보사냥을 할 수 있다. 따라서 정보 흐름의 통제권이 기자가 아닌 독자에게 이전되며, 동일한 하이퍼텍스트라도 독자 개개인이 어떤 링크를 따라가는가에 따라서 여러 관점에서 읽혀지게 된다(권상희 2004, 312).

온라인 저널리즘은 더 이상 독자를 자신의 텍스트에 붙잡아놓을 수 없게 되었다. 오히려 더욱 더 개방화하여 모든 독자에게 정보를 제공하고 네티즌들의 시선을 잡아두어야 한다. 나아가 네티즌들의 참여기회를 확대시켜 기사를 읽는 독자로 하여금 자신의 의견을 게시하도록 유도하고 있다.

온라인 저널리즘의 또 하나의 성격은 상호작용성이다. 온라인 저널리즘이 전통적 매스미디어와 차별화되는 중요한 특징은 상호작용성(Interactivity)을 갖는 것이다. 온라인 저널리즘은 일반 독자도 단순히 정보의 소비에 그치지 않고 뉴스나 공공 이슈에 적극 참여할 수 있는 기회를 확대시켜 놓았다. 미디어 상호작용에 의해서 뉴스의 생산과 소비가 다양한 방식으로 이루어진다. 뉴스 생산과 소비가 이루어지는 미디어 상호작용은 이메일, 뉴스제공 방식, 토론방, 이슈에 관한 의견조사(또는 여론조사), 댓글 달기, 뉴스찾기 등 기술적 상호작용이다(권상희 2004, 315).

온라인 저널리즘은 인쇄신문과는 달리 다단계 인식구조에 적합한 형태여야 함을 의미한다. 또한 정보 전달과정에서 시간적 한계를 제거한 비동시성은 온라인 저널리즘이 독자(이용자)의 즉각적인 피드백을 통한 면대면 커뮤니케이션의 복원을 가능케 할 수 있음을 의미한다. 정보제공자와 이용자의 상호작용, 혹은 이용자 간의 상호작용이 가능하다는 인터넷의 속성은 온라인 저널리즘이 인쇄신문의 일방적 역할에서 벗어나 사람들이 모여 떠드는 장소의 제공자 역할을 할 수 있음을 의미한다(윤태진 외 2001, 3).

온라인 저널리즘은 인쇄매체의 공간 지향성과 방송매체의 시간 지향성을 동시에 갖는다. 인쇄매체는 다양한 정보를 어느 면의 어느 위치에 배열할 것인지를 결정해야 한다. 반면 방송매체의 경우에는 시간적 배열에 중점을 둔다. 인터넷을 통해 뉴스를 전달할 경우 이 두 가지 특성을 모두 갖는다. 이는 공간적 · 시간적 구조와 더불어 선택적 구조를 형성하는 기술적 근거가 된다. 온라인에서는 신문처럼 화면에 각종 정보들을 '펼쳐' 놓으며 방송처럼 정보들을 '순서에 따라' 제공할 수 있다.

온라인 저널리즘은 인터넷의 기술적 속성을 최대한 활용하면서 그 환경에 적절한 형식과 내용을 추구하는 새로운 형태의 저널리즘이라 할 수 있다. 그러나 온라인 저널리즘의 특성 모두가 인터넷의 기술적 속성에서 비롯된 것만은 아니다. 예를 들어, 온라인 저널리즘이 상호작용성 활용의 극대화를 지향하는 것은 꼭 기술적으로 가능해졌기 때문만은 아니다. 전통적 저널리즘이 소화하지 못한 언론의 바람직한 역할에 대한 공공의 아쉬움과 비판이 더 큰 역할을 했을 수도 있다. 이같은 공공의 비판과 대안을 찾기 위한 운동은 인터넷이 탄생하기 훨씬 전부터 있어왔고, 이것이 '공공 저널리즘'의 시작이었다(유태진 외 2001, 4).

정윤식(2003)은 온라인 저널에 대해서 몇 가지 특성을 제시하고 있다. 먼저, 온라인 저널은 개방성과 상호작용 측면에서 시·공간의 제약을 받지 않고 시민들이 인터넷상에서 자기 의사를 표현할 수 있는 특성이 있다. 둘째로, 온라인 저널은 사업체 설립의 지입비용이나 뉴스제작과 배포망을 확보하는 데 고정비용이 상대적으로 적게 들어간다. 따라서 소규모의 자산이나 집단으로도 뉴스 서비스를 제공할 수 있는 장점이 있다. 셋째로, 온라인 저널은 그동안 관행으로 정착해 왔던 '미디어 로직(media logic)'[54]을 변화시킨다. 즉 온라인 저널은 과거의 전통적 방식을 벗어나 뉴스의 생산-배포-소비가 동시에 이루어지고 현장 밀착형과 뉴스 취재방법, 생활 속의

---

54) 미디어 로직(media logic)은 미디어 포맷(media format)과 규칙(rules)들, 그리고 미디어 문법(media grammar)으로 구성된다. 미디어 로직은 뉴스의 생산-배포-소비과정의 표준을 만들어내고, 그 표준을 뉴스의 생산자와 소비자에게 강제할 수 있는 권위이며 언론권력의 행태이다.

뉴스 등 다양한 방식의 저널형태가 이루어지고 있다. 마지막으로 온라인 저널은 기술적 제약 없이 다양한 방식의 뉴스 보도 방식을 사용하고 있다. 하나의 텍스트와 그래픽, 사진, 오디오, 동영상 등의 다양한 방식의 저널리즘을 구성하고 있으며, 이들의 보도방식은 인쇄매체와 방송매체의 기능을 동시에 수행하고 있다. 이러한 온라인 저널은 신문의 기능과 방송, 통신의 기능, 그리고 인터넷 기능까지 동원하는 다기능적 미디어로 성장하고 있다.

이러한 새로운 미디어 모델을 어떻게 규범적 모델로 인식하는가에 다양한 인식의 차이가 있다. 온라인상에서는 과거와 달리 저렴한 비용으로 뉴스를 생산하고 보급할 수 있다. 과거의 언론이 정보를 독점하고 자신들의 뉴스 가치에 따라 선택적 공급을 하였다면 온라인에서는 거대언론의 게이트 키핑 독점은 불가능하게 되었다. 종이신문에서 뉴스가 직업기자로부터 독자에게 일방향적으로 전달되었다면, 온라인에서는 시민 기자단의 출현으로 뉴스 가치가 다양해졌고 보도 마감시간도 제한을 받지 않는다.

그러나 한편으로는 온라인상이라고 해서 기존 신문의 보도와 달라졌다고 생각하는 것은 성급한 판단으로 본다(권만우 2001). 오히려 기존의 편집 개념을 답습하고 있으며, 게이트 키핑 과정이 사라지는 것이 아니고 인터넷 특징인 쌍방향의 특성을 살리지 못하고 겨우 독자투고의 소극적인 인터랙션을 유지하는 정도라고 평한다. 권만우(2001)는 인터넷 신문과 종이신문 간의 뉴스 가치의 유사성을 비교 · 분석한 연구에서 인터넷 신문이 독자들이 원하는 뉴스 가치의 독특한 편집을 하기보다는 종이신문의 전통적인 뉴스 가치를 그대로 인터넷이 옮겨놓고 있다고 지적한다.

< 표 1> 온라인 저널리즘의 형태와 조직특성

구분	유형	중심기능	사례
온라인 (on line) 독립형	순수 인터넷 전문뉴스	뉴스 컨텐츠의 2차 유통 다매체 뉴스의 통합분류 및 서비스	포털 뉴스(네이버-뉴스, 야후-뉴스 등 예외, 다음(자체 취재인력 보유)
	순수 인터넷 전문 뉴스	뉴스를 기반으로 한 논평 및 토론/패러디	- 논개 / 방담 사이트 - 패러디 사이트
오프라인 (off line) 종속형	언론사 닷컴	오프라인 뉴스의 2차 유통 종합 컨텐츠 유통 1차 뉴스 및 컨텐츠 생산	언론사 닷컴(동아닷컴, 조선닷컴, 조인스닷컴, 인터넷 한겨레) 언론사 내 온라인 조직(기존 언론사 내 온라인 뉴스 서비스)
	언론사 조직 내 인터넷 뉴스	뉴스의 1차생산 및 유통	- 시사형(오마이뉴스 프레시안, 브레이크 뉴스 독립신문 등) - 전문형(아이뉴스 24, 이데일리 등) - 지역형(디지털 성남 등)

신문의 뉴스 가치는 새로운 정보를 요구하는 독자들의 욕구를 충족시켜 준다. 미디어의 발달은 이러한 독자의 욕구를 충족시킬 기능을 갖고 있다. 그러나 온라인 저널의 활동이 기존의 종이신문과 크게 다르지 않거나 오히려 그들 신문에서 보도되어진 내용을 재탕하거나 중복된다면 정보매체의 낭비와 시간의 소비만을 가중시킬 것이다. 흔히 온라인 저널을 실시간 매체라고 하는데, 이는 새롭게 생성되는 뉴스를 시 · 공간을 초월하여 제공받고 싶은 욕구를 충족시킬 가능성에서 논의되는 문제이다. 그런데 현재의 온라인 저널이 뉴스 가치를 순차적으로 밀어내기 또는 인터넷 웹으로 여기저기 펌글이 되어버린다면 이미 뉴스의 가치를 상실하고 만다.

나아가 온라인 기사마다 천편일률적으로 똑같은 내용을 올리거나 기사내용이 지나치게 선정적이거나 상업적인 내용만 다루어 뉴스의 가치를 떨어뜨리는 결과를 초래하게 된다. 저급한 뉴스의 생성은 사회적 뉴스 가치를 기대하는 독자의 마음을 사로잡지는 못한다. 온라인 매체의 속성상 사회적 트랜드에 민감한 내용만을 빠르고 민첩하게 기사화하기 쉽다.

2. 온라인 저널리즘의 유형

온라인 저널리즘 유형은 크게 두 가지 유형으로 구분된다. 하나는 기존 매스미디어가 그 활동영역을 가상공간으로 확장한 경우이다. 조선일보(http://www.chosun.com/)와 중앙일보(http://www.joins.com/), 동아일보(http://www.donga.com/) 등이 인쇄매체나 온라인 저널로서 인터넷을 통해 네티즌에게 서비스되는 매체이다.

또 하나는 가상공간에서만 존재하는 저널리즘 매체이다. 오마이뉴스(http://www.ohmynews.com/), 딴지일보(http://www.ddanzi.com/), 아이뉴스24, 프레시안이비뉴스 등이 온라인에서만 보도하는 저널리즘이다.

오마이 뉴스는 국내 언론사 중에서 매체 영향력의 8위에 지목되었다(시사저널 2001. 10월 25일). 이들 언론은 인터넷을 매개로 하여 정치 · 경제 · 문화 등 사회 전반에 걸쳐 발생하는 뉴스 보도와 논평 및 여론형성을 목적으로 하는 온라인 저널리즘이다.

권만우(2003 593)는 온라인 저널리즘의 경우 세 가지 유형을 제시한다. 첫째, 기존의 일간신문사가 같은 미디어 내용을 인터넷 신문으로 재생산하는 경우 둘째, 기존의 일간신문사가 종이신문에 관계없이 인터넷 신문을 운영하는 경우 셋째, 종이신문 없이 인터넷 신문만을 운영하는 경우로 구분하고 있다. 첫 번째 유형과 세 번째 유형은 우리나라에서 찾아볼 수 있으나 두 번째 유형은 한국에서는 찾아볼 수 없고 외국의 경우는 등장하고 있다.

이러한 온라인 신문은 세 단계를 거쳐 발전하고 있다고 한다(반현 2001). 즉 1단계는 단순히 종이신문의 내용을 그대로 전달하는 수준이고, 2단계는 독자적인 취재망을 통해 독창적인 기사를 발굴하고 하이퍼 링크(hyper links)를 통해 부가정보 서비스를 추가하는 수준이며, 3단계는 웹이라는 미디어 특성을 최대한 활용하여 종이신문과는 전혀 다른 새로운 형태의 기사방식과 편집방식을 도입하여 하나의 새로운 커뮤니케이션 매체를 실현하는 것이다(반현 2001).

인터넷의 보급 확산은 저렴한 비용으로 뉴스를 생산 · 보급할 수 있어 언론권력의 평등화가 기술적으로 가능해졌다. 예전처럼 언론이 정보를 독점하고 자신들의 뉴스 가치 기준에 혹은 이해관계에 따라 뉴스를 선택적으로 공급하고, 마치 그것이 진실인 듯 포장하는 것이 불가능해졌다(장호순 2002). 과거 저널리스트들이 매개자로서 누렸던 게이트 키핑 과정은 점차 예전의 위력을 상실할 것으로 예상된다는 것이다(반현 2001).

온라인 저널리스트는 수없이 떠도는 정보의 질(quality)을 살핀다. 낱개의 정보들이 모여서 어떤 의미를 만들어내는지에 대한 종합적인 분석은 문지기로서 저널리스트들이 해야 한다. 이런 면에서 매스 커뮤니케이션에서 문지기 개념은 이제 새로 정의되고 고찰되어야 할 때가 되었다(강미은 2002). 그야말로 거대언론의 게이트 키핑 독점시대가 종식됐다고 보는 것이다.

또한 종이신문에서 TV에 이르기까지 직업기자로부터 독자에게로의 일방향적 전달이 뉴스의 흐름이었다면 인터넷은 이런 선행매체와 근본적으로 다르며, 시민기자의 집단적 출현이 가능한 매체로 보기도 한다(오연호 2002). 기존의 마감시간 개념 또한 마감시간이 없어지는 것이 아니라 24시간이 늘 마감시간이 된다(강미은 2002).

그러나 이러한 관점에서 기존의 온라인 저널리즘은 여러 가지 의문을 갖게 한다. 기존 저널리스트들이 수행하던 문지기로서의 역할은 남아 있지만 예전처럼 낱개의 정보를 수집하고 배포하는 데 그쳐서는 온라인 시대에 경쟁력을 지닐 수 없다. 더구나 온라인 저널이라고 새로운 편집 개념이 도입되기보다는 기존의 편집 개념을 답습하고 있으며, 문지기가 사라지는 것이 아니라 종이신문의 예전 과정을 그대로 유지하는 정도라면 온라인 저널의 의미는 상실하게 된다.

Ⅲ. 온라인 저널리즘과 민주주의

1. 온라인 공론영역

온라인 저널리즘은 공론장을 제공하는 충분조건을 갖추고 있다. 온라인 형성은 기존의 언론의 독점적 지위를 약화시키고 가상공간에서 공론영역을 강화시키고 있다. 인터넷은 국가권력이나 자본시장으로부터 상대적 자율성을 갖기 때문에 자유로운 의사소통의 환경을 제공하기에 충분하다. 온라인 공론영역은 정치체계(공적 영역)와 생활체계(사적 영역)의 경계에 위치하며 여론을 형성하는 공간으로서 의사소통의 네트워크이다. 이미 하버마스(Habermas 1996)도 뉴미디어를 대표하는 인터넷은 정보의 지구적 소통을 촉진시키고 있으며, 공론장(public sphere)을 제공할 것으로 예측하고 있다.

홍성구(2003)는 인터넷 기술의 속성상 온라인 저널은 국가권력과 자본의 통제로부터 우회하기 쉽고 언론매체를 수립하는 데 저렴한 비용이 들기 때문에 민주적 잠재력을 갖는다고 주장한다. 온라인 저널이 공론영역의 가능성을 인정하는 중요한 요소는 기존의 미디어와는 다른 복수의 공론영역을 수립하는 데 개방적인 점이다.

공론영역에 참여하는 주체는 표현의 자유를 제약받지 않는다. 온라인 접속은 누구에게나 개방되어 있고 사회적 공론이 자유롭게 이루어지는 공공 저널리즘이 이루어져야 한다. 공공 저널리즘(public journalism)은 뉴스와 민주주의 간의 관계와 연관된 새로운 언론의 형태이다. 공공 저널리즘에 관한 학문적인 이해는 공중과 언론의 관계에 대한 월터 리프먼(Lippmann 1922)과 존 듀이(Dewey 1927) 간의 오래된 논쟁에서 시작된다(Carey 1999 ; Rosen 1999).

리프먼(Lippmann 1922)은 정보에 정통한 공중(informed public)이란 불가능한 것이며, 공동의 이익이란 오로지 전문화된 계급에 의해서만 잘 다루어질 수 있다고 주장하였다. 리프먼(Lippmann 1922)은 시민에게는 국가를 다스리는 데 필요한 정보를 충분히 다룰 수 있는 능력이 더 이상 없다고 주장하면서, 언론의 역할 역시 공중의 대화로부터 전문가들의 의견을 전달하는 것으로 바뀌게 되었다고 주장한다.

반면, 듀이(Dewey 1927)는 커뮤니케이션을 위한 미디어가 이성적인 공공 대화(rational public discourse)가 가능한 지역사회를 이끌어냄으로써 공공생활을 재창조하는 데 도움이 되기를 기대하였다. 듀이(Dewey 1927)는 소규모 집단들 간에 형성된 연결망의 중요성을 인식하고 있었지만, 커뮤니케이션이야말로 최우선적인 윤리적 원칙이라고 보았다. 듀이가 말하는 공중 (publics)이란 개념과 "위대한 지역사회 (Great Community)" 창출을 위한 공중의 역할에 관한 그의 논의는 언론을 변화시켜 보려는 사람들이 내세우는 주장이기도 하다.

온라인 저널리즘은 사회적 공론을 확장시키고 정치참여의 기회를 확대시켜 준다. 온라인 저널의 시민기자와 전문기자가 동시에 활동하면서 다양한 뉴스 프레밍을 제공한다. 그런가 하면 다른 온라인 뉴스를 네티즌들의 댓글과 펌글의 형태로 올리고 있다. 이들의 네티즌의 참여형태는 다양하게 전개되지만 그들이 온라인을 통한 참여의 기회와 정보제공의 수준은 참여민주주의를 실현 가능케 하는 것이다. 시민들이 공동체의식을 갖고 공동의 관심사에 관여할 수 있는 수단을 구축할 수 있도록 해야 한다. 결국 공공 저널리즘은 정치적 · 사회적 문제들에 대한 공론장의 활성화를 지향하고 있다고 본다(Christians 1999).

공론장은 사회 내에 형성되는 구성원들의 숙의 (deliberation)를 통해 문제의 해결책을 모색해 보려는 행위에서 형성된다. 공론장은 언론의 관행을 새로이 구축해 보려는 기술적 차원의 노력이라기보다는 공공생활(public life) 그 자체에 관한 것으로서 건강한 민주주의, 지역사회의 연결, 시민적 참여 등의 목표를 지닌다고 하겠다(윤태진 외 2001, 7).

기존 언론의 보도양식은 사회지배층이나 전문가 등과 같은 사회

엘리트들을 중심으로 이루어져 왔기 때문에 일반 시민들은 상대적으로 소외되어 왔다. 따라서 기존 언론이 시민사회와 일정한 거리를 유지하면서 감시자적인 역할에 그치지 않고 시민사회에서 공공생활과 정치에 참여하는 역할을 수행해야 한다고 본다. 공공 저널리즘은 정치 · 사회 갈등적인 문제를 다룸에 있어 공공 토의를 통하여 그 해결책을 모색한다(윤태진 외 2001, 7).

온라인 저널리즘은 가상공동체를 통하여 여론을 형성하여 정치권이나 정책결정자에게 영향을 미칠 수 있다. 인터넷의 상호작용성은 기자에게 이메일 교환, 게시판, 토론이나 포럼, 온라인 투표, 독자투고, 채팅, 네티즌 리포트 등을 예시할 수 있다. 인터넷의 기술적 장점이 결국 공공 저널리즘적 기능을 원활하게 해주는 것이다.

시민들이 공적인 쟁점에 대해 자신의 가족, 친구, 동료 등과 논의하기는 하지만, 정작 공적인 토론의 장에 접근하거나 저널리스트와 상호작용하거나 혹은 같은 신문을 읽은 낯선 독자들과 토론할 기회는 극히 제한되어 있다(Schultz 1999). 이같은 한계를 극복하게끔 하는 것이 인터넷의 기술적 특성이며, 동시에 공공 저널리즘의 지향점이기도 하다.

2. 여론형성과 직접민주주의

인터넷은 사회의 중요한 이슈를 공론화하고 새로운 의제를 생산하여 여론화하는 기능을 한다. 온라인 여론은 단순한 감정의 하소연 차원을 넘어서 사회적 담론의 장이 되고 있다. 특히, 각종 언론에서 올라오는 기사에 대한 댓글 저널리즘은 여론재판의 성격으로까지 전개되고 있다. 각종 사회적 문제에 대한 네티즌들의 리플달기와 댓글 또는 여러 사이트에 글을 올리는 펌글은 온라인상에서만이 이루어질 수 있는 특성이다. 온라인 담론은 정보의 생각과 무한 확장성, 비동시적 항시성, 개방성, 익명의 수평적 커뮤니케이션의 특성을 갖는다. 특히 TV나 오프라인(off-line) 언론의 게이트 키핑이 존재하지 않으며, 여론 주도층에 의해 결정되지도 않는다.

온라인 여론형성은 인터넷 게시판에 알려진 효선 · 미선 두 학생의 미군 장갑차에 의한 죽음을 촛불시위로 이끌었던 사건이다. 나아가 광주 5 · 18 정치인의 술자리 사건과 국회의원 여기자 성추행 사건 등은 사회적 의제를 온라인 여론을 통해서 그 실체를 확인하는 데 기회를 제공하였다. 온라인 여론은 단순한 사회적 의제의 담론적 성격에 그치지 않고 '여론재판'의 우려까지 생성하고 있다. 사회적 지도층에 있는 사람에게 치유할 수 없는 인격적 침해에서부터 집단적 마녀사냥에 이르기까지 다양한 여론을 형성하여 사회적 영향력을 과시하고 있다.

예컨대 어느 학교 여교사의 차 심부름에 학교장의 죽음과 '지하철 개똥녀' 사건과 '강사녀 사건' 등은 온라인 여론이 얼마나 큰가를 가름할 수 있는 계기가 되었다. 특히 청와대 민정수석의 '강남 아파트값 파동사건'은 네티즌들의 반감을 사기에 충분하였고, 건교부 장관의 '수도권 아파트 건립' 문제는 온라인 여론에 밀려 장관직을 내놓아야 하는 사건으로 전락하였다. 온라인 여론은 작은 개인의 목소리의 수준을 넘어 정책을 결정해야 하는 정책입안자들에게는 거쳐야 하는 하나의 '통관의례'가 되어가고 있다.

이러한 특성들은 사회적 의제를 이끌어내어 여론화하는 장점도 있지만 다른 한편으로는 부작용도 없지 않다. 온라인에서 형성되는 여론은 사실의 진의 여부를 판가름하기도 전에 일파만파 확산된다. 따라서 사건의 옳고 그름을 규명하기도 전에 군중심리에 의해 사이버 테러가 감행되는 것이다. 박성호(2005)는 온라인 여론형성의 특성을 기존 언론이 간과할 수밖에 없었던 뉴스를 사회적으로 의제화한다고 본다. 나아가 온라인 여론의 사회적 영향력은 '인터넷 괴담', '게시판 공포증', '패거리 공포', '여론재판', '지능형 안티', '마녀사냥' 등으로 의미가 함축되어 있다고 주장한다. 이러한 온라인 여론형성은 감정적이고 편견이 심하며, 또 비합리적인 내용이 많아서 신뢰할 수 없고, 특히 온라인 여론이 몇몇 네티즌에 의해 지배되고 있다는 점을 지적하고 온라인 여론의 사회적 영향력에는 거품이 많다고 한다(박성호 2005, 218-219).

온라인 여론의 형성은 유친동기에 의한 군중심리가 적지 않게 작용하고 있다. 여론형성의 주도층은 '일단 터트리고 보자' 또는 '확산시켜 놓고 보자' 라는 군중심리는 익명의 이름 하에 여론재판의 성격을 갖는다. 자신의 의견과 다르면 악의적인 댓글로 공격하는 지능형 안티에서부터 근거 없는 입소문을 유포시키는 생각 없는 네티즌들이 문제이다. 단순한 표현의 자유만을 주장하고 자신의 악의적인 댓글이나 여기저기 펌글이 타인의 인격을 침해하고 민주주의를 후퇴시킨다.

강미은(2001)도 온라인 여론이 직접민주주의를 구축하는 데 중요한 요소가 되기 위해서는 '역정보'나 '인터넷 괴담', '패거리 여론' 등의 인터넷 역기능을 극복해야 한다고 주장하고 있다. 온라인 여론의 사회적 쟁점이나 의제가 공론화 과정을 거쳐 여론을 형성한다고 보기에는 많은 무리가 따른다. 다른 사람 앞에 나서기를 꺼려하는 익명의 사람들이 가상의 공간 뒤에서 공허한 논의를 주장한다고 민주주의가 발전하는 것은 아니다. 참여민주주의를 실현하기 위해서는 대다수의 국민이 정치에 참여할 수 있는 사회적 시스템이 있어야 한다. 이러한 조건을 충족시켜 주는 정보기술은 민주주의의 희망을 저버리지 않는다. 다만 이를 사용하는 주체가 선의를 갖고 사용하는가 아니면 악의 마음으로 사용하는가에 그 성패가 달려 있다고 해도 과언은 아니다. 다만 현실적으로 법적·제도적 보안장치나 사회적 시스템이 있어서 여론형성의 무한책임을 결정할 수 있는 기구가 있어야 할 것이다.

온라인상에서 수용자의 직접적인 참여를 강조하는 '상호작용적 저널리즘' (interactive journalism ; Lawrence 1993)의 의미를 갖는다. 직접민주주의의 이상이 성취되기 위해서는 적극적인 시민과 철저한 정치적 대화가 직접적으로 필요하다(Barber 1984).

Ⅳ. 온라인 저널리즘의 정치적 역할과 한계

1. 온라인 저널의 정치적 역할

온라인 저널의 기능적 요건들은 과거의 대중매체 저널과는 다른 성격을 갖는다. 대중매체는 다수의 이질적 집단이 분산되어 있고 연대적 행동을 매개하는 기구가 미비하였다. 그런가 하면 메시지의 수동적 수신에 한정하여 소비하는 주체였다. 그러나 온라인 저널리즘은 이러한 한계를 극복하고 탈대중화와 정보소비의 주체에서 소비와 생산을 같이하는 상호작용적 생산소비자(interaction prosumer) 시대를 열었다.

온라인 저널의 정치적 영향에 대한 관점은 크게 두 부류로 나누어지는데, 하나는 정치체제를 변화시킬 잠재력을 높이 평가하는 측면과 변화는 인정하지만 그 기대효과가 그리 크지 않다는 시각이다. 먼저 인터넷의 영향력은 매우 심오해서 정치체제와 정부의 형태를 바꿀 수 있는 정치적 잠재력을 제공한다고 본다(Morris 2001). 시민들은 전통적인 매스미디어에 의존하지 않고 인터넷을 통하여 매개되지 않은 정치적 정보를 얻을 수 있으며, 인터넷을 통하여 전자민주주의를 실현할 수 있다고 본다. 인터넷의 막강한 영향력은 정치분야의 혁신을 가져올 것으로 기대하는 입장이다.

반면 온라인 저널이 정치구조와 체계에 변화를 초래할 것은 확실하나 그 변화의 폭이 그리 크지 않을 것이라는 견해이다(Davis 1999). 기존의 정치정당들은 현재의 모습으로 계속 존재할 것이며, 시민들 또한 선택의 결정에 도움이 되는 정보를 위해 인터넷보다 신뢰성 있는 대중매체를 지속적으로 의존할 수밖에 없을 것이라고 보고 있다. 즉 인터넷은 기존의 정치 시스템을 변형시키는 것이 아니라 기존의 시스템을 보강하는 데 그칠 것이라는 것이다.

인터넷의 정치적 영향력에 대한 관점은 학자들의 입장에 따라 차이가 있긴 하지만, 인터넷의 정치적 역할에 대해서는 일정부분

합의가 이루어지고 있는 것으로 보인다. 온라인 정치는 커뮤니케이션 방법을 바꾸고, 시민들의 공개된 토론을 통하여 여론을 형성하며, 정치적 관심과 참여를 높여 민주주의의 발전에 기여한다.

2004년 3월 제17대 총선을 한 달 남기고 대통령 탄핵사건이 터졌다. 야당인 한나라당이 발의한 탄핵사건은 처음에는 신문이나 TV도 탄핵소추안에 회의적으로 보도했었다. 그러나 네티즌들은 온라인 게시판에 '총칼 없는 쿠데타', '3 · 12 국치일' 등으로 어이없는 국회의 탄핵가결을 비난하는 글들을 올렸다. 온라인 언론들은 온통 대통령 탄핵문제를 다루었고, 인터넷 게시판에는 대통령 탄핵을 비난하는 글이 올라왔다.

온라인 저널들은 대통령 탄핵에 대한 댓글을 올리는 네티즌들의 방문이 폭증하면서 서버가 다운되었다. 온라인을 통하여 대통령의 탄핵에 대한 부당한 글을 올리면서 여론을 형성하고 급기야 오프라인으로 연계되면서 다시 한 번 서울 광화문 사거리의 촛불시위로 연결되었다. 정치적 쟁점이 증폭된 후 기존 언론들은 여론조사 결과를 앞다투어 발표하기에 이르렀고, 이러한 결과의 보도는 온라인 여론의 당위성을 한층 더 배가시키는 결과를 가져왔다. 이와 같이 온라인 여론의 형성은 오프라인으로 연결되면서 여론의 확대를 가져왔다. 이러한 온라인 여론의 형성은 총선의 결과를 여당의 승리로 이끄는 견인차 역할을 하였다.

한편으로 온라인 저널들은 블로그(blog) 서비스를 하기 시작했다. 미디어 칸(www.Khan.co.kr)에 따르면 4 · 15총선(2006)에 맞춰 정치 블로그가 만들어졌다. 블로그 이용자들은 단순히 쓰기 편한 것만 좇기 때문에 토론 게시판이나 미니 홈페이지 역할을 부각하는 정도에서 활동 중이다. 이러한 블로그들은 접속의 편이성과 익명성, 속도성 등에 힘입어 직접민주주의가 가능한 이-아고라(e-agora)적인 공간으로 활용되기 시작했다. 이-아고라는 사이버 공간의 새로운 유형의 '표현 저널리즘'으로 뿌리내리기 시작했다. 특히 지난 대통령 선거에서 인터넷을 통한 특정 정치인 후원모임 혹은 팬모임을 활성화시킨 '노사모', '창사랑' 등은 온라인을 통하여 정치적 담론을 형성시키기에 충분조건을 갖고 있다. 전 한나라당 박근혜 대표의 미니홈피 일촌 맺기는 온라인에서 정치적 담론에서 그치지 않고 이들을 연계하여 정치세력화하는 모습으로 나타난다.

온라인 저널리즘뿐만 아니라 정치 웹진들은 정치적 담론을 형성하는 데 일정한 영향력을 행사하고 있다. 인터넷 여론을 형성하는 '논객'들은 온라인을 통해서 정치적 · 사회적 이슈와 쟁점들에 대한 해석과 주장, 분석에 이르기까지 다양한 논쟁을 표현하고 있다. 온라인 논객들은 특정 기상내용에 대한 논설에서부터 정치평론, 나아가 심층해설에 이르기까지 다양한 방법으로 자신들의 견해를 피력한다.

온라인 저널이나 정치 웹진에서 피력하는 논객들은 한국 사회에서 시급한 정치개혁과 권위주의 청산, 사회의 각종 부정부패 척결의 이슈를 내걸고 치열하게 정치담론을 형성하고 있다. 이들은 정치적 담론을 형성하는 매개자이면서 정치현실에 직접 뛰어드는 현실개입적인 정체성을 갖고 있다. 이들은 가치중립적인 내용보다는 가치개입적인 글을 통하여 정치적인 동태를 비판하고 특정 정치인이나 정당을 지지하거나 비난하는 일을 가리지 않는다.

온라인 논객들은 자신이 중요하다고 생각되는 문제에 대해서 보수와 진보라는 이데올로기 노선을 따라 양극화되는 추세이다. 다만 온라인 공론장에서만큼은 범진보 계열의 담론이 범보수 계열의 담론을 양적인 면에서나 수적인 면에서 앞서고 있다. 온라인 저널이나 정치 웹진에 올라오는 내용들은 대체로 기존 언론매체에 대한 반향으로 이들에 비판적인 시각을 견지하고 있다. 흔히 조 · 중 · 동이라 하는 극우세력의 언론에 맞서 대립각을 세우고 정치적 기회주의와 보수주의를 비판한다. 온라인 논객들은 사회적 이슈나 정치적 문제에 대한 언론 전문가나 학자가 아닌 다양한 직업적 · 사회적 배경을 갖고 있는 일반 시민이면서 여론 주도층이다.

인터넷 매체 오마이 뉴스의 새천년민주당 대선후보 초청토론회가 선거관리위원회의 제지로 이루어지지 못한 사례가 기술의 발전과 기존 법령의 괴리에서 오는 대표적인 예라 할 수 있다.[55] 오마이뉴스를 비롯한 온라인 언론들은 언론의 역할을 상당부분 수행하고 있기 때문에 토론회 개최를 하는 것은 당연하다고 주장한다.

2. 민주주의에 대한 공공 저널리즘의 한계

사람들은 인터넷의 상호작용적 특성을 과대평가하는 경향이 있다. 온라인 저널의 가치가 대두될 당시 사람들은 대부분 낙관적 전망을 내놓았다. 특히 공공문제에 대한 정보와 의견을 교류하면 새

55) 오마이뉴스 사례와 관련, 한겨레신문 2002년 2월 5일자, '인터넷 대선토론 논란 확산', 6일자 '인터넷 대선토론', '정간법 개정시비로 확산' 등의 기사 참조.

로운 저널리즘 시대에 접어들고 민주주의 발전을 앞당길 희망에 젖어 있었다.

그러나 이러한 희망은 기우에 지나지 않았다. 오프라인의 종이신문에 기사내용이 하루종일 온라인 저널에 자리매김하고 있다. 즉 온라인 특성상 새로운 기사내용을 실시간 검색하고 모니터할 수 있어야 함에도 불구하고 오히려 아침에 읽은 신문기사 내용을 온라인 저널에서 봐야만 한다면 이것은 지나친 전자매체 낭비일 뿐이다. 또한 온라인상의 양방향의 토의나 공론의 형성은 거의 찾아보기 어려운 지경이다. 오히려 여기저기 퍼글만이 인터넷을 도배하는 정도이고, 각종의 댓글은 감정의 배출을 도모하는 식상한 내용만이 올라오는 지경이다.

또한 단순한 인터넷 접속만으로 가상공간에서 정보의 공유를 의미하는 것은 아니다. 즉 웹사이트에 접속하거나 마우스를 클릭하는 행위가 곧 '상호작용'을 의미하지는 않는다. 인터넷에 오래 접속했다거나 많은 페이지를 들여다 본다고 해서 상호작용이 높다고 볼 수는 없다는 것이다. 물론 엄밀하게 표현하자면 커뮤니케이션 행위 그 자체도 상호작용을 보장하지도 않는다. 그 과정에 참여하는 사람들 간에 어느 정도 평등이 보장되고 특히 커뮤니케이션 능력이 균형을 이루어야 한다(Schultz 1999).

이상철 외(1999)의 인터넷 신문 이용자 조사연구에 따르면, 인터넷 신문 독자 중 기자에게 이메일을 보내본 경험이 있다는 응답자는 18.2%에 불과하며, 기자들 역시 성실한 답신을 하지 않아, 아직까지 기자와 독자와의 상호 의사소통이 제대로 이루어지지 않고 있는 것으로 나타났다. 이러한 연구결과는 인터넷 신문의 이용자들은 여전히 수동적으로 뉴스를 검색하고 있으며, 커뮤니케이션에 적극적으로 참여하지는 않는다는것을 보여준다.

인터넷 이용자들의 커뮤니케이션 참여의 한계는 여러 연구에서도 나타나고 있다. 최영 · 김병철(2000)은 온라인 신문이 상호작용 기제들을 제공한다고 해서 상호작용 커뮤니케이션이 활발하게 이루어진다고 볼 수는 없다고 결론짓는다. 그래서 일부 학자들은 전통적 미디어가 인터넷을 이용하여 상호작용성에 대한 환상만을 제공한다고 비판한다(Lasica 1996).

특히 온라인 공론장에서 사사건건 반목하고 인신공격에 가까운 맹목적인 비방은 자신의 견해에 대해 숙고하기보다는 냉소주의와 허무주의만 자아내게 만든다. 온라인 저널리즘에 대한 흑백논리와 갈등은 정치적 이해관계나 파당성에 의해 혼탁해지거나 극단적인 비난만을 만들어 민주적 공론장의 기능을 상실케 한다.

권만우(2003)는 인터넷 신문 뉴스 가치의 비교에서 온라인 신문이라서 종이신문과 크게 다르지 않다는 결론을 내린다. 인터넷 신문은 종이신문의 전통적인 뉴스 가치를 그대로 인터넷이 옮겨놓는 수준에 그친다고 한다.

게시판이나 토론방도 마찬가지이다. 소수의견을 들을 수 있는 기회가 주어지지 않은 온라인 상황에서는 아무리 말할 자유가 확대된다고 하더라도 의미 있는 민주적 숙의가 정착되지 못한다. 이런 맥락에서 볼 때, 남의 의견을 경청하지 않고 자기 주장만을 반복적으로 올려놓는 게시판 토론이 공론권의 기능을 수행할 것으로 기대하기는 어렵다고 하겠다(윤영철, 1998). 공공 저널리즘의 필수적 조건 중 하나가 '깨어 있는 시민'의 역할을 할 능력이 있는 독자임을 확인할 수 있다.

그런가 하면 심지어 수용자로부터의 피드백을 공공연하게 강조하는 많은 뉴스 책임자들이 시청자들의 이메일을 읽어보지도 않는 경우가 많다는 연구결과도 있다(Newhagen, Cordes, and Levy 1995).

인터넷을 이용한 공공 저널리즘의 실현은 상호 가치를 존중하는 민주적 합의가 존중되어야 가능하다. 가치가 있는 뉴스는 온라인 저널을 통해 재생산되고, 이러한 정보는 사회의 공론을 거쳐 온라인 저널의 기사작성에 비중을 두어야 한다.

나아가 인터넷 신문을 읽는 독자도 적극적 참여의 양태를 보여주어야 한다. 온라인 저널이 이슈화하는 기사를 게이트 키핑해야 한다. 또한 다양한 경험에서 얻어진 전문지식을 활용하여 여론의 오피니언 리더(opinion leader) 역할을 해야 한다. 뉴스의 보도에서 중요한 정책이 입안될 때 해당 기관의 의견만이 강조되기보다는 정책의 직접적 결과를 체험하게 될 일반 시민과 전문가 단체들의 다양한 시각을 반영함으로써 공공 저널리즘의 역할을 수행해야 한다.

윤태진 외(2001)는 바람직한 온라인 저널리즘을 실현하기 위해서는 몇 가지가 선행되어야 한다고 강조한다. 온라인 저널을 운영하는 전문인력의 확충과 문제 해결을 위한 보도의 지속성을 강조한다. 또한 공공문제를 다루는 우선순위 문제와 기사내용을 취재하는 취재원의 다양화를 필요로 하고 있다. 독자가 게시판에 글을 남기고 기자에게 이메일을 보낼 수 있다고 해서 공공 저널리즘이 실현되는 것은 아니다.

한편 온라인 저널리즘의 법적용의 한계가 있다. 선거관리위원회가 오마이 뉴스에 적용한 법조항은 '언론기관초청 대담 토론회'를 규정하고 있는 공직선거 및 선거부정방지법 82조 1항[56]과 '선거운동기간 위반죄'를 규정하는 254조이다. 이와 같이 선거법이 제정된 내용을 보면 그 어느 조항에도 인터넷이란 용어가 없으며, 인터넷을 TV나 라디오 혹은 신문과 같은 언론기관으로 판단할 만한 근거도 찾아보기 어렵다. 정간법이나 동법 제2조 1호에서도 인터넷을 규정하는 법조항이 부재하다. 따라서 인터넷은 선거법과 정간법 그 어느 곳에서도 법적 지위를 부여받지 못한 상태이다. 따라서 오마이 뉴스가 후보자들을 초청하여 토론회를 개최하는 것은 선거법 254조 '선거운동기간 위반죄'에 해당된다는 것이다.

이와 같이 인터넷을 전통적인 저널리즘으로 구분할 때 신문, 방송, 통신매체 중 어느 영역에도 해당되지 못한다. 따라서 온라인 저널이 정치적 역할을 다하지 못하고 있다는 비난을 면하기 어렵다.

---

56) 공직선거 및 선거부정방지법 82조 1항에 의하면 텔레비전 및 라디오, 방송시설 · 정기간행물의 등록 등에 관한 법률에 의한 일반 일간신문사 등 언론기관은 선거운동 기간 중 후보자 또는 대담 · 토론자에 대하여 후보자의 승낙을 받아 1인 또는 수인을 초청하여 소속정당의 정강 · 정책이나 후보자의 정견, 기타 사항을 알아보기 위해 대담 · 토론회를 개최하고 이를 보도할 수 있다. 다만, 제59조(선거운동 기간)의 규정에도 불구하고 대통령 선거에 있어서는 선거일 전 120일부터, 국회의원 선거 또는 시 · 도지사 선거에 있어서는 선거일 전 60일부터 선거기간 개시일 전일까지 후보자가 되고자 하는 자와 대담을 하고 이를 보도할 수 있다.

V. 맺음말

온라인 저널리즘은 사회적 역량을 강화하고 정치적 참여의 기능과 시장의 기능을 다하고 있다. 특히 기존 저널리즘의 특성인 정보제공, 의제설정, 권력감시의 기능과 여론 확산의 기능 등을 지니고 있다. 이러한 특성들은 기존 언론의 한계였던 사회적 쟁점에 대한 의제화 또는 여론화의 보완적 기능을 담당하기에 충분조건을 갖추고 있다. 이러한 온라인 저널리즘은 의제설정의 다양성, 여론참여의 무제한성, 정보보존과 유통의 지속성에 의해 온라인을 통하여 확산된다.

그러나 익명성에 의한 여론조작이나 패거리 여론, 여론재판 등의 문제점을 노출하고 있다. 특히 감정적인 의견이나 악의적인 글을 올려 상대를 공격하는 내용의 글을 유포시키기도 한다. 이러한 선의의 피해자를 만들지 않기 위해서는 인터넷을 사회적 통념이 가능한 기능으로 보완하는 제도적 장치가 있어야 한다. 또한 악의적인 댓글을 올리는 행위라든가 혹은 터무니없는 헛소문을 만들어 유포하는 행위를 근절시키기 위한 무작위 여론제어 시스템을 두어야 한다.

나아가 온라인상에서 더욱 균형적인 저널의 형성과 왜곡되지 않는 가치의 중립이 선행되어야 한다. 민주주의 발전과 현실정치를 변화시킬 다양한 차원의 컨텐츠가 필요하며, 사회적 관심을 견인할 가치중립이 필요하다. 또한 온라인상에서 균형적인 저널과 왜곡되지 않는 언론을 만들기 위해서는 진보와 개혁을 추구하는 대안 언론으로서의 역할을 해야 한다.

온라인 저널리즘이 성공하기 위해서는 다양한 컨텐츠를 갖고 개성 있는 내용의 정보를 제공하는 수준에서 변화의 속도에 맞추어 다양한 미디어 시장에 신속하게 대응해야 한다. 과거의 오마이 뉴스와 같은 기업형 미디어에서 개인 미디어 시대에 알맞은 컨텐츠를 개발해야 한다.

온라인 저널리즘이 정치적 참여의 기능과 자유시장의 공개장의 역할을 다하고 있지만 아직도 기존 언론과 차별을 두고 있으며 법적 지위도 부여받지 못하고 있는 입장이다. 따라서 온라인 저널리즘을 언론기관으로서의 법적 지위와 사회적 제도의 기능을 수행하도록 제도적 지원을 아끼지 않아야 한다.

참고문헌

강미은. (2002). "온라인 저널리즘의 현황과 미래," 『관훈저널』 2002년 여름호, 관훈클럽.

권만우. (2003). "한국인터넷 신문의 게이트 커핑에 관한 연구-조선, 중앙, 동아의 종이신문과 인터넷신문의 뉴스가치 비교," 『한국언론학보』 한국언론학회. http://www.ksjcs.or.kr

권상희. (2004). "인터넷 미디어 뉴스형식(News Form) 연구 : 온라인 저널리즘의 기사 구성방식 비교를 중심으로," 『한국방송학보』 통권18, 4호.

박성호. (2005). "여론형성공간으로서 인터넷 자유 게시판의 저널리즘적 특성과 사회적 영향에 관한 연구," 『언론과학연구』 제5권 3호.

반 현. (2001). "오프라인과 온라인 저널리즘의 전망," 『관훈저널』 2001년 가을호, 관훈클럽.

안동근. (2001). "인터넷 시대의 황색 저널리즘," 『관훈저널』 2001년 봄호, 관훈클럽.

오연호. (2002). "한국 인터넷 언론과 한국사회," 미래전략연구원 세미나 발표집.

윤영철. (2001). "온라인 저널리즘과 뉴스패러다임의 변화," 『사이버커뮤니케이션학보』 제7호, 사이버커뮤니케이션학회.

윤영철. (2001a). "가상공간과 저널리즘," 『관훈저널』 2001년 봄호, 관훈클럽.

윤태진 · 강내원. (2001). "온라인 신문에 나타난 공공 저널리즘적 특성에 관한 연구 : 《조인스닷컴》, 《인터넷 한겨레》, 《오마이 뉴스》의 기획기사 분석을 중심으로," 『한국언론학회』 가을철 정기학술대회.

윤호진. (2002). "온라인 저널리즘의 매체 사회적 의미와 새로운 보도방식," 한국언론학회 2002년 발표논문.

장호순. (2002). "인터넷과 언론환경의 변화: 인터넷 언론의 경쟁력," 『관훈클럽』 관훈클럽 2002년 여름호.

정윤식. (2003). "인터넷 언론의 자유와 규제 : 인터넷언론의 규법과 법적 지위 문제를 중심으로,"『사회과학연구』 강원대학교 사회과학연구소.

최경진. (2003). "미디어 저널리즘에 대한 미디어 담당기자의 역할 인식에 관한 연구,"『한국언론학보』 한국언론학회, 제47권 4호.

최낙진 · 김재영. (2001). "신문사와 방송사 인터넷 정보 컨텐츠 제공방식의 비교연구 : 홈페이지 디자인과 정보제공방식의 차이에 관한 탐색적 접근,"『한국방송학보』 한국방송학회, 제16권, 2호.

최영 · 김병철. (2000). "인터넷 신문의 상호작용성에 관한 연구 : 국내 인터넷신문의 상호작용 메커니즘에 대한 실증분석,"『한국언론학보』 한국언론학회, 제44권 4호.

코래드광고전략연구소. (1996).『광고대 사전』 서울 : 나남출판사.

홍성구. (2003). "인터넷 신문의 성장과 언론질서의 변화 : '오마이 뉴스'를 중심으로,"『사회과학연구』 제42집, 강원대학교 사회과학연구소.

시사저널 2001. 10월 25일.

Barber, B. (1984). *Strong Democracy : Participatory Politics for a New Age*, Berkeley, CA : University of California Press.

Carey, J. W. (1997). "In defense of public journalism," In T. L. Glasser (ed.), *The Idea of Public Journalism*. New York : Guilford Press.

Christians, C. G. (1999). The Common Good as First Principle. In T. L. Glasser (ed.), *The Idea of Public Journalism*. New York : Guilford Press.

Davis, Richard. (1999). The web of politics : The Internet's impact on the American political system.

Dewey, J. (1927). *The Public and Its Problems*, New York : Henry Holt and Company.

Habermas, J. (1996). *Die Einbeziehung des andern: studien zur politischen Theorie*. 황태연 역. (2000).『이질성의 포용: 정치이론 연구』 서울 : 나남.

Lasica, J. D. (1996). "Net Again : Journalism's challenges in an interactive age," *American Journalism Review*, Nov. 1996.

Lawrence, D. Jr. (1993). "Why Future is promising for Newspaper Industry," *Newspaper Research Journal*, 14(2).

Lippmann, W. (1922). *Public opinion*. New York : Free Press.

Morris, Dick. (200l). Direct democracy and the Internet. *Loyola Los Angeles Law Review*, Vo1. 34.

Newhagen, J. E., Cordes, J. W. and Levy, M. R. (1995). "Nightly@nbc.com : Audience Scope and the Perception of Interactivity in Viewer Mail on the Internet," *Journal of Communication*, Vol. 45(3).

Poster, M. (1995). *Second Media Age*. 이미옥 · 김준기 역. (1998). 『제2미디어시대』 서울 : 민음사.

Rosen, J. (1999). *What are Journalists for?* New Haven : Yale University Press.

Schultz, T. (1999). "Interactive Opinions in Online Journalism : A Content Analysis of 100 U.S. Newspapers," *Journal of Computer-Mediated-Communication*, Vol. 5(1), available at http://www.ascusc.org/jcmc/vo15/issue1.

chap. 11

전자민주주의의 모형과 사이버 정치

Ⅰ. 들어가는 말

정보사회에서 뉴미디어로 대표되는 인터넷 보급 확산과 그 활용은 전자민주주의 시대를 예견하게 되었고 사이버 정치의 실현을 앞당겨 주었다. 전자민주주의로 새롭게 출현되는 사이버 정치는 기존의 정치행태가 안고 있는 한계를 극복하고 생산적인 고효율의 정치발전을 추구하고 있다. 실례로 인터넷상에서 정치과정은 정치권력의 투명성 확보와 국민참여의 증대를 실현하기 위해 노력하고 있고, 저비용 고효율의 생산적인 정치와 새로운 정치문화를 정착시키기에 충분한 조건을 갖추고 있다.

인터넷 가상공간에서는 실시간 원격화상을 통하여 개인이나 정치권, 정당, 정책결정자의 그 누구라도 쌍방향의 의견교환과 다방향으로 정보를 교류하고 여론을 형성하여 자신의 의견을 전달할 수 있다. 인터넷의 활용은 전자투표 행위를 통하여 자신의 의견을 표출할 수 있을 뿐만 아니라, 인터넷 웹(www)상에서 특정 이슈에 관하여 공론장을 형성하여 참여민주주의를 달성할 수 있다.

인터넷은 시 · 공간적 한계를 무너뜨리고 가상의 공간을 만들어 시민들이 정치적 무관심을 벗고 주체적으로 참여할 수 있는 사이버 정치의 실현을 가능케 한다. 사이버 정치는 인터넷의 이메일, 전자게시판, 동호회와 같이 주로 통신활동에 기반한 정보공유, 여론의 형성과 확산에 의해 이루어진다. 인터넷의 쌍방향적 특성은 이용자 간의 자유스러운 토론을 통해 공론장을 형성, 민주적 커뮤니케이션을 가능케 한다. 또한 인터넷 기술의 개방성과 분산성은 소수 권력의 집중보다는 다수의 분산된 민주적 분권화를 이루고 있다.

그러나 뉴미디어와 같은 기술의 발달이 정부의 규제와 통제 및 검열에 따라 시민이 감시사회의 원형감옥에 갇힐 우려가 커진다는 점이 있다. 소수의 권력자들은 사이버 정치를 민주적인 커뮤니케이션을 위한 공간으로 육성 · 발전시키려는 노력을 하기보다는 공익이라는 명분 하에, 또는 무지와 정치적 이유로 정부의 규제와 감시를 위한 통제의 장으로 활용하려 하기 때문에 우려를 금치 못한다. 그런가 하면 사이버 정치는 현실공간의 장으로 인터넷 커뮤니케이션의 특성이 평등성을 가져오지 못하고 메시지 속에 담긴 사회적 신분을 내포한 단서로 인해 여전히 권력관계와 투쟁, 위계질서, 불평등이 일어나는 곳으로 파악된다.

이와 같이 새로운 기술의 사회적 활용은 희망과 불안이 함께 공존하여 우리 앞에 와 있는 것이다. 다만 이를 활용하는 사회적 주체의 의지와 방법에 따라서 원형감옥이 될 수도 있고 민주적 잠재성도 가져올 수 있는 것이다. 다만 새로운 정보기술이 개인적 활용의 범위를 넘어서 사회적 정체성(identity)을 형성하고 새로운 문화적 신드롬(Syndrome)을 만들 것인가에 주목하고 있다.

따라서 정치적 관심사로 새롭게 등장하고 있는 인터넷상의 가상 공간에서 전자민주주의 개념과 유형을 논의하고 그 실현 가능성을 구체적 사례와 실태를 중심으로 모색해 볼 필요가 있겠다. 따라서 전자민주주의의 개념과 그 유형을 논의하고 전자민주주의 유형에 따라 정치발전에 미치는 효과와 그 한계를 살펴보고 정치과정 변화의 실증적 검증을 하는 것은 의미가 있겠다.

폭발적으로 증가하는 인터넷 사용자들의 관심을 끌기 위해서는 기존 정치에서의 새로운 패러다임이 모색되어야 하며, 일반 국민들도 기존 정치로부터 소외감을 느꼈던 피해의식에서 탈피하여 적극적인 참여민주주의를 실현하도록 노력해야 할 필요성이 절실하다. 이러한 필요성은 전자민주주의의 새로운 이론적 틀이 새롭게 모색되어야 하며, 앞으로 성숙한 민주주의 달성과 정치발전을 위한 정치권의 과제라 아니할 수 없다.

Ⅱ. 뉴미디어와 민주주의의 상관성

1. 뉴미디어 기술의 사회적 활용

정보시대에서 사회를 통제하고 관리하는 뉴미디어는 정치경제

학의 영역에서 그 역할이 더욱 확대되고 있다. 뉴미디어는 자본주의 사회의 본질에 근본적인 변화를 일으켜 정보가 사회적 자원이 되는 커뮤니케이션 및 정보과정에서 사회체계의 단절성과 연결성으로 구분하여 보고 있다.

먼저, 기술결정론에 의한 사회체계의 단절성은 정보기술이 정보경제에 비중을 증대하는 데 초점을 두고 있다. 뉴미디어 기술의 발달은 경제구조에 변화를 유도하여 정보사회로의 이행 근거를 마련하고 있다는 것이다. 뉴미디어의 발전이 경제구조의 변화에 미친 효과는 정보생산, 정보소비와 정보기술의 혁신으로 구분하여 영향을 주었다(오관석 2004, 89-96).

다음으로 사회체계의 연속성은 뉴미디어 기술이 자본주의 산업체 내부의 위기관리를 위한 산업화 과정의 연장선에 불과하다는 산업경제론 관점이다. 분석수준은 자본 일반의 논리 및 자본주의 사회에 대한 비판으로까지 확장하고 있는 자본주의 산업사회론 관점, 그리고 정보기술을 사회감시 및 통제를 위한 기존 지배권력의 기득권 유지와 확장 국면으로 보는 지배양식론적 관점으로 구분하여 보고 있다(오관석 2004, 96-102).

이와 같은 뉴미디어 기술의 사회적 활용은 정보기술이 갖는 속성과 사회적 활용에 대한 인식의 차이에서 그 의미와 역할이 다르게 해석되고 있다. 이러한 현상은 뉴미디어가 지향하는 사회가 산업사회의 연장선상에서 봐야 하는가, 아니면 산업사회와는 단절된 탈산업사회의 구조로 봐야 하는가의 인식의 차이다.

결국 정보기술의 특정한 차원에서 뉴미디어 기술의 활용은 사회변화의 확대를 위한 보다 폭넓은 분야에서 활용되어 가고 있다. 이러한 기술의 발달이 사회변화의 주도적 역할을 하고 있으며, 다만 사회환경이 이를 적극적으로 수용하여 사회변동을 결정하게 된다는 것이다.

2. 컴퓨터 매개 커뮤니케이션의 정치 · 사회적 특성

컴퓨터 매개 커뮤니케이션(CMC)은 쌍방향적인 정보교환이 가능하고 정보를 디지털화하여 처리하므로 많은 정보의 교환이 가능하다. 또한 멀티미디어 기능을 갖추고 있어 다양한 기능으로 커뮤니케이션이 가능하고 숙의토론 기회를 제공하기에 충분하며, 정부와 국민 간의 거리감을 허물고 국민들은 중요 사안에 전자투표를 할 수 있다.

CMC의 활동과 기능은 정보통신 활동과 정치적 · 경제적 · 정보적 기능과 연계하여 논의할 수 있다. CMC 활동은 이메일, 대화방 채팅 및 메신저 기능을 통해 이루어지는데, 이용자로 하여금 다른 사람과 의사소통할 수 있는 능력을 신장시킨다. 시민은 정보통신 활동을 통해 민주주의 운영에 필수적인 여론을 형성하고 공유할 수 있다. 웹사이트 이용자는 다양한 정보를 저렴한 비용으로 활용할 수 있다.

그러나 CMC는 기술적으로 민주적 커뮤니케이션의 가능성을 내포하고 있으나 네트워크 사업자와 정부의 사적 통신활동 감시 등이 따를 경우 민주적 활용 가능성이 위협받을 것이라고 전망한다. 나아가 역기능 측면에서 '정보부자(information rich)'와 '정보빈자

(information poor)'의 격차 심화, 쓰레기성 정보가 대량으로 양산될 경우의 정보공해 및 전자 감시체제의 수단으로 사용되어 원형감옥(panopticon)을 조성할 가능성 등을 들고 있다. 따라서 다양한 입장에서 가상공간이 민주주의 발전에 공헌할 수 있는 사회적 여건과 제도를 모색해야 한다.

정보기술의 희망은 가상공간에 대한 접근권과 언론의 자유를 보장하고 건전한 정보문화를 정착시키는 것이다. 정보기술의 사용에 대한 극단주의의 배제와 정보기술의 다양성을 보장해야 한다. 특히 정부의 개입과 정보통제를 방지하고, 기업의 상거래와 마케팅의 도구화를 막고 시민사회가 적극적으로 참여할 수 있는 민주적 토론공간으로 정착시켜야 한다.

CMC의 민주적 가능성을 우려하는 일부의 학자들은 인터넷의 특성이 상호작용성, 비동시성, 다차원성, 민주주의 가능성 갖지만 정보유통의 불균형, 국가 간 분쟁과 개인의 사생활 침해, 포르노그라피의 유통 등의 부작용을 낳을 수 있다고 지적하고 그 대책을 모색했다.[57] 그들은 CMC 기술의 도입만으로 전자민주주의가 가능하다는 낙관론적 기술결정론과는 달리, 시민적 관여가 새로운 채널인 CMC의 수용과 전자민주주의 실현에 영향을 미친다고 말한다.

---

57) 민주적 커뮤니케이션의 조건으로는 정보의 생산과 분배 및 유통과정에 개입하는 시장 관리자와 정부의 검열과 개입이 없을 것, 정보와 정보 전달매체에 대한 공평한 접근 보장, 정보의 생성과정에 대한 이용자의 참여 보장, 다양한 정보의 제공 등 네 가지를 예들 수 있다.

3. 전자민주주의와 정치변화

전자민주주의[58]는 "정보통신기반의 이용을 통하여 정치과정에 대한 시민의 참여가 이루어지는 정보사회의 민주주의"라고 정의하고 있다(한국전산원 1997, 12 ; 유석진 1996 ; 강정인 1997). 즉 전자민주주의의 개념은 정보화와 민주주의의 진전이 결합되면서 형성된 민주주의 구현방식의 새로운 형태로써, 기존의 정치과정에서 중요하지만 실현하기 어려웠던 정책과정의 투명성 확보와 국민참여의 증대를 인터넷 등 정보통신기반의 활용을 통해 실현 가능하게 하는 새로운 정치환경의 요체이다(황주성 외 2001, 28).

전자민주주의는 국민과 정치권과의 의사소통을 시간적 · 공간적 제약에서 해제시켜 주고 있으며, 공공정책에 직접 참여할 수 있는 계기를 만들어 주고 있다. 전자민주주의는 신속정확한 정보를 시민들에게 제공함으로써 정치공동체의 업무에 관해 합리적 선택을 할 수 있도록 해준다. 또한 정치문제에 관한 정보를 공개함으로써 정치의 투명화에 획기적인 진전을 이룩하여 정치의 투명성을 높여주

58) 전자민주주의라는 표현은 Teledemocracy, Electronic democracy, Internet democracy, Cyber democracy, Modem democracy, Information democracy, Mosaic democracy, Technopolitics 등 일반적으로 커다란 구분 없이 사용되고 있으나 엄밀히 구분하면 원격민주주의(Teledemocracy)는 1970-1980년대 텔레비전, 라디오, 컴퓨터 등 전자기술의 발전과정에서 나타난 용어이고, Electronic democracy나 Cyber democracy는 1993년 이후 매체융합으로 나타난 폭발적인 변화 후에 주로 사용된다(황주성 외 2001, 65).

고 정치비용을 절감하여 고비용 저효율의 정치구조에서 생산적인 정치를 이룰 수 있다.

나아가 전자민주주의는 정보통신기술의 활용으로 정치과정에서 정치적 · 정책적 이슈에 대하여 개인이나 시민 또는 정치인이나 정당, 정부, 정치권 사이에 커뮤니케이션의 활성화를 촉진시켜 정보생산자와 정보 소비자 간의 정보유통을 원활하게 하며, 정보의 공개를 통하여 국민들을 정책결정에 참여하도록 유도한다고 볼 수 있다(오관석 2004, 141).

전자민주주의는 공개된 정보를 통해 시민에 의한 권력통제가 가능하고 투명한 권력과 민주정치의 달성을 전제로 한다. 전자민주주의는 쌍방향 의사소통의 통로를 국민이 확보함으로써 정치적 무관심을 극복할 수 있다. 나아가 정치권이나 정부의 의사결정 과정에 비교적 많은 참여가 이루어져 오히려 시민의 동의를 유도할 수 있는 계기가 될 수 있으며, 의사결정 이후의 비판적 낭비요소를 제거할 수 있다. 이전의 대다수 사람들은 국민이 정부의 정책에 통제를 가하지 못하고, 설령 일부가 가능하다고 하더라도 언론과 시민단체의 접근성, 지역대표와의 괴리감 등으로 인하여 정치적 무관심층이 증가하고 있는 실정이다. 그러나 인터넷의 활용은 많은 네티즌의 정치참여의 통로가 되고 그들 간의 각종 모임이나 동호회 모임은 전자적 가상공간에서 정치적 공론화와 참여의 한 형태로 자리잡기에 충분하였다. 또한 전자민주주의 기반이 형성되면서 국민의 정치적 재사회화가 자연스럽게 이루어지고 수요자 중심의 정치문화가 형성되어 가고 있다(오관석 2004, 143-144).

Ⅲ. 전자민주주의의 유형

전자민주주의와 직접민주주의의 가능성을 제기하는 차원에서 정보제공 모형 전자민주주의에서 국민투표(plebiscitary) 모형과 시민의 공공토론의 참여를 강조하는 숙의(deliberative)민주주의 모형을 중심으로 진행되었다. 나아가 직접민주주의 또는 참여민주주의 모델의 한계에 대한 대안으로 다원적 공동체 모형이 대두하게 되었다.[59] 즉 전자민주주의의 유형 논의는 정보제공, 국민투표, 숙의민

59) 전자민주주의 모형은 아직 발전되는 단계에 있어 공인된 유형은 없다. 초기 전자민주주의에서는 직접민주주의를 가능케 하는 프레비시트(plebiscitary)와 시민의 공공토론의 참여를 강조하는 숙의(deliberative)민주주의로 진행되었다(윤성이 2002). 다음으로 현재의 전자민주주의 실험적 측면에서 보면 정치적 정보의 전달과 교환, 시민의 정치참여 활성화라는 두 가지 측면에서 ① 정보제공형, ② 투표형, ③ 대화형으로 유형화하고 있다(권태환 외 1997, 155-156 ; 정진우 2002, 86). 전자민주주의를 커뮤니케이션과 관련해서 논의해 볼 때 ① 국민투표유형, ② 숙의민주주의 유형, ③ 공동체 민주주의 유형, ④ 다원민주주의 유형으로 구분하여 논의되고 있다(박선희 2000, 68-77). 나아가 전자민주주의를 커뮤니케이션 방식에 따른 분류(정보제공형, 투표형, 대화형)와 기능별 유형(재택투표, 전자주민회의, 토론을 통한 전자 여론수렴, 전자 의정보고서)에 따른 유형과 정치과정별 유형화(전자정부, 전자의회, 전자압력단체, 전자시민운동, 여론조사활동)로 구분하고 있다(유광수 외 2000, 131-138). 그런가 하면 박동진(2000)은 전자민주주의의 한계를 지적하면서 그 유형을 네 가지 유형, 즉 정보제공 유형, 대화형, 여론수렴형, 그리고 투표형으로 유형화하고 있다(박동진 2000, 40-68). 황주성 외(2001)는 전자민주주의

주주의 그리고 다원적 공동체 모형으로 논의해 볼 수 있다.

1. 정보제공 모형

정보제공 모형은 정보를 효과적으로 전달하는 기능에 초점을 두고 정치적 쟁점과 관련된 자료를 제공하는 것을 목적으로 삼는다. 정보사회에서 정보량의 증가, 정보의 상호작용성, 정책결정의 참여 확대는 민주주의 발전의 가능성으로 보았다. 전자매체는 일반 시민들에게 보다 많은 정보를 제공할 수 있으며, 특히 인터넷은 다른 미디어 매체에 비해 정보 수요자의 필요에 비해 맞춤형 정보를 제공할 수 있다.

코레도(Corrado & Fireston 1996, 29)는 정보의 공유가 많은 정보를 보유한 적극적인 시민에 의한 민주주의의 부흥을 가져올 것으로 전망하였다. 또한 로저스(Rogers 1986, 237)는 시민들이 중요한 정치 관련 정보에 접근할 수 있을 때 시민과 정부 사이의 상호작용이 상당히 개선될 것으로 보았다. 인터넷과 같은 전자매체는 정치권과 시민들과의 효과적인 양방향 커뮤니케이션이 가능케 될 것이고, 일반 시민이 정책결정에 참여할 수 있으며 영향력을 강화할 수 있다는 긍정적인 입장에 있다.

그러나 정보의 접근은 정보통신기술 접근의 문제에 국한하지 않

유형을 국민투표적 민주주의, 숙의민주주의, 공동체 민주주의, 다원적 민주주의 등으로 구분하여 그 유형을 논의하고 있다.

고 정보생산 자체, 그리고 생산된 정보의 내용 자체의 문제에 대한 논의가 선행되어야 한다. 갠디(Gandy 1989)는 시민의 역량을 강화할 공공정보가 국가관료제에 의해 개방과 접근이 제지된다면 정보의 양적 팽창에도 불구하고 시민적 역량을 강화하고 권력에 대한 감시를 행사할 의미 있는 정보에의 접근은 차단된다고 보았다. 또한 정보의 공개가 현실정치에 기여하지 못하고 의미 없는 정보, 시의적절치 못한 정보, 홍보형 정보는 오히려 민주주의에 장애요인으로 작용하고 시민들이 정치에 참여하기보다는 정치적 무력감과 방관자 의식을 조장할 가능성이 있다(Shenk 1997). 전자민주주의에 있어서 정보제공 모형은 정보의 생산과 유통의 확장에 주목하고 정보에의 접근이 용이하지 못할 때는 민주주의의 진전보다는 오히려 시민을 소외시키는 도구로 전락하는 문제로 남게 된다.

2. 국민투표 모형

국민투표(plebiscitary) 모형은 대의민주주의의 결정을 보안하는 데서 출발하여 직접민주주의 실현으로 보고 전자투표방식을 이용한 국민들의 국민투표(referendum or plebiscite)가 활성화됨으로써 과거 대표자에게 위임했던 정책결정 권한을 다시 찾는다고 본다.

에이브람슨(Abramson *et al.* 1988)은 전자투표가 가능한 많은 개인들에게 공적인 일에 직접 개입할 기회를 제공할 수 있다고 말한다. 인터넷을 활용한 여론조사나 정책사안에 관한 전자투표와 국민발안 등에 관하여 버튼 누르기식 민주주의가 가능하다는 것이다. 그

로스만(Grossman 1995)은 전자매체와 같은 뉴미디어의 도입은 전자투표나 전자마을회의와 같은 직접민주주의가 가능하여 이상적인 민주주의가 구현된다고 보았다. 국민투표 모형 민주주의는 시민들의 직접적인 참여양식으로 수렴된 의견을 정책에 적극 반영한다는 점에서 여론수렴에 드는 비용을 절감하고 참여의 효율성을 높일 수 있다고 본다.

베커(Becker 1993)는 시민들이 정치적 사안에 관해 결정할 수 있는 권리인 투표권이 민주주의의 핵심적 요소임을 강조하였다. 그는 전자포럼이나 전자공청회 같은 정보의 교환보다도 시민 개인의 의사표시가 최대한 반영되는 투표행위가 민주주의 구현의 최선의 방안이라고 보고 대의민주주의를 대체하는 전자국민투표를 주장하였다. 또한 스테이턴(Staton 1994)은 과거 시민들의 직접참여를 가로막아 왔던 시간적 장벽, 공간적 규모의 문제, 지식배분 및 접근의 어려움이 정보통신기술의 발달로 인해 제거될 수 있으며, 시민들은 자신들의 자기 결정(self-determination)에 대한 요구를 충족시킬 힘을 가지게 되었다고 주장한다.

국민투표 모형은 시민의 정치참여를 촉진하고 국가의 모든 정책결정을 버튼식 투표로 직접 물어서 참여를 유도하는 방식이다. 따라서 국가의 주요 정책결정에 국민의 대표성과 반응성을 높이기 위해서 온라인화하여 버튼식 투표로 직접 국민의 의사를 물어 결정할 수 있다는 장점이 있다.

그러나 버튼식 전자투표가 곧 전자민주주의의 실현을 의미하는 것은 아니다. 주요 정책을 묻는 절차상 용이성과 효율성, 그리고 거래비용 감소는 민주적 절차의 달성을 위한 필요조건일 수는 있어도 그 자체가 충분조건이 될 수는 없으며, 민주주의의 질적인 고양을 담보하지는 않는다는 견해에 있다(유석진 2001). 나아가 즉각적인 여론조사나 투표를 통해 의견을 반영하는 행위는 민주주의의 기본인 숙의과정을 거치지 않아 국가적 중요사항이나 정책결정의 핵심적 과제에 대해서 기계적인 다수의 원리만을 반영하거나 합리적 소수의 의견이 무시될 수 있다. 우려와 함께 국민투표의 민주주의가 다수의 견해로 위장되어 인기 위주의 대중화만을 추구하는 경우를 경계해야 한다.

3. 숙의민주주의 모형

숙의민주주의(deliberative democracy)는 가상공간에서 정치적 사안에 대해서 시민들이 자유롭게 정치토론에 참여할 수 있어야 한다. 또한 토론장은 보다 합리적이고 진지한 의사결정을 위하여 참여주체들 간의 성찰적 커뮤니케이션이 이루어져야 한다. 숙의민주주의는 "숙의 또는 공적 숙의가 합리적이며, 고품질의 여론형성을 촉진함으로써 자유민주주의의 건전한 기초를 강화할 수 있음을 말한다.

숙의민주주의는 어떤 이슈에 대하여 숙고하는 과정을 거침으로써 달성되는 민주주의를 의미한다. 기존의 전자민주주의의 한계를 극복하기 위한 방안으로써 숙의민주주의를 강조하는 입장에서는 숙의민주주의가 전정한 참여민주주의를 달성할 수 있고 합리적인 의사결정을 이룰 수 있다고 본다(London 1995).

진정한 민주주의의 요소는 숙의과정(deliberative process)이 다른 시민들과의 집단적 참여, 개인의 사회에 대한 도덕적 책임감, 국가

안에서 국가를 위한 행동을 개인적 가능성에 실현시킬 수 있어야 한다. 즉 숙의민주주의는 특정 문제에 대하여 시민들이 공론장을 형성하여 토론과정을 거치면서 자신의 의견을 상호 교환하고 심사숙고하여 정책결정에 참여하는 것이다.

가상공간에서 정치토론의 상호성은 면대면 토론의 상호성과 달리 몇 가지 문제점이 있지만 여론형성에 있어서 참여적 행태를 발전시킬 기회라고 보았다. 전자적 가상공간 내 정치토론에서 나타나는 대화적 형태는 각각의 발언이 의미적으로 상호 연결되어 있는 것은 아니지만, 개진된 다양한 주장들이 공통의 주제로 수렴된다는 의미에서 종합적 상호작용의 형태이며, 이러한 형태의 상호작용 역시 숙의과정으로서 의미를 갖는다.

민주주의 정치과정이 전자기술을 이용한 버튼식 선택으로 변화한다면 민주주의의 핵심적 요소인 숙고와 공공정책적 선택은 사장되고 도구적 결정으로 변질된 위험이 있다. 또한 지나치게 숙의과정을 강조하다 보면 효율성이 떨어지거나 민첩한 정치적 문제에 대해서는 대응능력이 저하된다.

4. 다원적 공동체 모형

다원주의 입장에서 사이버 공간은 이해집단들 간의 경쟁의 장(contested site)이다. 공동체 유형은 개인적 가치보다 공동의 가치를 더 중요시하기 때문에 개인의 이익은 공동체 내의 다른 사람들과의 대화와 토론으로 공동체에서 보장받을 수 있다. 따라서 다원적 공동체 모형(Pluralist Communitarian)은 다양한 이익관계자들이 공동체 내에서 그들의 이익을 상호 주장하고 보장받는 토론장으로 구성되어야 한다.

다원적 공동체 민주주의는 다수에 의한 지배과정이 아니라 공공선을 강조하고 유지하는 설득과정을 통해 달성되는 민주주의를 의미한다(Abramson *et al.* 1988, 22-26).

정보통신의 발달과 인터넷 보급 확산은 시·공간을 초월하여 개인이나 다양한 집단들의 상호작용이 증가하기 때문에 가상공동체를 쉽게 형성할 수 있다. 가상공간에서는 인간적인 유대감을 가지고 지속적인 토론을 통해 누구나 사회적 관계를 형성하도록 한다. 다원적 공동체는 정치권력을 견제하는 역할과 건전한 시민사회를 보호하고 민주주의적 공론을 창출할 수 있는 실천적 저항과 비판을 수행할 수 있어야 한다. 인터넷과 전자매체에서 형성되는 가상공동체에서는 정치적으로 특정 이슈를 제기하고 형성해서 공론화하고, 나아가 상호 이해관계를 긴밀히 한다. 또한 정치적으로 소외된 사람과 집단들이 공통의 관심사나 정치적 견해를 교환하고 상호 간의 공감대를 형성할 수 있는 실제 사회현실과 같은 공동체이다.

그러나 공동체가 특정 이익을 대변하거나 폐쇄적이고 배타적으로 이루어진다면 오히려 사회를 파편화하고 취미나 오락에 기반한 준(準)사적 공간으로 전락할 수 있다(Fisher Margolis & Resnick 1994). 나아가 가상공간에서 권력이 특정 이익을 위해 봉사하게 된다면 권력은 중앙통제 하에 놓이고 정보자본주의에 의해 정치권력을 견제할 기능보다는 오히려 정보자본주의의 식민화가 가속될 것이며, 이는 다원적 정치공론을 저해하는 요인으로 작용할 것이다.

공론장의 개념을 체계화한 하버마스(Habermas 1989)에 의하면 공론장은 시민사회와 국가 사이에 존재하는 영역으로 동등하게 배분된 사회적 부를 소유한 부르주아들이 동동하게 참여하며, 다양하고 공적인 이슈가 비판적이고 합리적인 담론을 통해서 여론으로 형성되는 사회생활의 영역이라고 한다.

Ⅳ. 전자민주주의와 사이버 정치의 한계

정보사회에서 민주주의는 정보의 제공이나 접근이 핵심이기는 하지만 모든 정보가 본질적으로 민주주의를 증진시키는 것은 아니다. 즉 전자민주주의에서 정보의 양적 증가가 곧 민주주의의 발전을 의미하지는 않는다.

그런가 하면 정보사회로 들어오면서 사회구성원 간에 "정보 불균형(information inequality)"이 심화되고 있으며, 이는 바로 시민들의 민주적 참여에 위협이 되고 있다. 오히려 정치적 사안에 대한 심층적 분석보다는 시각적이고 자극적인 보도가 주종을 이루고 자신의 기준에서 정보를 취사선택하여 가치의 기준을 삼는 우려가 있다. 또한 정보의 홍수 속에서 정보를 분석하고 활용하는 능력이 부족하거나 지적 수준에 따르지 않을 경우에는 불필요한 정보의 무덤 속에 갇히고 정보로부터 소외될 수 있다. 나아가 정부기관의 정보 독점과 비공개와 유효하지 않은 정보의 제공으로 소비되는 시간낭비와 왜곡된 정보는 오히려 민주주의 발전에 장애요인이 된다.

실제로 사이버 정치는 정치인과 유권자 사이의 상호 교신 촉진에 커다란 기여를 하는 것은 사실이나 또 다른 기술적 특성, 즉 커뮤니케이션의 익명성과 접근의 과도한 용이성은 정치인들로 하여금 인터넷 활용을 꺼리게 하는 요인이 되기도 한다. 인터넷을 이용한 커뮤니케이션은 때때로 상대방이 어디에 위치하는지 분간할 수 없으며, 따라서 상대방이 지역구민인지 판단하기 어렵다.

전자우편을 보내는 것은 매우 쉽고 비용이 들지 않아 깊은 생각 없이 전자우편을 보낸다고 인식하기 때문에 정치인들이 전자우편을 통해 접수된 의견을 전통적인 수단을 통한 여론수렴보다 경시하는 경향이 있다. 또한 특정 정치적 사안에 대하여 심사숙고하고 진지한 토론이 아닌 여론몰이식 '감정의 배설'은 오히려 국민적 감정의 위해를 가하고 있으며, 중요한 정치문제에 대해서도 대중주의를 탈피하지 못한다는 한계를 갖는다.

플레비시트의 민주주의 모형은 정보사회의 정치적 변화를 기술결정론적 시각에서 바라보고 있다는 비판을 받는다. 현재의 기술발달과 그 가능성이라는 측면에서 이들의 논의는 강점을 가지나 반대로 정치과정에 대한 심도 있는 이해가 부족하며, 기술현상을 바로 사회적 현상으로 환원하는 오류를 범하고 있다는 비판을 받고 있다.

또한 숙의민주주의의 한계점은 숙의는 대화일 뿐 정치적 효과를 얻지 못하며, 직관이나 가치를 무시하기 때문에 침착하고 냉정한 사색이 의사결정에 도달하는 최선의 방법이라고 보기 어렵다는 점이다. 또한 집단의 의사결정은 종종 순응에 의한 것이며, 진정한 의미에서의 합의가 이루어지기 어렵다. 그리고 숙의민주주의는 광범

위한 대중참여에 기초해야 하지만 사람들은 공적 토론에 참여하기를 원치 않으므로 현대사회에서 적용하기 어렵다.

전자적 가상공간에서의 정책토론은 익명성과 동시성 때문에 정책토론이나 심사숙고하는 정치에 걸림돌이 된다. 상대방에 대한 아무런 사전 정보 없이 이루어지는 토론은 사회적 지위, 인종, 성, 연령 등의 사회경제적 요소로 인한 편견을 방지하는 효과도 있으나 익명성의 보장으로 인한 신뢰의 부재는 책임질 수 없는 의사표시나 불특정 다수에 대한 음해성 비난이나 맹목적인 지지로 이어져 보다 신중해야 할 민주주의 구현에 저해요인으로 작용하기도 한다. 면대면 대화나 토론의 숙의효과에 대해서 많은 정치 커뮤니케이션 연구들이 공감하고 있지만 아직 가상공간에서 이루어지는 정치토론의 숙의효과에 대해서는 많은 의문과 비판이 제기되고 있다.

전자민주주의는 정치에 있어서 대중조작과 인기 위주의 연예화, 정보 과부화, 정보의 집중과 독점, 정보의 불평등과 같은 문제를 제기하고 있다. 전자민주주주의는 일부 정치인들의 조작을 통해 유권자를 기만하거나 순간적인 재치나 인기 위주의 대중성만을 강조할 위험이 크다. 인터넷상의 가상공간에서 익명성 때문에 합리적인 대화나 토론을 보장하지 못하고 의도적인 여론의 왜곡과 편견을 가지고 원색적으로 상대방을 비방하는 오염된 정치문화가 조작될 가능성을 배제할 수 없다. 실례로 정치권이나 개인이 인터넷상의 홈페이지를 만들어 전자게시판 또는 대화방을 개설하지만 이해관계가 상반되어 있는 불특정 다수의 원색적인 욕설과 e-mail 공격으로 실제로 홈페이지를 폐쇄하거나 운영을 중단하는 경우도 종종 발생한다.

또한 편향되거나 과부화된 정보라든가 정보의 부익부 빈익빈 현상으로 사회적 불평등이 가중될 수도 있다. 일반 시민들의 정치적 무력감과 무관심이 방관자 의식을 증대시킬 수 있으며, 복잡하고 상호 모순되는 정보의 홍수 속에서 필요한 정보를 소화하지 못하고 의사판단에 도움이 되기보다는 혼란과 무력감을 초래할 가능성이 큰 형편이다(오관석 2002, 154-158).

하지만 이러한 온라인을 통한 전자투표가 정치권이나 정책결정, 입법과정에 반영되기에는 한계가 있음을 주지해야 한다. 사회적 이슈에 대한 찬반의견의 경우 이해관계가 있으면 상대적으로 적극 참여를 유도하는 반면, 그렇지 않고 자신과 별개의 문제인 사안에 대해서는 무관심하거나 왜곡하는 경우가 있다.

가상공간에서는 사회문제나 정치현안에 대하여 사실 여부를 확인하지 않거나 개인적·집단적 감정표출, 상호 비방, 이기주의로 일관할 경우 이에 적절한 대안이 부족하여 신뢰도를 떨어뜨릴 수 있다. 그러나 거시적인 틀에서 사회의 소외된 집단이나 정치적 약자들이 인터넷상의 가상공간에서 자신들의 입장을 대변할 기회를 갖게 되었다는 것은 전자민주주의의 발전모형을 예시하는 증후이고 나아가 사이버 정치의 실험 가능성을 앞당겨 줄 것이다.

V. 맺음말

전자민주주의의 진전과 사이버 정치의 실현은 뉴미디어의 발달과 그 활용에 힘입어 국민들의 정치적 참여욕구를 증대시키고 정치 발전에 기여할 것으로 예측되어 왔다. 사회가 다양하고 복잡해짐에 따라 정부나 국가에 대한 요구는 계속 증가해 왔으나 정부나 정치권에서는 이러한 요구에 대의제도라는 메커니즘을 통해 일정한 시간을 두고 집약된 형태로 전달되었다. 정부정책에 대한 국민들의 평가도 이론적으로는 선거주기를 따라 이루어져 왔다. 시민사회에서 언론이나 각종 사회단체들의 활동이 있기는 하였으나 이것도 대부분 제한된 범위의 요구밖에 전달하지 못하였다.

그러나 전자민주주의가 활성화되면 각종 정보기술을 통해 의사표현의 기회가 무한하게 확대되는 만큼 다양한 현안문제에 대해 수 없이 많은 의견이 조직화되고, 이것이 수시로 정부에 대한 정치적 요구로 전환하게 된다.

앞으로 전자민주주의 시대에 적응하기 위해서 정부나 국가는 과거와 다른 형태로 개혁되지 않으면 안 된다. 현재의 정부제도는 참여와 요구의 증가에 따라 정부가 활동 불능상태에 빠질 가능성이 높기 때문이다. 전자민주주의는 의사소통의 통로를 무한히 확대하고 소수의견을 조직화하는 데 드는 비용을 획기적으로 절감시키기 때문에 조합주의에서와 같이 영역별로 국민들의 의견을 취합하는 것이 불가능해진다. 따라서 정부는 폭증하는 참여와 요구를 직접 수용할 수 있는 체제로 발전하지 않으면 안 된다. 적극적으로 전자민주주의의 유형을 제도화하고 발전시켜 나갈 때만이 정보기술에 뒤지지 않고 새롭게 변화를 갈망하는 변화의 주체들에 대하여 능동적으로 대처하고 정보사회를 주도할 것이다.

정보사회는 전자민주주의의 새로운 유형을 정형화하고 그것을 구체적 사례로 나타내고 있다. 새로운 전자민주주의 도래는 피할 수 없는 정치과정의 변화를 예견해 주고 있고, 어떻게 발전되어 나가야 하는가는 정치발전을 주도하는 주체들의 인식과 마인드에서 정형화되어 나타날 것이다.

참고문헌

강정인. (1997). "대안민주주의 : 참여민주주의를 중심으로," 참여사회연구소 (편). 『참여민주주의와 한국사회』 서울 : 창작과 비평사.

권태환 외. (1997). 『정보사회의 이해』 미래미디어.

박동진. (2000). 『전자민주주의가 오고 있다』 서울 : 책세상.

박선희. (2000). "컴퓨터 매개 정치의 패러독스," 『한국언론학보』 제44권 제4호(가을) 한국언론학회.

유광수 외. (2000). 『정보화 시대의 민주주의』. 나노미디어.

오관석. (2004). 『사이버 정치와 e-거버먼트』 고양 : 인간사랑.

유석진. (1996). "정보화와 민주주의," 한배호 편. 『세계화와 민주주의』 서울 : 세종연구소.

유석진. (2001). "정보화로 인한 정치과정의 변화와 우리의 과제." http : //kifs.org/main/info_article_view.php?section=2&s_id=139

윤성이. (2002). "전자민주주의 연구의 동향과 과제," 『정보화 정책』 제9권 제4호.

한국전산원. (1997). 『국가정보화백서』 한국전산원.

황주성 외. (2001). "인터넷의 정치 사회적 파급효과 및 대응방안연구," 한국전산원 http : // www. nca. or. kr.

Abramson, J. B. Arterton F.C. & Orren, G. R. (1988). *The Electronic commonwealth The Impact of New Technologies on Democratic Politics.* New York Basic Books Inc

Becker, T. (1993). *Teledemocracy-Gathering Momentum in State and Local Government,* spectrum spring.

Corrado. A. & Fireston, C, eds. (1996). *Elections in Cyberspace : Towards a New Era in American Politics.* Nashington D.C. : Aspen Institute.

Fisher, B. Margolis, M. & Resnick. D. (1994). A New Way of Talking politics Democracy on the Internet Paper Presented at the Annual Meeting of the American Political Science Association FTP Hostname weber used edu directory pub/rre/democracy.

Gandy., O. H. Jr. (1989). "Historical hopes, media fear, and the electroic town meeting concept : Where technology meets democracy or demogogy?" (Special Issue : Technology and Culture), *Jounal of Communication Inquiry*, 22(2), April, pp. 133−152.

Grossman, L. K. (1995). *The electronic republic : Reshaping democracy in the information age*. New York : Viking.

Habermas, J. (1989). *The structural transformation of the public sphere*. Thomas Burger(trans.) Cambridge : MIT Press.

London, S. (1999). "Teledemocracy vs Deliberative Democracy A Comparative look at Two Models of Public *Talk Journal of Interpersonal Computing and Technology*, Vol 3, No 2. http//www. scottlondon com/reports/tele html/

Rogers, E. M. (1986), *Communication Technology : The New Media In Society*. New York : The Free Press.

Shenk, D. (1997). *Data smog*. San Francisco : Harper Collins.

Staton, C. D. (1994). "Democracy's Quantum Leap," *Demos Quarterly*, No. 3.

chap. 12

전자민주주의 실현과 정치과정 변화[60]

Ⅰ. 들어가는 말

오늘날 전 세계는 정보통신기술의 발달과 인터넷 보급 확산으로 정보화의 진행이 급속도로 빨라지고 있다. 정보사회는 단순히 정보통신기술이 확산되고 발전하는 상황만을 지칭하는 개념이 아니라, 인터넷상의 전자공간을 효율적으로 활용하는 단체 및 개인만이 지속적으로 번영할 수 있음을 의미한다. 이미 선진세계는 국가발전의 핵심 전략으로 정보화 추진에 각별한 노력을 하고 있다.

정보화는 정치 · 사회 · 경제 등 우리 일상생활의 모든 영역에서 전반적인 운영체계의 방식을 변화시키고 있으며, 그 어떤 물리적 가치보다 높은 부가가치를 창출하기 위한 국가사회 전반의 지식과 정보를 활용할 기반을 정비해야 할 필요성을 갖게 한다.

60) 본글은 『호남정치학회집보』 제13집에 기고한 논문임.

정보통신기술의 발달과 인터넷의 활용은 정치적 변화를 새롭게 모색하게 되었고 전자민주주의 시대를 예견하고 있다. 전자민주주의로 새롭게 출현되는 정치과정은 기존의 정치행태가 안고 있는 한계를 극복하고 있다. 실례로 인터넷상에서 정치과정은 투명성 확보와 국민참여의 증대를 실현하려고 노력하고 있고, 저비용 고효율의 새로운 정치문화를 정착시키기에 충분한 조건을 갖추고 있다.

최근 인터넷의 활용이 크게 늘면서 전자민주주의가 새로운 정치적 구조변화에 크게 영향을 미치고 있다. 전자민주주의의 효시는 1994년 10월 미국 미네소타 주의 세인트폴에서 인터넷상에서 공화당과 민주당 상원후보들의 토론에서 본격적으로 시작되었다. 이들은 네티즌과 시민단체의 큰 호응을 얻었고, 같은 해 11월 4일에 개최된 토론회에서는 많은 유권자들이 인터넷을 통해 후보자들의 토론을 들었으며, 자신들의 의견이나 정책을 실시간으로 보냄으로써 인터넷을 기반으로 한 전자민주주가 새로운 정치참여의 형태로 등장하기 시작했다. 정보통신기술의 발달과 함께 정보화가 앞선 미국에서는 인터넷을 기반으로 한 전자민주주의가 성공적인 평가를 내리면서 인터넷을 이용하는 인구가 급격히 증가하며 정치과정에 시민들의 직접적인 정치참여가 급증하고 있는 추세이다.

이미 50개국 전체 인터넷 이용자는 1995년 3천4백만 명에서 2000년 3억 2천9백만 명으로 증가하였다. 인터넷 이용이 일반화되면서 국내 인터넷 이용자수도 1994년 말 13만 8,000명에서 해마다 2배 이상 증가하였고, 2000년 12월의 사용자수는 1,900만 명의 증가추세를 보이고 있다(한국전산원 2001). 이와 같이 폭발적으로 증가하는 인터넷 사용자들의 관심을 끌기 위해서는 기존 정치에서의 새로운 패러다임이 모색되어야 하며, 일반 국민들도 기존 정치로부터 소외감을 느꼈던 가치관에서 탈피하여 적극적인 참여민주주의를 실현하도록 노력해야 할 필요성이 절실하다.

정보화 시대의 인터넷 활용은 기존의 중앙집권적 정치권력을 분권화시키고 위계적인 사회를 수평적인 네트워크화된 사회로 전환시켜 줄 것을 기대하고 정보의 공개로 국가권력의 투명성을 담보하여 기존의 대의제 정치체제에서 직접 참여민주주의를 실현함을 원칙으로 삼는다. 이러한 필요성은 전자민주주의의 새로운 이론적 틀이 새롭게 모색되어야 하며, 이는 앞으로 정치권의 과제라 아니할 수 없다. 따라서 본 연구에서는 정치적 관심사로 새롭게 등장하고 있는 인터넷상의 가상공간에서 전자민주주의의 실현 가능성을 구체적 사례를 들어 그 실태를 모색해 보는 데 목적이 있다고 하겠다.

Ⅱ. 정보화 논의와 정보통신기술의 발달

1. 정보화 사회의 논의

정보사회란 논자에 따라 개념정의에 다소간의 차이가 있지만 대체로 "정보를 중심으로 성장 · 발전하며 인간의 지적 창조활동(human intellectual creatvity)이 왕성하게 추구되는 사회"라고 표현하고 있다(Masuda 1990, Grossary). 즉 정보와 지식이 사회의 가장 중요한 전략적 자원이 되며 이익의 생산, 축적, 분배가 그 사회의 가장 중요한 활동이 되는 사회를 뜻한다.

정보사회란 특정 사회 내의 정보유통량이 증가하여 그 정보를 효율적으로 처리 · 배분할 수 있는 정보기술의 고도화가 수반되어 정보의 가치가 높아지는 사회이다. 정보사회에서는 다양한 정보를 신속하고 정확하게 전달하여 가공 · 저장 · 검색할 수 있고, 정보의 가치가 정보사회의 무한한 변화를 창출할 수 있으며 인간의 지적 창조력을 주도할 수 있는 사회적 재화로 인식된다.

이미 벨(Bell 1973)이 산업사회의 도래와 함께 현대 산업사회의 사회구조가 구조적 대전환이 진행되고 있다고 본 이후, 토플러(Toffler 1980)는 거시적 사회변동의 흐름에 초점을 맞추어 현재 진행 중인 사회변동을 '제3의 물결', 또는 네이스빗(Naisbitt 1982)은 '거시경향(Megatrends)' 등으로 표현하기도 하였다. 브레진스키(Brzezinski 1968, 16−19, 23−26)는 기술전자사회, 최근에는 많은 학자들이 정보사회(Information society)라는 명칭을 사용하고 있다. 벨(Bell 1973, 274−286)은 후기산업사회에서는 "지식"이 가장 권력의 원천이 되며, 토플러(Toffler 1990)는 권력의 원천이 농업사회의 폭력(군사력)과 산업사회의 돈으로부터 지식(정보)으로 이동하게 된다고 주장한다.

그러나 정보사회를 산업사회의 연속선상에서 이해하려는 접근도 있다. 기든스(Giddens 1990)는 이른바 근대성(modernity)의 기본원리로 시 · 공간의 분리와 장소 귀속성의 탈피를 들고, 그와 같은 원리는 탈근대(Post−modern)의 정보사회에서도 여전히 유효하다고 본다. 또한 네이스빗(Naisbitt 1982, 211−230)은 사회구조의 원리가 위계적인 피라미드형 구조에서 네트워크형(networking)으로 전환되어 간다고 본다. 산업사회의 중앙집권화된 대량생산체계에서는 위계적인 관료제적 조직이 효율적이고 합리적인 조직형태였지만 정보사회에서는 분권화 · 소규모화 등으로 조직원리가 전환되어야 한다. 더구나 정보사회에서 변화가 빠르고 현장적응 능력이 높은 조직형태가 보다 효율적이며, 한 사람 한 사람의 지식근로자들은 전문성을 지닌 평등한 구성원들이라는 점에서 점과 점으로 이어지는 네트워크형 조직이 바람직하다는 주장이다.

최근 론펠트(Ronfeldt 1991, 1-3)는 정보가 권력의 원천이고 정보가 정치체제의 통치원리와 조직원리의 근간이 되는 사이버크라시(Cybercracy)의 시대가 도래할 것이라고 예견하고 있다. 또한 네그로폰테(Negroponte 1995, 163)는 인류가 이미 후기 정보화 시대에 진입했다고 보고 있다. 결국 현대사회는 혁명적인 정보통신기술과 함께 새로운 정보사회로 대변되는 문명이 도래한 것이다.

정보화는 모든 활동의 중심이 되며 정보의 중요성이 모든 사회영역에서 지배력을 가지는 사회이다. 정보사회의 도래와 함께 정보통신기술의 발달은 새로운 형태의 사회로 변화되고 정부의 모습도 바뀌어 가고 있으며, 기존의 정부가 가지는 성격은 열린 정부의 성격으로 변화하고 있다. 참여민주주의 형태와 정치변화의 형태도 전자민주주의 형태로 가상공간에서 새로운 형태로 변할 가능성이 있다.

기술적인 측면에서 정보사회는 컴퓨터 및 통신기술의 결합으로 나타난다(Er 1987, 32). 정보통신기술의 급속한 발달이 각 산업분야의 급속한 생산성의 증대로 나타나고, 점점 물질이나 동력의 의존도가 낮아짐에 따라 정보의 필요성이 상대적으로 증대하게 된다. 정보화 과정이란 정보의 중요성이 인식되고 정보의 요구가 급증하면서 정보기술의 사용이 확대되는 과정, 즉 의미 있는 정보의 유통이 확대되는 과정을 말한다. 즉 사회 전반에 걸쳐 정보기술과 정보가치를 중심으로 광범한 변화가 일어나 정보화 사회가 이루어진다.

정보사회에서는 생산활동이 물질과 동력을 중심으로 행해지는 것이 아니라 정보에 의한 생산활동이 주가 된다. 현대사회에서 특정 집단이나 개인이 중요한 자원을 독점하기란 결코 쉽지 않으며, 정보는 지배적인 자원으로서 토지나 원자재, 에너지 등과는 달리 많은 사람들이 쉽게 접근할 수 있기 때문이다. 따라서 정보사회에서 지식의 독점은 더 어렵다(Cleveland 1986, 605).

정보는 객관적이며 논리적이고 특정적인 동시에 공격적인 성격을 갖는다. 이러한 정보활동은 바로 의사결정의 효과성을 증진시키기 위하여 지식을 획득하고, 해석하고, 활용하는 행위를 말한다(최신융 1993, 38). 즉 정보는 정보경제의 중요한 생산요소가 되며, 또한 복잡한 현대사회에서의 모든 의사결정에 필수적으로 활용되어야 할 전문적인 지식이 권력의 원천으로 자리잡게 된다.

2. 정보통신기술과 인터넷의 발전

1) 정보통신기술의 발전과 네트워크

정보화 사회에 대응하기 위해 세계 각국은 국가전략의 일환으로 초고속통신기반 구축을 추진하고 있다. 초고속정보통신 구축사업은 초고속국가망, 초고속공중망, 선도시험망 사업으로 구별된다(한국전산원 2000, 324). 선진 각국은 정보사회의 도래와 함께 국가경쟁력 차원에서 초고속정보통신망(Information superhighway)[61] 정책을 경쟁적으로 앞다투어 추진하고 있다. 초고속통신망은 '거대한 연결망' 환경에서 각종 정보자원을 통합 · 운영함으로써 양방향 통신이 가능하고 여러 종류의 정보 서비스에 접속할 수 있는 네트워크이다(이찬구 1997, 82).

기존의 다양한 미디어, 즉 전화, 팩스, 컴퓨터, TV 등이 통합된 멀티미디어 정보 서비스를 시간과 지역에 제한 없이 고속화 · 대용량화하여 쌍방향으로 신속하게 전달하는 사회간접자본이다(김성태 1999 125). 초고속정보통신망의 특성으로는 기존의 네트워크와는 달리 정보전달의 지역적 · 시간적 제약을 극복하고 통신의 양방향성, 다방향성, 사용자 지향성, 자유로운 정보접속성을 들 수 있다(이찬구 1997, 82-83).

초고속정보통신망은 네트워크로 서로 다른 장소를 연결해 주며, 정보자원으로써의 서비스 기능이다. 또한 전자적으로 저장 · 처리할 수 있으며 네트워크를 통하여 접속할 수 있는 모든 것을 말하며, 정보자원에 접속할 수 있는 정보기기이다. 이러한 특성과 구성요소를 구비한 초고속정보통신망은 단지 물리적 실체만을 의미하는 것이 아니라 서비스 제공이라는 실체에서 네트워크는 한정적이며 공

61) 초고속정보통신망 외에 정보고속도로, 정보기반구조, 차세대 통신망 등의 다양한 용어로 사용되고 있다. 이러한 다양한 용어들은 특정 국가의 상황과 정책목표의 강조에서 기인하나 네트워크로서 사회간접자본으로 인식된다는 공통점을 갖는다(Noll A. Michael 1996, 1).

급자 측면이 강하기 때문에 앞으로 발전할 수 있는 개념으로 보아야 한다. 21세기 국가발전 차원에서 국가 경쟁력 향상과 국민의 삶의 질 향상을 목표로 정보화 시대에 대응할 수 있는 인식에서 사회간접자본의 운용체계이다.

2) 인터넷의 개념과 속성 그리고 발전

인터넷이란 표준 통신규약인 TCP/IP(Transmission Control Protocol/Internet Protocol)를 이용하여 전 세계 컴퓨터를 연결한 컴퓨터 통신 네트워크이다(한국전산원 2000, 332). 인터넷은 지역별 · 단체별로 운영되는 근거리 통신망(LAN)을 거대한 네트워크로 다시 연결함으로써 네트워크 간에 자유로운 정보교환을 가능케 한 네트워크이다(김영석 1997, 206). 기존의 원격통신의 하부구조를 기반으로 컴퓨터를 통해 문자, 음성, 영상물을 동시에 송 · 수신하는 통합적 다기능 매체이다. 전 세계의 컴퓨터를 하나의 통신망에 연결하겠다는 의미에서 컴퓨터 상호 간의 정보를 주고받을 수 있는 통신매체이다.

인터넷은 무한한 영공이 현실공간에서 존재하지 않으며 가상공간(Cyberspace)[62] 영역에서 불변의 관념으로 인식된다. 전자민주주의

---

62) Cyberspace의 어원은 cyber 와 space를 합성한 것으로 통설적으로 cyberspace는 멀티미디어 정보의 원활한 조절을 통해 실시간 공유를 가능케 함으로써 현실공간에서 이루어지는 모든 행위의 재현이라고 정의한다. 인터넷을 현재에는 이러한 정의에 가장 알맞은 Cyberspace라고 할 수 있으며, 인터넷을 중심으로 컴퓨터 네트워크 체제, 활동체제, 인간의 문화체제가 결합된 공간이라고 말할 수 있다(하원규 외 1997).

와 전자정부에 대한 연구에 앞서 인터넷이 시사하는 새로운 요소의 지식에 대한 인식이 선행되어야 한다.

인터넷이 제공하는 가상공간(Cyberspace)에서는 이메일(e-mail), 게시판(BBS), 유즈넷, 뉴스 그룹(Usenet Newsgroup) 등을 통해서 모든 유형의 쌍방향적 또는 다방향적 커뮤니케이션이 가능하고 테스트, 음성, 그래픽, 동영상 등 모든 유형의 정보를 실시간으로 제공할 수 있다. 뿐만 아니라 인터넷 가상공간에서는 시 · 공간을 초월하여 모든 유형의 정보를 하나로 묶는 거대한 네트워크를 형성할 수 있다.

2000년 들어 전 세계적으로 인터넷 이용자가 3억 명을 상회하면서 인터넷은 일상생활의 도구로 인식되었다. 인터넷이 정부와 학계 외의 일반 대중에게 생소하던 지난 1993년에 비하면 7년 동안 3000배 이상 증가했다. 짧은 기간 동안 눈부신 발전을 거듭해 온 인터넷 기술은 미국 등 선진국에서 전자민주주의와 행정 서비스를 보다 빠르고 쉽게 제공할 수 있는 강력한 수단으로 자리잡고 있다.

정부에서 인터넷을 활용할 수 있는 분야는 단적으로 정보 공동 활용 및 정보공개와 민원 서비스의 제공으로 축약된다(강호규 1998).[63] 현재 미국은 인터넷을 이용해 통합 대민 서비스를 제공할 목적으로 웹 양방향 정부 서비스 네트워크인 WINGS(Web Internet Network of Government System)를 개발하여 서비스를 제공하고 있다. 연방정부와 주정부들은 WINGS를 통하여 모든 관련 정부 서비스를 One-stop, Non-stop으로 제공하고 있다. 실제로 미국 정부는

---

63) http://www.nca.or.kr/main/nca_main.htm.(검색일 : 2001. 12. 15).

각 주의 옴부즈만 홈페이지를 통하여 각종 민원상담 사례를 제공하고 있다. 이 홈페이지는 검색엔진을 통해 원하는 내용을 검색하여 조회할 수 있고, 실제 질문내용과 상담내용을 대화식으로 정리하여 손쉽게 이해할 수 있도록 구성되어 있다.

Ⅲ. 전자민주주의의 개념과 발전

1. 전자민주주의의 개념

전자민주주의[64]는 "정보통신기반의 이용을 통하여 정치과정에 대한 시민의 참여가 이루어지는 정보사회의 민주주의"라고 정의하고 있다(유석진 1997 ; 강정인 1997 ; 한국전산원 1997, 12, 황주성 외 2001, 28).

전자민주주의의 개념은 정보화와 민주주의 진전이 결합되면서 형성된 구현방식이며, 정책과정에서 투명성 확보와 정보의 공개,

---

64) 전자민주주의라는 표현은 Teledemocracy, Electronic democracy, Internet democracy Cyber democracy, Modem democracy, Information democracy Mosaic democracy, Techno politics 등 일반적으로 커다란 구분 없이 사용되고 있으나 엄밀히 구분하면 원격민주주의(Teledemocracy)는 1970-1980년대 텔레비전, 라디오, 컴퓨터 등 전자기술의 발전과정에서 나타난 용어이고, Electronic democracy나 Cyber democracy는 1993년 이후 매체융합으로 나타난 폭발적인 변화 후에 주로 사용된다(황주성 외 2001, 65).

그리고 국민의 참여 증대를 위해 인터넷 등 정보통신기반의 활용을 통해 실현 가능케 하는 정치환경의 새로운 요체이다.

일반 시민은 정치 관련 중요한 의제에 대한 정보를 얻을 수 있으며, 이를 토대로 자신의 결정을 인터넷을 통해 투표할 수 있고, 실시간으로 이를 공개하고 각종 여론을 수렴하여 정책에 반영할 수 있다. 즉 인터넷의 가상공간에서 실시간 원격화상을 통하여 개인이나 정치권, 정당, 정책결정자의 그 누구라도 쌍방향 또는 다방향으로 정보를 수렴하고 여론을 형성하여 자신의 의견을 전달할 수 있으며, 전자투표 행위를 통하여 참여민주주의를 달성할 수 있다.

이미 토플러는 정보통신기술을 이용하여 일반 국민의 정치참여가 가능하게 되는 전자민주주의 사회에는 소수의 엘리트에 의한 정치보다는 일반 대중 국민이 광범위하게 정책결정에 참여하는 반직접민주주의 시대가 될 것으로 전망했다(Toffler 1989, 517-522). 전자민주주의 체제 하에서는 다양한 통로를 통하여 인종적 · 사회적 주체들이 개성을 가지고 참여하지만 그 전체는 조화를 이루어 더욱 발전된 민주주의 체제를 창출 할 것이라는 기대에서 토플러는 이러한 민주주의를 “모자이크 민주주의(Mosaic democracy)”라 명명하였다(Toffler 1990, 313).

베커(Becker 1993)는 정보통신기술의 발달이 직접민주주의의 구현방안으로 이용되어야 한다고 주장하며 전자포럼이나 전자공청회와 같은 정보의 교환보다도 시민 개개인의 의사표시가 최대한 반영되는 투표행위가 민주주의 구현의 최선의 방안이라고 본다. 즉 전자민주주의는 고도의 발달된 정보통신기술의 활용으로 정치과정에서 정치적 · 정책적 이슈에 대하여 개인이나 시민 또는 집단이 정치인이나 정당, 정부, 정치권 간의 커뮤니케이션의 활성화에 달려 있으며, 정보의 생산자와 소비자 간의 정보 공개와 국민들 간의 정책결정 참여에 그 성공 여부가 달려 있다.

2. 전자민주주의와 정치과정의 변화

전자민주주의는 정보통신의 발달로 기존의 대의민주주의의 한계를 극복하고 직접민주주의를 달성하려는 관심에서 출발한다. 일반 시민들의 시민운동의 활성화와 인터넷을 통한 사회적 연대는 사이버 공간으로 참여공간을 급속히 확대하고 참여민주주의를 실현케 하고 있다.

정치학자 다알(Dahl 1985)은 원격통신장비를 이용하여 시민들의 정치적 식견을 향상시키고 정치적 의제에 대한 보다 많은 정보를 이용할 수 있으며, 의사결정에 보다 많이 참여시킬 수 있는 방법을 연구하였다. 로든(Laudon 1997)은 정보통신기술이나 뉴미디어의 발달이 정치에 미치는 영향에 대한 연구를 통하여 기술 자체가 지니는 민주적 잠재력[65]을 연구하고, 에이브람슨(Abramson *et al.* 1988)은 전

65) 로돈(Laudon)은 민주적 잠재력을 자료변형(data-transformation) 기술, 대중참여적(mass participation) 기술, 상호작용적(interactive) 기술 등 세 가지로 분류하였다. 로돈(Laudon)이 민주적 잠재력이 가장 큰 것은 상작용적 기술로 본다. 상호작용적 기술은 개인 및 집단 간의 활발한 수평적 의사소통을 가능케 하고 대중참여적 기술은 이용자에게 높은 지식과 비용을 요구한다.

자공동체(The Electronic Commonwealth)에서 뉴미디어가 가지는 의미, 정보혁명의 민주적 함의, 미디어와 선거, 통신기술과 정부 정치과정, 정치참여 등 전자민주주의와 관련된 광범위한 주제를 다루었다. 그는 정보기술과 정치와의 관계 속에서 정치적으로 정보기술이 어떠한 방향성을 가지는가에 주목하면서 기술의 속성을 실시간 정보의 교환, 정보소비자와 정보제공자의 정보내용에 대한 통제력 강화, 대중매체에 대한 통제의 분산화(decentralization), 쌍방향성을 든다(Abramson *et al.* 1988, Chapter 2).

에이브람슨은 정보통신기술은 보다 신속한 여론조사, 신임투표, 전자투표, 즉각적 피드백 등을 가능케 하여 민주주의 정치과정을 과속화할 수 있다고 본다(Abramson *et al.* 1988, 295). 맥클린(Mclean)은 컴퓨터 기술과 정보통신망의 정치적 잠재력에 대한 심층적 연구에서 컴퓨터 통신망이 민주주의의 새로운 가능성을 열어준다고 예견하고 있다(Mclean 1989, 61). 그의 예견은 인터넷이 오늘날처럼 확산되기 전에 발표되었지만 컴퓨터의 쌍방향적인 특징을 이용하여 원격주민회의, 전자우편 활용가능성을 평가하면서 기술적으로 직접민주주의가 가능하다고 보았다(Mclean 1989, 81-97).

Ⅳ. 전자민주정치 과정과 변화 : 사례 및 실태

오늘날은 정보통신기술의 발달과 인터넷의 확산으로 다수의 정치적 의견을 인터넷상에서 표출하며 자신과 유사한 의견을 세력화하고 제도화하기 위해 모색하고 있다. 이러한 정치적 활동의 증가는 인터넷상의 사이버 공간에서 정치참여를 확산하고, 중앙집권적 정치권력을 분권화하며, 수직적 위계질서를 수평적 네트워크화된 평등으로 전환시켜 줄 것을 기대한다.

네트워크인 인터넷의 급속한 확산은 개인의 생활양식, 사회 · 정치 · 경제활동 등 광범위한 분야에 큰 변화를 가져오고 있다. 인터넷의 발전은 공공생활에서 전통적인 개념과 판이하게 새로운 종류의 공공성을 창출하고 있다(오일환 2001, 11-12).[66] 이처럼 인터넷을 통해서 형성되는 매개된 공공성은 특정한 공간적 · 시간적 장소를 초월하여 개방적인 특징을 갖는다(박동진 2001, 21-22). 인터넷을 활용한 전자민주주의의 발전은 정보의 생산자와 수요자의 빠른 시간과 적은 비용으로 정보를 유통할 수 있다. 과거의 정보생산자가(정부 등) 독점하던 정보를 국민들이 공유할 수 있게 되었으며, 정부가 독점적으로 보유하던 정보가 공개되므로 인해 국민들은 정부활동에 대한 감시와 견제가 활발히 전개되고 있다.

일반 시민이나 비정부단체(NGO)들도 인터넷을 적극 이용함으로써 그들의 의견을 형성하고 결집시켜 정치과정에서 투입(Input)과 산출(Output)기능을 능동적으로 수행한다. 그들은 인터넷을 통하여 행정부, 정당 의회, 정치권에 과거보다는 능동적으로 쉽게 참여할 수 있으며, 정책결정 과정에 영향력을 행사한다. 인터넷상의 전자공간에서는 정부와 정치인들과 실시간 원격화상으로 직접 대

66) http://www.ww.or.kr/info/spesialinfo.htm(검색일 : 2001.11.12.)

화하며 공적 토론에 참여할 수 있다. 이러한 인터넷상의 가상공간에서 시민사회 영역은 결사체 민주주의를 활성화시킴은 물론 숙의 민주주의를 위한 주요 수단이 된다.

이러한 시민단체들은 인터넷 등 컴퓨터 통신망을 이용하여 온 · 오프라인을 통하여 각종 정보를 공유하고 연대하여 시민사회의 연대의식과 결속력을 강화할 수 있기 때문에 정부나 정치권에 영향력을 크게 향상시키는 요인으로 작용한다.

현재 한국에서는 인터넷을 통한 시민운동은 목표와 방식에 따라 사이버 연대 구축을 위한 시민운동, 온라인 중심 시민운동, 오프라인 중심 시민운동 등으로 구분된다(오일환 2001, 18). 사이버 연대 구축을 위한 시민운동은 시민단체 간의 컴퓨터 네트워크 구축을 위해 정보화 사업을 지원하는 운동으로서 '진보 네트워크',[67] '시민운동 정보센터'[68] 등의 시민단체가 있다. 온라인 중심 시민운동은 활동의 주무대를 현실공간이 아닌 사이버 공간에 두고 있으며, 인터넷 홈페이지를 통해 시민들의 여론을 수렴하고 운동을 조직화해 나가고 있다. 이들 시민단체는 '함께하는 시민행동',[69] '2000 국감시민연대'[70] 등이 있다. 한편 오프라인 시민운동은 '참시민연대',[71] '경실련'[72] 등의 시민단체처럼 현실공간을 주무대로 하는 운동으로서

67) http://www.jinbo.net

68) http://www.kngo.net

69) http://www.ww.or.kr

70) http://www.monitor.civilnet.net

71) http://www.peoplepower21.org

72) http://www.ccej.or.kr

사이버 공간은 보조적으로 활용한다.

많은 시민단체들은 정치를 다루는 많은 홈페이지를 개설하여 개별 정치인들은 물론 정당과 같은 정치집단, 나아가 국회 및 정부의 활동을 섬세하게 모니터닝하고 평가한 결과를 게시함으로써 전자민주주의의 실현을 가능케 하고 있다. 이러한 시민단체의 활동은 정치권 및 정부활동에 대한 감시와 견제의 수단으로 인터넷을 활용하며, 정치과정에 있어 보다 투명하고 책임 있는 자세로 시민들의 의견을 수렴하고 결집시킴으로써 참여민주주의의 새로운 장을 열게 하고 있다.

인터넷은 정당이나 정치인의 입장에서 보면 새롭게 등장한 유력한 정치 홍보도구로서, 특히 매개과정을 생략하고 직접 유권자들과 접촉할 기회를 제공해 주고 있다. 2000년 4 · 13총선에서는 인터넷을 활용한 정당이나 정치인들의 활동이 매우 활발하게 진행되었다. 선거에 참여한 각 정당들은 온라인상에서 인터넷 사이트들을 대거 운영하였으며, 특히 새천년민주당의 경우 기존 정당 사이트와 더불어 총선 사이트를 별도로 운영하는 등 온라인상에서 활발한 정치활동을 벌인 바 있다.

각 정당들은 사이버 대변인을 별도로 선출하는가 하면, 온라인 대담을 시도하고 웹사이트를 통하여 정치후원금을 모금하기도 했다(황주성 외 2001, 39). 또한 유권자들도 그들의 정치기부금을 이메일(e-mail)로 내는 사례가 등장하고 있다. 일부 정치인들은 메일뱅킹 서비스 전문업체인 (주) 메일캐스터[73]와 제휴하여 이메일로 자

73) http://www. mailcaster.co.kr

신의 의정활동을 보고하고 정치기부금을 모금한다고 밝히고 있다.

이메일 의정보고서에서는 그간의 의정활동을 소개하는 데에 그치지 않고 결제란을 마련하여 기부금까지 모금한다. 이메일을 받은 네티즌들은 결제를 승인하려면 자신의 은행 계좌번호만 입력하면 자동적으로 계좌이체가 이루어진다. 일부 의원들은 자신의 인터넷 홈페이지를 통해 온라인에서 모금한 후원금 실적을 날마다 네티즌들에게 공개하기도 한다.

또한 정치인 홈페이지에서는 의정보고서를 희망하는 사람들에게 자신의 이름과 이메일 주소를 남기도록 하여 지지기반을 넓혀간다. 온라인을 통한 기부금 모금은 현행법이 허용하는 한도 내에서 실시하기 때문에 아무런 문제가 없으며, 특히 메일뱅킹은 전자민주주의 실현을 비롯해 국내 정치문화에 변화를 가져올 것이다. 미국 등 선진국에서는 이미 오래 전부터 소액다수를 통한 정치자금 모금이 활성화되어 정치적 무관심층인 젊은 유권자들의 흥미를 촉발시켜 대의정치 참여도를 높이고 있다.

인터넷상에서 홈페이지를 만들어 정치활동을 전개하는 정치인들은 개인의 활동상황은 물론 선거공약이나 쟁점사항들에 대한 자신의 정책적 입장이나 비전을 제시하면서 유권자들로부터 토론을 유도하고 의견을 청취하면서 좀더 유권자에게 가까이 다가갈 수 있는 계기로 삼는다. 온라인상의 정치조직의 활동으로는 사이버 국회나 사이버 정당의 출현을 예로 들 수 있다. 현실정치가 안고 있는 고비용 저효율의 정치구조를 개선하기 위한 하나의 대안으로서, 현실정치에 소외된 일반 시민들의 정치참여를 제고하고 이들의 의견을 수렴하고 공공정책에 반영하기 위한 것이다. 가장 대표적인 가상공간에서의 정치조직은 1996년 국회 전자민주주의 연구회가 개설한 "사이버파티(cyberparty)"[74]이다. 사이버파티는 국회에 등록된 국회의원 연구단체인 < 국회전자민주주의연구회> 에 의해 설립되어 기존 정당정치와 대의민주주의의 한계점을 자각하면서 새로운 참여정치를 통한 전자민주주의의 실현을 목표로 하고 있다.

엔폴리틱스[75]는 정치 포털 사이트로 국회, 청와대, 대통령, 선거, 북한 정보 등 각종 정치 관련 기사와 칼럼, 공약 등을 제공하며, 정치인들의 인물정보를 검색할 수 있고, 인터넷 토론이나 여론조사 게시판 마련하여 시민들의 참여를 유도하는 인터넷 정치광장[76]이나 청와대 소식, 여의도동 1번지, 풀뿌리 소식 등의 여론동향 메뉴와 네티즌이 참여할 수 있는 정치토론 대광장, 정치 패러디 및 유머 게시판 등을 제공하는 폴리넷닷컴[77] 등이 있다. 그외에 사회 전반에 걸쳐 핫 뉴스를 다루는 종합 시사웹진인 대자보,[78] 정치 이야기를 다루는 사이버 정치마당[79]은 모의주식투자 시스템을 활용한 정치인이 상장추체가 되어 활동과 성향에 따라 주가의 변동으로 평가하는 방식이다. 사이버 정치 증권[80]은 가상공간에서 정치적 관심에 소외되었던 시민들부터 정치적 관심사를 불러일으키기에 충분한 촉매역할을 하였다. 즉 가상공간에서 쌍방향 커뮤니케이션을 통해 토

---

74) http://thread.cyberparty.or.kr

75) http://www.npolitics.co.kr

76) http://www.tomatonet.com/politics/index.html

77) http://www.poli-net.com

78) http://jabo.co.kr

79) http://www.polplaza.com

80) http://www.posdaq.co.kr

론의 장을 마련하고 각종 청문회, 공청회를 활성화시켜서 특정 사회적 이슈나 법안, 또는 정책에 대한 시민의 의견을 수렴하고 반영시킨다.

이러한 온라인상의 정치활동은 전자민주주의를 직접민주주의의 구현으로 바라보는 입장에서 크고 작은 정책에 대해서 여론조사가 널리 행해지면서 비용과 시간이 적게 드는 전자투표에 관심을 두고 있다. 인터넷상에서의 전자투표는 시민들의 의사를 명확하고 즉각적으로 표명함으로써 정치권이나 정책결정권자들에게 여론의 향배를 측정할 수 있는 계기로 만들어 주고 시민들의 참여에 의해 정치가 이루어지는 직접민주주의를 실현할 기회를 만든다.

전자투표를 통한 여론형성의 사례는 미국의 Vote Link를 예로 들 수 있다. Vote Link에 참여하는 투표자는 민의를 반영하기 위해 한 표를 행사하고 특정 문제에 대한 여론을 한눈에 파악할 수 있다. 전자투표를 실제의 정치과정에 응용한 사례는 2000년 미국 민주당 대통령 예비선거 도중 애리조나 주 예비선거에서 인터넷 투표를 실시한 것이 대표적이다. 인터넷을 이용한 전자투표를 실시한 결과 이전보다 현저하게 높은 투표참여율을 보여 전자투표에 대한 기대를 낳기도 하였다.

또한 국내에서도 인터넷 설문 자동작성 및 실시간 통계분석 프로그램을 이용해 누구나 인터넷 설문조사를 할 수 있는 사이버폴[81]이 문을 열었다. 회원에 가입하면 누구나 인터넷 설문조사를 해볼 수 있으며, 찬반투표, 선택형, 단답형 등 모든 종류의 설문지를 인터

81) http://www.cyberpoll.co.kr

넷이 자동으로 해주며 설문 중에도 언제라도 중간결과를 알아볼 수 있다.

하지만 이러한 온라인을 통한 전자투표가 정치권이나 정책결정, 입법과정에 반영되기는 한계가 있음을 주지해야 한다. 사회적 이슈에 대한 찬반의견의 경우 이해관계가 있으면 상대적으로 적극 참여를 유도하고 그렇지 않고 자신과 별개의 문제인 사안에 대해서는 무관심하거나 왜곡하는 경우가 있다. 예컨대 지난 2000년 20월 12일 김해지역 IC 요금소 설치를 둘러싼 인터넷 설문조사가 의도적으로 방해되는 바람에 시민단체가 거세게 반발하였다.[82] 창원의 한 언론사도 경남도지사 후보에 대한 설문조사에 특정 IP로 같은 시간대에 집중적인 응답이 이뤄지는 바람에 조사를 중단한 바 있다. 한편, 광주와 전남의 통합과 관련하여 실시된 인터넷 여론조사에서도 시 · 도 통합시 인사상 불이익을 받을 것을 우려한 일부 공무원과 특정 지역주민들이 적극적으로 인터넷 투표에 참여하여 시 · 도 통합 사이버 투표가 공정치 못한 것으로 주장하기도 했다.

가상공간에서는 사회문제나 정치현안에 대하여 사실 여부를 확인하지 않거나 개인적 · 집단적 감정 표출, 상호 비방, 이기주의로

---

82) 김해 YMCA가 지역 내 5개에 달하는 IC 요금소 설치와 관련하여 시민의견 수렴을 자체 홈페이지에서 실시하였는데, 첫날 '지역 내 통행은 무료여야 한다'는 등 전체 설문문항 모두 20여 명에 불과하던 응답자수가 다음날인 13일부터는 '설치되어도 상관없다'는 항목에 연일 수백여 명이 집중되었다. 이는 설문조사 사이트에 한국도로공사측이 의도적으로 개입하여 정상적인 여론조사를 방해할 목적으로 자신들에게 유리한 항목을 장시간에 걸쳐 무더기로 응답한 행위로 시민단체로부터 강력한 비난을 받았다.

일괄할 경우 이에 적절한 대안이 부족하여 신뢰도를 떨어뜨릴 수 있다.

Ⅴ. 전자민주주의의 한계와 문제점

전자민주주의는 정치에 있어서 대중조작과 인기 위주의 연예화, 정보 과부화, 정보의 집중과 독점, 정보의 불평등 문제를 제기하고 있다. 전자민주주의는 일부 정치인들의 조작을 통해 유권자를 기만하거나 순간적인 재치나 인기 위주의 대중성만을 강조할 위험이 크다. 인터넷상의 사이버 공간에서 익명성 때문에 합리적인 대화나 토론을 보장하지 못하고 의도적인 여론의 왜곡과 편견으로 원색적이 상대방을 비방하는 오염된 정치문화가 조작될 가능성을 배재할 수 없다. 실례로 정치권이나 개인이 인터넷상의 홈페이지를 만들어 전자게시판 또는 대화방을 개설하지만 이해관계가 상관되어 있는 불특정 다수의 원색적인 욕설과 e-mail 공격으로 실제로 홈페이지를 폐쇄하거나 운영을 중단하는 경우도 종종 발생한다.

또한 편향되거나 과부화된 정보는 일반 시민들의 정치적 무력감과 무관심으로 전락되어 방관자 의식을 증대시킬 수 있으며, 일반 대중들은 복잡하고 상호 모순되는 정보의 홍수 속에서 필요한 정보를 소화하지 못하고 의사판단에 도움이 되기보다는 혼란과 무력감을 초래한다.

정보화가 심화되면 될수록 정보의 부익부 빈익빈 현상이 가중될 가능성이 크다. 실례로 인터넷을 이용하는 직업별 이용률은 학생(78.7%), 화이트칼라(69%)로 나타나고 주부(27.7%), 블루칼라(23.7%), 농림어업(20.5%)으로 나타나고 있으며, 가장 낮은 직업으로는 자영업(18.8%)으로 나타나고 있다. 또한 연령별 이용률에서도 10대와 20대에서 가장 높고 50대 이상은 가장 저조한 이용률을 나타내고 있다. 학년별에서는 중학생(89.3%), 고등학생(91%), 대학생(96.2%)이며, 일반인 중에서 대졸 이상은 67.5%인 반면에 중졸 이하는 2.8%의 가장 저조한 사용률을 나타내고 있다(한국전산원 2001, 389-390). 일반적으로 학력수준이 낮고 농어민과 자영업인 경우에 정보사회에서 정보로부터 소외되는 현상이 나타나고 있는 실례이다.

또한 정보의 용이한 습득은 정치적 의식과 식견은 확대되었으나 그에 의거하여 활동할 수 있는 수단이 제한됨으로써 오는 좌절감과 냉소주의를 우려한다. 나아가 정보의 집중과 독점, 여론의 조작이나 선동을 통한 프레비시트적인 정치의 피해가 커질 수 있다.

정보통신기술은 소수가 독점적으로 정보를 통제하여 악용할 수 있다는 가능성을 높여주며, 시민들에 대한 감시와 정보수집을 통해 유권자들의 선호를 조작한다든지 교묘한 수단으로 탄압하거나 개인정보를 침해할 우려가 크다. 정보의 접근에 어느 정도 진전된다고 해도 결국은 사회 및 경제적으로 유리한 위치에 있는 개인이나 집단이 정보습득 방법을 먼저 채용하기 때문에 정보격차는 축소되지 않는다. 정보사회는 정보가 더욱 중요해지는 사회이고 정보의 상품화가 더욱 진행되는 사회인바, 지불능력이 없는 사람들은 더욱 불리하게 된다.

Ⅵ. 맺음말

정보시대에 있어서 전자민주주의는 일반 시민의 정치에 대한 민주적 통제의 수준을 제고하고 정치과정에의 참여를 용이하게 하여 기존의 대의민주제의 한계를 극복한 참여민주주의를 실현할 수 있는 낙관적인 입장에 있다.

정보통신기술의 발전과 인터넷 보급 확대가 민주주의에 미치는 영향은 정치과정 변화로 나타난다. 기존의 대의제 민주주의의 문제점을 보안하고 정치발전을 가져오기 위해서는 정보통신기술을 사용하는 주체인 정치담당자의 민주성과 일반의 인식과 태도의 수준이 향상되어야 한다. 나아가 기존의 대의제의 문제점을 보안하고 참여민주주의 실현을 위해서 정보의 개방과 불평등 문제를 해결해야 한다. 일반 시민은 언제 어디서나 정보의 접근이 가능하고 송·수신이 가능한 정보 인프라 및 데이터베이스를 설치하여 일반 시민으로부터 저비용으로 항시적 사용이 가능하여야 한다.

인터넷을 사용할 수 있는 계층이 비교적 교육수준이 높고 경제적으로 높은 소득계층이며 도시 거주자인 것을 감안하면 정보로부터 소외되는 계층은 전자민주주의 발전에 저해요인으로 작용할 것이다. 미국의 아리조나 주에서 나타난 인터넷을 이용한 투표결과 상대적으로 빈곤계층에 속하고 소수민족들의 투표율이 획기적으로 높아졌음을 알 수 있다. 민주당 아리조나 주 지부와 Election.com.사의 인터넷 투표는 전국적으로 확산을 알리는 출발 신호였다. 그 뒤를 이어 미국 개혁당(Reform Party)의 제리 모언(Gerry Moan) 의장은 대통령 선거에 나갈 개혁당 후보를 인터넷 투표를 포함한 여러 가지 방식으로 선출하겠다고 발표했다.[83)]

미국의 연방정부와 공익단체들은 인터넷 투표에 내재된 시민들의 투표율과 정치참여의 수준을 끌어올리려고 많은 노력을 아끼지 않으며, 수많은 정치 및 여론조사 관련 닷컴기업들도 인터넷 투표와 인터넷 정치의 시험의 장으로 뛰어들고 있는 현실은 전자민주주의 실용 가능성에 전망이 밝다.

그러나 가상공간에서 전자민주정치가 미래에 어떠한 방향으로 전개될지는 쉽게 예측하기 어렵다. 다만 앞으로 정치과정의 변화가 발전되고 민주적인 정치행태로 자리잡기 위해서는 기술적 · 법적으로 정부차원의 제도적 보완과 성숙한 시민의식이 이루어져야 한다. 다만 인터넷을 통한 정치과정 변화가 일부 정책 결정권자나 정치인뿐만 아니라 대다수의 일반 국민들과 함께 새로운 정치행태로 전환되어야 하며 보편적 가치로 인식되어야 한다.

가상공간에서는 정치적 담론이 기존 정치의 논의에 얽매이지 않고 자유롭고 숙의의 토론에 장으로 정착하여 정책결정이나 입법과정에 모든 시민들이 접근할 수 있는 참여정치의 원칙이 이루어져야 한다. 전자민주주의가 초래할 정치과정의 변화는 가상공간을 통한 정치변화의 실험이 각 개별 주체들의 의지에 달려 있다. 진정한 전자민주주의의 정착을 위해서는 정치권 및 정부차원과 개별 정치 주체들, 시민단체, 그리고 개인들의 성숙한 정치문화의 정착을 위한 노력 여하에 달려 있다.

---

83) http://www.cleankim.com/epolitics.htm (검색일 : 2001.9.28.)

참고문헌

강정인. (1997). 『민주주의의 이해』 서울 : 문학과 지성사.

강호규. (1998). "국내외의 지식경쟁력 강화사례 및 시사점," 『정보화동향분석』한국전산원, 통권 제6호 22호.

김영석. (1997), 『멀티미디어와 정보사회』 서울 : 미래미디어.

박동진. (2001). "민주적인 전자적 공론영역 가능성에 대한 이론적 접근 : 하마스-톰슨- 포스터를 중심으로," 『21세기 한국정치발전의 과제와 전망』 한국정치학회 2001년도 4월 춘계학술회의.

오일환. (2001). "디지털시대의 정치과정의 변화와 참여민주주의의 발전방향 모색." http://www.ww.or.kr/info/spesialinfo.htm

유석진. (1997). 『정보화와 민주주의』전자민주주의연구원, '97. 4.(http://www.ww.or.kr/info/spesialinfo.htm)

이찬구. (1997). "주요선진국의 초고속정보통신망 정책의 비교분석," 『한국행정학회논집』 한국행정학회, 제9권 제1호.

하원규 외. (1996). 『정보정책 기반연구 사업』 한국전자통신연구소.

한국전산원. (1996). 『국가정보화백서』 한국전산원.

한국전산원. (1997). 『국가정보화백서』 한국전산원.

한국전산원. (2000). 『국가정보화백서』 한국전산원.

한국전산원. (2001). 『국가정보화백서』 한국전산원.

황주성 외. (2001). 『인터넷의 정치 사회적 파급효과 및 대응방안 연구』(연구보고 01-02) 한국전산원.

Abramson, Jeffrey B., Arterton F. Christopher, and Orren Gary R. (1988). *The Electronic Commonwealth*. New York : Basic Books.

Becker, T. (1993). Teledemocracy-Gathering Momentum in State and local Government, spectrum spring.

Bell, Daniel. (1973). *The Coming Post-Industrial Society : A Venture in Social Forecasting*. New York : Basic Books.

Brzezinski, Z. (1968). "America in Technetronic Age : New Question of our Time," *Encounter January.*

Cleveland, H. (1986). "Government is Information (But Not Vice Versa)," *Public Administration Review,* 46 (6).

Dahl, Robert. (1985). *Controlling Nuclear weapons syracuse.* Syracuse University Press.

Er, M. C. (1987). "The impact of Information Technology on Organization," *Journal of systems Management,* 38 (4).

Giddens, A. (1990). *The Consequence of Modernity.* Stanford University Press.

Laudon, K. C. (1977). *Communications, Technology and Democratic participation.* New York : Praeger, special studies.

Mclean, I. (1989). *Democracy and Technology.* Cambridge : Polity Press.

Naisbitt, J. (1982). *Megatrends : Ten Directions transforming our lives.* New York : Warner Books.

Negroponte, N. (1995). *Being Digital.* New York : Vintage Books.

Noll A. Michael. (1996). *Of Dreams : A Critical Appraisal of the Information Superhighway.* Highway Los Angeles California : University of Southern California.

Toffler, A. (1990). *Power Shift.* New York : Bantam Books, Inc.

색인

(ㄴ)

(ㄷ)

(ㄹ)

(ㅁ)

(ㅂ)

(ㅅ)

(ㅇ)

(ㅈ)

(ㅊ)

(ㅋ)

(ㅌ)

(ㅍ)

(ㅎ)

오관석

저자는 원광대, 충남대, 전주대학교에서 연구와 강의를 하였고,
현재는 전북대학교에서 교수활동을 하고 있는 중이다.

저서
『지역사회권력구조 문헌 이해』(2002)
『사이버 정치와 e-거버먼트』(2004)
『한국 지역사회 엘리트 : 구조와 특성』(2004)
『한국 지역사회 이익단체 : 활동과 영향』(2005)
『한국 중소도시 정치문화』(2006)
『한국 중소도시 주민참여』(2006) 외 다수가 있다.

정보사회와 미디어 정치

초판1쇄 / 2007년 2월 28일

지은이 **오관석**
펴낸이 **여국동**
펴낸곳 **도서출판 인간사랑**
인 쇄 **백왕인쇄**
제 본 **은정제책사**

출판등록 1983. 1. 26. / 제일-3호

(411- 815) 경기도 고양시 일산구 백석동 1178-1
TEL (031)901-8144, 907-2003
FAX (031)905-5815
e-mail/igsr@Yahoo.co.kr
igsr@Naver.com

정가 25,000원

ISBN 978-89-7418-212 0 93340

※ 잘못된 책은 교환해 드립니다.